JN098776

刑法II 各論

[第2版]

亀井源太郎・小池信太郎
佐藤拓磨・薮中 悠・和田俊憲

[著]

NBS
Nippyo
Basic Series

日評ベーシック・シリーズ

日本評論社

第2版はしがき

おかげさまで本書初版は総論・各論いずれも好評を得て、第2版が刊行されることとなった。読者のみなさまに感謝を申し上げる。

版を改めた際の主たる変更点は、以下のようなものである。

まず、本書初版刊行後の刑法改正への対応である。具体的には、令和4年刑法改正（侮辱罪の法定刑引上げ、拘禁刑の創設等）、令和5年刑法改正（性犯罪規定の改正等）にかかる記述を補充した。

次に、本書初版刊行後の重要判例を中心に判例を補充した。あわせて、初版に掲載されていた判例についても、事案や判旨・決定要旨の説明等を補った部分もある。

さらに、記述を全面的に見直し、説明の順序を一部変更した。より効果的に学習できるよう、いっそうの工夫を凝らしたつもりである。

初版執筆時と同様、共著者間で多数回の検討会を行った。このことによって、共著書としての性格がより強まり、「標準的な」教科書としての色彩がより濃くなったものと考えている。

本書は、刊行時に施行されている規定を前提とした。本書で引用される条文では、拘禁刑ではなく懲役・禁錮と記載されているが、このような事情による（なお、拘禁刑については総論9章を参照されたい）。

2024年1月

著者一同

初版はしがき

　本書は、同じシリーズの刑法総論と対をなす刑法各論の教科書であり、総論同様、慶應義塾大学で授業を担当している教員5名の共著による。

　執筆の方針も総論と同様であり、コンパクトさを保ちつつ、教科書として標準的かつ必要十分と思われる内容を盛り込むことを目指した。第1次的には、大学の法学部等や法科大学院の未修者コースにおける刑法各論を扱う講義科目のテキストとして指定する使用方法を想定している。そのために、例えば学部2年生を読者として想定したときに、過度の負荷をかけることなく、オーソドックスな理解へと自然に導く記述になっているかという観点から、共著者の教育経験に基づく意見交換を繰り返し行った。その結果、コンパクトな教科書にありがちな、記述が切り詰められているがゆえに行間を読まなければならないことに起因する難解さを相当程度に免れているのではないかと考えている。また、上記方針による執筆の副産物として、本書は、例えば学部3・4年生や法科大学院の既修者コースの学生が一気に読み通す（ひっかかるところだけは立ち止まって丁寧に読む）ことで、自分の理解が現在のスタンダードに沿っているかを効率よく確認するという使い方にも適したものとなっている。ぜひ、広い読者に手に取っていただければ幸いである。

＊　　　　＊　　　　＊

　本シリーズの刑法総論では、教育的見地から、叙述の順序を一般的な教科書とは異なるものとしたのに対し、本書は、刑法各論の教科書として一般的な配列となっている。もっとも、各犯罪への頁数の割り当ておよびそれに伴う記述の濃淡については、メリハリを利かせてある。例えば、授業で時間をかけて扱われ、期末試験等の事例問題でも、各犯罪の要件に関する精確な理解が問われる財産犯については、やや細かい点に至るまで説明しているのに対し、犯罪類型によっては、その罪の基本的性質や該当する典型的な事例のイメージを得ることを重視した書きぶりとなっている。犯罪ごとに、学生としてどのくらいのことが分かっていなければならないのかの要求水準が異なるという認識を共有しつつ、共著者の間で議論を交わした結果であり、学習用教科書としての機能

に徹した本書の 1 つの特徴をなしているといえよう。

＊　　　＊　　　＊

　本書は企画から刊行までにかなりの年月を要した。その間、粘り強く我々を支えて下さった日本評論社の柴田英輔さんには、心よりお礼を申し上げたい。

2020 年 8 月

著者を代表して

小池信太郎

刑法II　各論

第8章　強盗罪…**107**

略語一覧

I 法令名
＊刑法の条文は、括弧内では条数のみで示した。

議員証言法	議院における証人の宣誓及び証言等に関する法律
刑訴法	刑事訴訟法
憲法	日本国憲法
公選法	公職選挙法
児童買春処罰法	児童買春、児童ポルノに係る行為等の規制及び処罰並びに児童の保護等に関する法律
自動車運転死傷処罰法	自動車の運転により人を死傷させる行為等の処罰に関する法律
出入国管理法	出入国管理及び難民認定法
スポーツ振興投票実施法	スポーツ振興投票の実施等に関する法律
精神保健福祉法	精神保健及び精神障害者福祉に関する法律
臓器移植法	臓器の移植に関する法律
組織的犯罪処罰法	組織的な犯罪の処罰及び犯罪収益の規制等に関する法律
破防法	破壊活動防止法

II 判例集

刑集	大審院刑事判例集／最高裁判所刑事判例集
刑月	刑事裁判月報
刑録	大審院刑事判決録
裁判集刑	最高裁判所裁判集刑事
高刑集	高等裁判所刑事判例集
高刑速	高等裁判所刑事裁判速報集
高検速報	高等裁判所刑事裁判速報
高刑判決特報	高等裁判所刑事判決特報
東高刑時報	東京高等裁判所刑事判決時報
下刑集	下級裁判所刑事裁判例集
裁時	裁判所時報
判時	判例時報
判タ	判例タイムズ
LEX/DB	LEX/DB インターネット

第1章

刑法各論の全体像

I　刑法各論の意義

1　刑法総論と刑法各論

(1)　刑法総論の役割、刑法各論の役割

　刑法各論はどのような役割を担う学問領域か。まずは、刑法総論と比べてみよう。

　刑法総論で講じられるのは、たとえば、因果関係や正当防衛、責任能力といった概念に関する問題である。これらの概念は、刑法典や特別法が定める個々の犯罪類型に固有のものではなく、犯罪一般に共通するものである。

　これに対し、刑法各論は、たとえば、殺人罪や窃盗罪といった個別の犯罪類型を対象とし、各犯罪類型の成立要件や各犯罪類型に関する問題を取り扱う。刑法の各則（刑法典2編）やその他の特別法が処罰する個々の犯罪につき、それがどのような場合に成立するのか、あるいは、どのような問題があるのかを個別に——まさに各論的に——明らかにするのが、刑法各論なのである。

(2)　刑法総論の解釈、刑法各論の解釈

　刑法各論の解釈も刑法の解釈であるから、たとえば類推解釈が禁止されるといった刑法解釈に関する基本的なルールが妥当することにかわりはない。

　もっとも、刑法総論における解釈と刑法各論における解釈は、その色彩をいくぶん異にする。前者は、どちらかというと条文の規定を離れた抽象論が多く

なるのに対し、後者は、条文の文言解釈を中心とするのである。

　若干敷衍しよう。

　刑法総論で取り上げられる重要な概念の中には、明文の規定を欠くものも少なくない（たとえば、罪刑法定主義や因果関係）。

　このため、刑法総論の解釈は、条文の意味内容を明らかにしようとする作業に止まらず（あるいは、「というよりも」）、原理原則から一定の結論を導くという作業の色彩が濃くなる（いきおい、大上段の抽象論が多くなる）。

　これに対し、刑法各論の解釈は、基本的に、各犯罪類型を規定する条文の文言が意味するところを明らかにする作業である。

　たとえば、199条は、「人を殺した者は、死刑又は無期若しくは5年以上の懲役に処する」とし、「人」を「殺した」者に殺人罪が成立すると規定している。ここでいう「人」、「殺した」といった文言の意味内容を明らかにすることで、各犯罪類型（ここでは殺人罪）の成立する場面を画定するのが刑法各論の主たる任務である（一見解釈の余地がなさそうな「人」という文言の意味内容につき→6頁。なお、一般に、「殺した」という文言の解釈が刑法各論の教科書や講義において改めて詳細になされることはない。その重要部分は、不作為犯論や因果関係論のような総論の諸領域で、既に——初学者にとってイメージしやすい殺人罪に関する具体例を掲げるという形で——議論されているからである）。

　ただ、刑法各論の解釈も、文言解釈に尽きるわけではない。「不法領得の意思」という概念（→90頁）は、このことの好例である。

　不法領得の意思は、一般に窃盗罪や詐欺罪等の成立要件であると考えられている。もっとも、窃盗罪について規定する235条や詐欺罪について規定する246条は、この概念について何も述べていない（関連する条文においても同様である）。この概念は、他の犯罪類型（器物損壊罪等）との関係で、解釈によって導き出されたものなのである。

2　刑法各論の対象

　特別法においても、ある行為を禁止し、その違反に刑罰を科す規定は数多く存する。このため、理念的には、特別法上の犯罪類型も刑法各論の対象である。

多くの刑法各論の教科書（本書もそうである）や講義は、刑法各則の犯罪類型（すなわち、刑法典第2編「罪」が規定する犯罪類型）を対象とするが、このことは、紙幅の限界や時間的制約等によるものにすぎない。

現実の社会を規律するという意味では、刑法典上の犯罪か特別法上の犯罪かは区別されることはない。このため、刑法典上の犯罪類型のみならず、特別法上の犯罪類型についても解釈論的な検討が必要なことは当然である。

II　犯罪の分類

犯罪は、その保護しようとする法益の種類に応じ、3つに分類される。

その第一は、個人法益に対する罪であって、殺人罪（個人の生命を保護法益とする）や傷害罪（個人の身体を保護法益とする）等がここに含まれる。

その第二は、社会法益に対する罪であって、文書偽造罪（文書に対する公共的な信用を保護法益とする）や放火罪（不特定多数の人の生命・身体・財産を保護法益とする）等がここに含まれる。

その第三は、国家法益に対する罪であって、内乱罪（国家の存立を保護法益とする）、偽証罪（国家の司法作用を保護法益とする）等がここに含まれる。

刑法典は、一部の例外を除き（住居侵入等罪の条文上の位置と保護法益→48頁）、国家法益に対する罪、社会法益に対する罪、個人法益に対する罪の順で規定している（刑法典第2編の章立てを見よ）。

しかし、現在では、個人法益こそが最も重要であると考えられることや発生件数の多さ等に鑑みて、個人法益に対する罪から説明を開始し、次いで、社会法益に対する罪、最後に国家法益に対する罪を論ずるのが一般的である。本書もこの例に倣うこととする。

なお、社会法益に対する罪や国家法益に対する罪を処罰することは、個人の尊重と矛盾するものではない。前者は不特定多数の個人の利益と考えることもできるし、後者も国家の様々な作用（たとえば司法）が保護されることは、当該国家で生活する個人にとっても利益になると考えられるからである（社会あるいは国家の利益がどこまで刑法によって保護されるべきであるかは、別論である）。

第2章

生命・身体に対する罪

　本章では、個人的法益に対する罪のうち、生命に対する罪（たとえば殺人罪〔199条〕）および身体に対する罪（たとえば傷害罪〔204条〕）について学習する。主たる対象は、刑法典2編の26章「殺人の罪」から同30章「遺棄の罪」に規定されている犯罪であるが、最後に自動車運転死傷処罰法上の犯罪も扱う。

　個人的法益（特定の個人に帰属する法益）には生命や身体以外にも、自由（たとえば一定の場所から移動する自由）や名誉、財産などがある。自然人は、これらの個人的法益の帰属主体であり、個人的法益に対する罪（逮捕監禁罪〔220条〕、名誉毀損罪〔230条〕、窃盗罪〔235条〕など）における保護の対象（「人」）である。法人もまた刑法的保護の対象か否かは犯罪ないし保護法益によって異なる。生命や身体を持たない法人は殺人罪や傷害罪の保護の対象ではない。これに対して、名誉や財産などの法益は法人も帰属主体となりうることから、たとえば窃盗罪は法人に対しても成立する。法人に対する脅迫罪（222条）や強要罪（223条）の成否については議論がある（→49頁）。

I　生命に対する罪

　人（自然人）は、①精子と卵子の結合による受精卵の形成、②受精卵の子宮内着床、③出生という過程を経て誕生し、そして、④死亡する。刑法上は、②以降は「胎児」、③以降は「人」、そして、④以降は「死体」として、加害行為から保護される（ただし、死体は法益の帰属主体ではない→240頁）。

	着床 ──────→ 出生 ──────────→ 死亡 ──────────→		
刑法上の評価	「胎児」	「人」	「死体」
主な処罰規定 と法定刑	業務上堕胎 （3月以上5年以下） 不同意堕胎 （6月以上7年以下）	殺人 （死刑・無期・5年以上） ※傷害致死（3年以上）、 なども人の生命を保護	死体損壊等 （3年以下） 墳墓発掘死体損壊等 （3月以上5年以下）
予備・未遂	不同意堕胎未遂	殺人予備、殺人未遂	―
過失犯	―	過失致死、 業務上・重過失致死	―

　胎児か人か死体かにより保護の程度ないし態様は異なる。人の生命は、最も価値の高い法益であり、故意の加害行為に対して重い法定刑が規定されている。また、人の生命は、予備罪や未遂犯の処罰規定により既遂に至る前から保護されているだけではなく、過失による加害行為からも保護されているなど、手厚く保護されている。これに対して、胎児の生命は堕胎罪（212条以下→10頁）により保護されているが、殺人罪などよりも法定刑は軽く、未遂が処罰されるのは一部の犯罪のみであり、過失による加害行為からは保護されていない。死体については、わずかに死体損壊罪などで故意の加害行為が処罰されているだけである。

　そこで、「いつから」、そして、「いつまで」人として保護されるのか（人の始期および終期）が重要な問題となる。本書では、殺人罪の箇所でこの問題を扱うが、人の始期および終期は個人的法益に対する罪全体に関わる問題である。

1　殺人罪

（殺人）
199条　人を殺した者は、死刑又は無期若しくは5年以上の懲役に処する。

予備罪（201条）、未遂罪（203条）

殺人罪は、自然の死期に先立って人の生命を失わせた（＝「殺した」）場合に成立する。

かつては、自己または配偶者の尊属（父母などの親等の上で行為者より先の世代の血族）に対する殺人をより重く処罰する尊属殺人罪が存在した（旧200条。法定刑は死刑または無期懲役であった）。しかし、最高裁により違憲と判断され（最大判昭和48・4・4刑集27巻3号265頁）、平成7年の刑法改正で削除された。

(1) 人の始期——出生

出生により胎児は人となる。出生時期については、民法では胎児が母体からすべて露出した時点で「人」になるとする全部露出説が通説とされており、刑法でも支持する見解がある。しかし、刑法における判例・通説は、これよりも早く、母体から胎児の一部が露出した段階で「人」になるとする（一部露出説。大判大正8・12・13刑録25輯1367頁）。この見解は、一部が露出するに至れば外部から攻撃が可能となり、保護の必要性が生じることなどを理由とする。さらに、出産（開口陣痛）の開始は母体内での発育の完了を示す徴候であり、この時点から人として保護すべきとして、一部露出よりも早い段階で「人」となることを認める見解（出産開始説）も有力に主張されている。

(2) 人の終期——死亡

死亡により人は死体となる。人の死亡時期については、三徴候説と脳死説とが主張されている。三徴候説は、①心拍停止、②呼吸停止、③瞳孔反応消失を総合的に考慮して人の死を判断する。この見解は、脳機能の停止（②③）に加えて、心臓による血液循環機能の停止（①）をも重視する見解であり、心臓死説とも呼ばれる。これに対して、脳死説は、脳幹を含む全脳機能の不可逆的な停止をもって人の死とする見解である。なお、大脳の機能が失われて意識は喪失しているが、呼吸などの生命維持機能を担う脳幹の機能が失われていない状態はいわゆる植物状態であり、脳死とは区別される。

人の死亡時期は、特に臓器移植との関係で議論されている。たとえば、脳死体から移植のために心臓を摘出する行為は、脳死説では死体から臓器を摘出する行為となり、死体損壊罪の構成要件に該当する。しかし、三徴候説では心停

止前はなお「人」であり、その体から心臓を摘出する行為は殺人罪の構成要件に該当する。臓器移植法は当初、本人が生前に書面で同意しており、家族が拒まない場合に限り脳死判定・臓器摘出を認めていた。その後、平成21年改正により、本人の意思が不明な場合であって、家族が書面により同意しているときにも脳死判定・臓器摘出が可能となった。本人の同意さえ存在しない場合に殺人罪に該当する行為を正当化するのは困難であり、少なくとも臓器移植の場面では脳死説が前提とされているといえる。

　臓器移植以外の場面でも人の死亡時期は問題となる。たとえば、脳死と判定された者から人工呼吸器を取り外す行為の評価に関わる（安楽死や治療の中止・尊厳死について→総論190頁）。また、暴行により負傷した被害者が脳死状態となった後に人工呼吸器が取り外されて心臓死した事案では、人工呼吸器を取り外した者の罪責が異なることになる（大阪地判平成5・7・9判時1473号156頁）。

2　自殺関与罪・同意殺人罪

（自殺関与及び同意殺人）
202条　人を教唆し若しくは幇助して自殺させ、又は人をその嘱託を受け若しくはその承諾を得て殺した者は、6月以上7年以下の懲役又は禁錮に処する。
未遂罪（203条）

(1)　総説──処罰根拠

　202条は、前段で①自殺教唆罪と②自殺幇助罪、後段で③嘱託殺人罪と④承諾殺人罪という4種類の構成要件を規定している（①②をあわせて自殺関与罪といい、③④をあわせて同意殺人罪という）。

　自殺関与罪・同意殺人罪は、㋐法定刑が殺人罪（199条）に比べて軽い。しかし、㋑不可罰ではない。まず、㋐の理由については、生命の侵害が自殺者・被殺者の意思に反していない点で、意思に反する生命侵害に比べて、違法性が減少するためと考えられる。次に、㋑の理由については、人の生命の法益としての価値・重要性から、生命を放棄するという自殺者・被殺者の自己決定権にパターナリズムの見地からの制限を課したものと説明されている。

(2) 自殺関与罪と同意殺人罪

　自殺関与罪のうち、①自殺教唆とは、他人を唆して自殺させることをいう。また、②自殺幇助とは、自殺者が自殺するのを容易にすることをいう。前者が自殺を決意していない者を唆してその実行を決意させる行為であるのに対して、後者はすでに自殺を決意している者の実行を容易にする行為である点で区別される。自殺関与罪では教唆や幇助という文言が使われており、これらの意味自体は総則の共犯規定（61条、62条）の教唆や幇助のそれと同じであるが、自殺は違法行為ではないため、自殺を教唆・幇助しても教唆犯や幇助犯は成立しない（→総論100頁）。自殺関与罪は総則の共犯とは異なる独立の犯罪類型を規定したものと理解される。

　同意殺人罪のうち、③嘱託殺人とは、死ぬことを望む者から依頼を受けて、その者を殺すことをいう。また、④承諾殺人とは、殺されることを承諾するよう積極的にもちかけて、その者の承諾を得て殺すことをいう。

　自殺関与罪と同意殺人罪とは、総論における正犯と共犯の区別（→総論85頁）に準じて区別される。自殺関与罪は行為者が共犯的に関与する（被害者自身が死亡について第一次的に責任を負う）場合であるのに対して、同意殺人罪は行為者が正犯的に関与する（行為者が被害者の死亡について第一次的な責任を負う）場合である。確かに両者の区別が難しいケースも存在するが、202条は両者とも処罰の対象としているため、自殺関与罪を原則的に不可罰とし、同意殺人罪のみを処罰する立法例に比べると、深刻な問題にはならない。

(3) 自殺関与罪・同意殺人罪と殺人罪との区別

　自殺関与罪・同意殺人罪と殺人罪とは、自殺者の有効な自殺意思・被殺者の有効な同意の有無により区別される。すなわち、有効な自殺意思・同意がある場合には殺人罪は成立せず、それがない場合は基本的には自殺関与罪・同意殺人罪は成立しない（有効要件については被害者の同意に関する議論を参照→総論186頁）。たとえば、死の意味を理解する能力がない幼児から外形上同意を得て殺したとしても、同意は不存在ないし無効であり（有効な同意の不存在）、殺人罪が成立する。

　欺罔により生じさせた自殺意思・同意については、それが「真意に添わない

重大な瑕疵ある意思」である場合には無効とし、それを利用して被害者を死亡させれば殺人罪が成立するというのが判例の立場である。たとえば、自分は追死をする意思はないのにそれがあるかのように装い、追死してくれると誤信した交際相手が毒薬を飲んで死亡したという事案において最高裁は、「被害者は被告人の欺罔の結果被告人の追死を予期して死を決意したものであり、その決意は真意に添わない重大な瑕疵ある意思であることが明らかである」として、自殺関与罪ではなく殺人罪の成立を認めた（最判昭和33・11・21刑集12巻15号3519頁→総論74頁、同187頁）。なお、この事案では行為者が自ら手を下したわけではないことから、殺人罪の成立を肯定するためには、さらに殺人罪の間接正犯が成立するかを検討する必要がある（間接正犯について→総論70頁以下）。

　強制により生じさせた自殺意思・同意については、他の「行為を選択することができない精神状態に陥らせていた」場合には無効とするのが判例の立場といえる。たとえば、くり返し暴行や脅迫を加えたことにより、自分を極度に畏怖して服従していた者に対して、車ごと海中に転落して自殺することを命じたところ、それに従って車ごと海に飛び込んだが死亡しなかったという事案では、有効な自殺意思があるとして自殺関与罪が成立するにとどまるのかが問題となる。最高裁は、類似の事案で、「被害者をして、被告人の命令に応じて車ごと海中に飛び込む以外の行為を選択することができない精神状態に陥らせていた」点を指摘して、自殺教唆未遂罪ではなく殺人未遂罪の成立を認めている（最決平成16・1・20刑集58巻1号1頁参照。被害者は自殺を装って脱出を図った事案→総論72頁、同188頁）。

(4)　同意の存否に関する錯誤

　①同意していると誤信して同意していない被害者を殺した場合（同意殺人罪の認識で殺人罪を実現）や、②同意していないと誤信して同意している被害者を殺した場合（殺人罪の認識で同意殺人罪を実現）には、異なる構成要件にまたがる錯誤（抽象的事実の錯誤）が生じている。これらの場合には、判例・通説によれば、殺人罪と同意殺人罪が（実質的に）重なり合う限度で、軽い同意殺人罪が成立する（→総論40頁）。なお、②の場合には、殺人未遂罪の成立可能性もある（不能犯について→総論47頁）。

(5)　実行の着手時期

自殺関与罪も同意殺人罪も未遂が処罰される（203条）。同意殺人罪の実行の着手時期は、殺人罪の実行の着手時期（→総論56頁）と同様、（同意を得て）被害者を殺害する行為の開始時点である。自殺関与罪の実行の着手時期は、同じ条文に規定されている同意殺人罪の着手時期との均衡などから、教唆行為や幇助行為の開始時点ではなく、被害者が自殺行為を開始した時点とするのが通説である。

3　堕胎罪

（堕胎）

212条　妊娠中の女子が薬物を用い、又はその他の方法により、堕胎したときは、1年以下の懲役に処する。

（同意堕胎及び同致死傷）

213条　女子の嘱託を受け、又はその承諾を得て堕胎させた者は、2年以下の懲役に処する。よって女子を死傷させた者は、3月以上5年以下の懲役に処する。

（業務上堕胎及び同致死傷）

214条　医師、助産師、薬剤師又は医薬品販売業者が女子の嘱託を受け、又はその承諾を得て堕胎させたときは、3月以上5年以下の懲役に処する。よって女子を死傷させたときは、6月以上7年以下の懲役に処する。

（不同意堕胎）

215条1項　女子の嘱託を受けないで、又はその承諾を得ないで堕胎させた者は、6月以上7年以下の懲役に処する。

2項　前項の罪の未遂は、罰する。

（不同意堕胎致死傷）

216条　前条の罪を犯し、よって女子を死傷させた者は、傷害の罪と比較して、重い刑により処断する。

---

(1)　総説

堕胎罪の保護法益は、胎児の生命および母体の生命・身体である。そして、堕胎とは、自然の分娩期に先立って胎児を母体から人為的に排出することをいう（大判明治42・10・19刑録15輯1420頁）。胎児を母体内で殺すことも含まれる。

過失による堕胎や胎児を傷害する行為は処罰されていない。

　堕胎罪の適用例は少ない。その理由は、母体保護法14条1項が「妊娠の継続又は分娩が身体的又は経済的理由により母体の健康を著しく害するおそれのある」場合に医師による人工妊娠中絶（同法2条2項）を認める旨を規定しており、そして、ここにいう「経済的理由」が緩やかに解されているため、実際上、妊娠満22週未満（平成2年3月20日付、厚生省発健医第55号、厚生事務次官通知）であれば、業務上堕胎罪の違法性が阻却されていることによる（→総論180頁）。

(2) 類型

　「堕胎の罪」（212条以下）には、①妊婦が自ら堕胎を行う場合である自己堕胎罪（212条）、②他人が妊婦の同意を得て堕胎を行う場合である同意堕胎罪（213条）、③妊婦の同意を得て堕胎を行う者が医師等の場合である業務上堕胎罪（214条）、④妊婦の同意を得ずに堕胎を行う不同意堕胎罪（215条）がある。このうち②③④については、妊婦を死傷させた場合に刑を加重する規定がある。

　これらの堕胎罪は、胎児の生命を危殆化・侵害する点では共通している。②同意堕胎罪と比べて、①自己堕胎罪は自ら堕胎をせざるを得なくなった妊婦の心理状態を考慮して刑が軽くなっている（期待可能性の減少）。また、③業務上堕胎罪は主体が医師等であることから、④不同意堕胎は妊婦の利益（身体の安全、出産の自由）をも侵害することから、②同意堕胎罪よりも刑が重くなっている。

	①自己堕胎	②同意堕胎	③業務上堕胎	④不同意堕胎
加重要素	—	—	医師等	妊婦の利益の侵害（身体、出産の自由）
共通	胎児の生命の危殆化・侵害			
減軽要素	妊娠中の心理（期待可能性減少）	—	—	—
法定刑	1年以下	2年以下 ／ 女子死傷の場合 3月以上5年以下	3月以上5年以下 ／ 女子死傷の場合 6月以上7年以下	6月以上7年以下 ／ 女子死傷の場合「傷害の罪と比較して重い刑」

(3)　胎児性致死傷

　胎児性致死傷とは、母体を通じて胎児に侵害を加え、出生により胎児が人となった後に死傷結果が生じた場合に、人の生命・身体に対する罪の規定を適用できるのかという問題である。胎児性致死傷には、①出生後に症状が悪化する症状悪化型と、②胎児の時点で症状が固定する症状固定型とがある。

　胎児性致死傷の問題が注目を集めた水俣病事件の事案は、被告人が排出した有毒な工場排水で汚染された魚介類を摂取した妊婦の体内で胎児が胎児性水俣病に罹患し、脳に病変がある状態で出生した後、病変の悪化により死亡するに至ったというものである（症状悪化型）。被告人は過失により被害者を死亡させているが、過失堕胎罪は処罰されていない。出生後の被害者に死亡結果が生じた点を捉えて業務上過失致死罪を適用できるかどうかに関しては、侵害作用が及んだ時点では被害者がまだ胎児であった場合にも「人を死傷させた」（211条）といえるのかが問題となる。

　最高裁は、次のような理由により業務上過失致死罪の成立を肯定した。「現行刑法上、胎児は、堕胎の罪において独立の行為客体として特別に規定されて

いる場合を除き、母体の一部を構成するものと取り扱われていると解される」から「胎児に病変を発生させることは、人である母体の一部に対するものとして、人に病変を発生させることにほかなら」ず、「胎児が出生し人となった後、右病変に起因して死亡するに至った場合は、結局、人に病変を発生させて人に死の結果をもたらしたことに帰する」（最決昭和63・2・29刑集42巻2号314頁）。

　当該判断に関しては、たとえば、最高裁が胎児を母体の一部とした点は、胎児が母体の一部なのであれば自己堕胎は自傷行為として不可罰なはずであるが、刑法は自己堕胎を処罰しており、胎児を母体とは別の存在とみていることと整合しないと批判されている。

　しかし、その後、下級審裁判例では、妊婦が交通事故に遭い、早期に出産した子が傷害を発症した事案で、水俣病事件で最高裁が示したのと同様の論理で業務上過失傷害罪（当時）の成立が肯定されている（鹿児島地判平成15・9・2LEX/DB28095497）。

4　遺棄罪

（遺棄）
217条　老年、幼年、身体障害又は疾病のために扶助を必要とする者を遺棄した者は、1年以下の懲役に処する。
（保護責任者遺棄等）
218条　老年者、幼年者、身体障害者又は病者を保護する責任のある者がこれらの者を遺棄し、又はその生存に必要な保護をしなかったときは、3月以上5年以下の懲役に処する。
（遺棄等致死傷）
219条　前二条の罪を犯し、よって人を死傷させた者は、傷害の罪と比較して、重い刑により処断する。

(1)　遺棄罪、保護責任者遺棄等罪

(a)　総説

217条は遺棄罪（単純遺棄罪ともいう）を規定している。同罪は、「老年、幼

年、身体障害又は疾病のために扶助を必要とする者」（＝要扶助者）を遺棄した場合に成立する。218条は保護責任者遺棄罪を規定している。保護責任者遺棄罪は要扶助者を保護する責任のある者（＝保護責任者）が要扶助者を遺棄し、またはその「生存に必要な保護をしなかった」（＝不保護）場合に成立する（不保護による場合を保護責任者不保護罪ともいう）。たとえば、高齢で保護が必要な親を山の中に連れて行き置き去りにする行為（遺棄）や、病気になっているのに生存に必要な医療措置を受けさせない行為（不保護）が本罪にあたる。こうした事例で、死亡の現実的危険性と死亡結果の認識・認容があれば殺人（未遂）罪が成立しうるが、それらの要件を欠く（または立証が困難な）事例で遺棄の罪が機能する。規定上は、単純遺棄罪が基本類型、保護責任者遺棄罪が加重類型のような位置付けだが、前者の適用はまれであり、問題となるのはほぼ後者である。

(b) 保護法益・罪質

遺棄罪および保護責任者遺棄罪は、生命・身体に対する抽象的危険犯と解するのが多数説である。また、判例も遺棄罪について同様の理解を示している（大判大正4・5・21刑録21輯670頁）。これに対して、保護法益に身体まで含めると処罰範囲が広くなりすぎるとして、生命に限定する見解や身体への重大な危険に限定する見解もある。

抽象的危険犯であるから、基本的には遺棄行為とは別に危険の発生を具体的に認定する必要はない。しかし、確実に保護が見込まれる場所に放置するなど危険性がまったく認められない場合には「遺棄」の実行行為に該当しないとして本罪の成立が否定されると解される。

(c) 主体——保護責任者（218条）

遺棄罪（217条）では主体に限定はないが、保護責任者遺棄罪（218条）の主体は老年者等を「保護する責任のある者」（保護責任者）である。保護責任者については、作為の場合は217条よりも刑が加重され、また、不保護も処罰範囲に含まれることになる。いかなる者が保護責任者となるのかに関しては、不真正不作為犯における作為義務の発生根拠（→総論126頁）と同様の検討がなされており、たとえば法令・契約、先行行為、保護の引受け、排他的支配の有無などが考慮される。保護責任者の例としては、同居の親子などが挙げられる。判例

では、ホテルの客室で少女に覚醒剤を注射して錯乱状態に陥らせた者が保護責任者と認められているが（最決平成元・12・15刑集43巻13号879頁）、ここでは覚醒剤の注射（先行行為）やホテルの客室内（排他的支配）などの事情が考慮されたといえる。これ以外には、交通事故で負傷させた被害者をいったんは自車に乗せて走行した者（最判昭和34・7・24刑集13巻8号1163頁）などが保護責任者と認められている。

(d) 客体――要扶助者

217条と218条の客体は、条文上の文言は若干異なるものの同義である。「扶助を必要とする」とは、他人の扶持助力がなければ自ら日常の生活を営むべき動作をなすことができないことをいう。扶助を要する状態の原因は条文に列挙されているものに限られる。疾病（病者）とは健康状態が害されている状態（の者）をいう。たとえば、交通事故により負傷して歩行不能になった者（前掲最判昭和34・7・24）、高度の酩酊により身体の自由を失った者（最判昭和43・11・7判時541号83頁）、覚醒剤により錯乱状態にある者（前掲最決平成元・12・15）なども病者に該当する。

(e) 実行行為――遺棄と不保護

217条では「遺棄」、218条では「遺棄」と「不保護」が実行行為として規定されている。遺棄と不保護とは場所的離隔の有無で区別されると理解されており、遺棄とは場所的離隔を生じさせることにより要扶助者を保護のない状態に置くことをいい、不保護とは場所的離隔を生じさせることによらずに要扶助者を保護しないことをいう。判例によれば、不保護とは、要扶助者の「生存のために特定の保護行為を必要とする状況（要保護状況）の存在」を前提として、「その者の『生存に必要な保護』行為として行うことが刑法上期待される特定の行為をしなかったこと」を意味する（最判平成30・3・19刑集72巻1号1頁）。

遺棄は移置と置去りに分けられる。両者は要扶助者の場所的移転の有無により区別され、移置は要扶助者を危険な場所に移動させることをいい、置去りは（要扶助者ではなく）保護責任者の移動により要扶助者を危険な状態に置くことをいう。

判例は、217条の遺棄には移置のみを含め、218条の遺棄には移置に加えて置去りも含める立場だと理解されている（前掲最判昭和34・7・24）。このような

立場の基礎には、①移置は作為であるが置去りは不作為であり、不作為である置去りを処罰するためには作為義務が必要である、②218条の保護責任者は作為義務を負う者であり、218条では不作為である置去りや不保護が処罰可能である、という理解があるといえる。

このような判例・通説に対しては、①移置・置去りは作為・不作為に対応していない（不作為による移置や作為の置去りもある）、②作為義務と保護責任とは区別すべきである（区別しないと単純遺棄罪の不真正不作為犯が保護責任者遺棄罪で重く処罰されることになる）などの批判がある。

217条・218条に関する判例の理解

	ⓐ主体	ⓑ実行行為		ⓒ要扶助者との場所的離隔	ⓓⓒは要扶助者の場所的移動によるか	ⓔⓑは作為か不作為か
217	限定なし	遺棄＝移置のみ		あり	○	作為
218	保護責任者	遺棄	移置	あり	○	作為
			置き去り	あり	×	不作為（作為義務が必要）
		不保護		なし	―	

(2) 遺棄等致死傷罪

遺棄等致死傷罪は、遺棄罪または保護責任者遺棄等罪を犯し、よって被害者を死傷させた場合に成立する結果的加重犯である。

本罪の成立を肯定するためには、遺棄または不保護と被害者の死傷結果との間に因果関係が認められなければならない。行為が不作為形態の保護責任者遺棄・不保護の場合には、行為者が期待される作為を行っていれば死傷結果が生じなかったことが合理的な疑いを容れない程度に確実であったと認められる必要がある（前掲最決平成元・12・15→総論15頁、同133頁）。したがって、被害者の救命が確実であったといえない場合は、保護責任者遺棄致死罪は成立しない。もっとも、被害者について相当程度の救命可能性がある場合には、保護責任者遺棄罪は成立しうる（東京高判平成23・4・18東高刑時報62巻1～12号37頁）。救命可能性がまったくない場合は、そもそも不作為形態の保護責任者遺棄罪・不保護罪の成立が否定されると解される。

不作為の殺人罪と不作為形態の保護責任者遺棄等致死罪とは、殺意の有無により区別される（大判大正4・2・10刑録21輯90頁）。判例の中には、妊娠第26週に入った胎児の堕胎を行った医師が、母体外に排出された胎児を放置して死亡させた事案で、保護責任者遺棄致死罪の成立を認めたものがある（最決昭和63・1・19刑集42巻1号1頁）。医師が生命保続可能性（人工妊娠中絶が可能な妊娠満22週の経過）を認識したうえで救命しなかったとすると上記のような故意の有無で区別する立場からは不作為の殺人を認める余地があるが、起訴が保護責任者遺棄致死罪によるものであった。

なお、堕胎により母体外に排出された胎児に関しては、生命の保続可能性を問わず「人」であり、作為により死亡させた場合は殺人罪や過失致死罪などが、不作為による場合は殺人罪や保護責任者不保護致死罪などが成立しうるが、不作為による場合で胎児に生命保続可能性がないときは作為義務が認められず堕胎罪のみが問題になるとする見解などがある。

II　身体に対する罪

「身体に対する罪」の中心的な犯罪は、「傷害の罪」（刑法典2編27章）に規定されている暴行罪（208条）、傷害罪（204条）、傷害致死罪（205条）であり、これらの成立要件および関係性を理解することが重要となる。

1　暴行罪・傷害罪・傷害致死罪

(1)　暴行罪

> （暴行）
> 208条　暴行を加えた者が人を傷害するに至らなかったときは、2年以下の懲役若しくは30万円以下の罰金又は拘留若しくは科料に処する。

暴行罪における暴行とは、人の身体に対する有形力（物理力）の行使のこと

をいう（狭義の暴行）。他人を段ったり、蹴ったりする行為が典型例である。この典型例では、行使された有形力は、①被害者の身体に接触しており、かつ、②被害者が怪我をする（傷害結果が発生する）危険性を有している。

　しかし、判例は、①の有形力の接触の要否については、狭い室内で被害者を脅すために面前で日本刀の抜き身を振り回す行為も暴行であると判断しており、身体的接触を暴行の必須の要素とは考えていない（接触不要説。最決昭和39・1・28刑集18巻1号31頁）。ただし、接触は不要であるものの、少なくとも有形力の作用が身体の近くに及ぶ必要はあると解されている（→総論5頁）。

　また、判例は、②の傷害の危険性の要否について、有形力に傷害発生の危険性が認められる必要はないと判示している（大判昭和8・4・15刑集12巻427頁）。たとえば、塩壺から塩を掴んで被害者の頭に振りかける行為についても暴行に当たるとされている（福岡高判昭和46・10・11刑月3巻10号1311頁）。

　もっとも、身体に接触せず、かつ、傷害発生の危険性も認められない有形力の行使を暴行と認めた例は見当たらない。そのため、判例は、身体的接触があれば傷害発生の危険性がなくても、傷害発生の危険性があれば身体的接触がなくても、暴行と認める立場と理解される。これは、暴行罪では身体の近接領域を含めて保護されるが、身体への接触という近接領域の最も奥まで有形力が至った場合か、そこまでは至らなくとも近接領域に入った有形力の身体への影響力が大きい場合に、暴行罪の法益侵害を認めるものと理解できる。

　判例によれば、被害者の身体の近くでブラスバンド用の大太鼓等を打ち鳴らすといった音響・空気の振動による攻撃も暴行に当たる（最判昭和29・8・20刑集8巻8号1277頁）。これに対して、音を利用する場合でも連日連夜の騒音により精神的ストレスを与えること（心理的作用）は暴行には当たらない（最決平成17・3・29刑集59巻2号54頁参照）。病原菌に感染させる、睡眠薬を投与するなどの病理学的作用ないし薬理的作用の行使が暴行に当たるかについては争いがあるが、判例は否定的な立場であるとされる（最判昭和27・6・6刑集6巻6号795頁参照）。

暴行概念の相対性

　暴行は、暴行罪だけでなく公務執行妨害罪（95条）や強盗罪（236条）などでも構成要件要素となっている。これらの暴行は、各犯罪の保護法益等に応じて意味が異なると理解されており、以下に示す4種類に分類されるのが一般的である（暴行概念の相対性）。もっとも、現時点では、暴行罪における暴行の意義と、暴行概念が相対的であることを理解し、暴行罪以外の暴行概念については今後それぞれの箇所で学習してほしい。

　①最広義の暴行（有形力の対象が人か物かを問わない〔77条1項、106条、107条〕）、②広義の暴行（有形力が人に向けて加えられれば足り、人の身体に対するものであることを要しない〔95条、98条、100条2項、195条、223条1項〕）、③狭義の暴行（人の身体に対する有形力の行使〔208条〕）、④最狭義の暴行（被害者の反抗を抑圧する程度の有形力の行使〔236条〕）。

(2)　傷害罪

（傷害）
204条　人の身体を傷害した者は、15年以下の懲役又は50万円以下の罰金に処する。

(a)　客観的要件

(ア)　実行行為

　現行法上、傷害罪の実行行為には限定がない。典型例は、殴る・蹴る、ナイフで刺すなどの暴行（有形的方法）であるが、長期間にわたって精神的ストレスを与えるといった暴行以外の方法（無形的方法）であっても、それが傷害を生じさせる現実的危険性が認められるものであれば、傷害罪の実行行為と認められる。しかし、傷害の手段・方法が暴行か暴行以外かにより、傷害罪の成立を認めるために要求される主観的要件（故意）の内容が異なるため、手段・方法が暴行か否かは重要な意味を持つ（→21頁）。

　なお、刑法典上には「傷害未遂罪」という犯罪はない。もっとも、傷害を負わせようとして未遂に終わった場合は、手段が暴行であるときには暴行罪で処

罰されうる。

　(イ)　結果──傷害の意義

　傷害の意義に関しては、人の生理的機能（生活機能〔＝生存・活動のために生体に現に備わる機能〕）の障害をいうとする見解（生理的機能障害説）と、生理的機能の障害に加えて人の外貌に（重大な）変更を加えることも傷害であるとする見解（完全性侵害説）とが対立している。

　もっとも、両者は互いに排斥し合う関係にはなく、後者が前者を包含する関係にある。生理的機能の障害が傷害に当たることに争いはなく、結論が分かれるのは、頭髪や髭を切断することにより生じた人の外貌の（重大な）変更が傷害に含まれるか否かである。この点について、判例は、被害者の女性が寝ている間に剃刀で頭髪を根元から切断したという事案において、傷害罪の成立を否定し、暴行罪が成立するにとどまるとしたことから、生理的機能障害説に立つものと理解されている（大判明治45・6・20刑録18輯896頁）。

　「生理的機能障害」の内容については判然としない部分もあるが、人の現在の生理的機能・健康が不良に（病理的に）変更された状態のことと理解することができる。生理的機能障害・健康状態の不良変更には、㋐擦過傷や臓器破裂のような身体組織の物質的毀損（器質的毀損）だけではなく、㋑身体的機能や精神的機能の障害（機能的障害）も含まれる。この基礎には、傷害罪の保護法益である人の生理的機能・健康は、㋐身体組織を器質的に毀損して生理的機能を障害する（いわば「基盤」ごと生理的機能を喪失させる）ことによっても、㋑（器質的毀損によらずに薬剤や精神的ストレスなどにより）直接的に機能を障害することによっても侵害することができるという理解があるといえる。

　㋐（器質的毀損）の例としては、骨折や擦過傷などのほか、表皮の剥離（大判大11・12・16刑集1巻799頁）などが、㋑（機能的障害）の例としては、胸部疼痛（最決昭和32・4・23刑集11巻4号1393頁）や外傷後ストレス障害（PTSD。最決平成24・7・24刑集66巻8号709頁）などが挙げられる。

　傷害罪の成立のために必要な傷害の程度については、傷害罪の法定刑の下限が軽いことから比較的軽微なものであっても傷害に当たると考えられている。しかし、軽微な傷害は傷害に当たらないとする見解も有力である。たとえば、下級審裁判例の中には、㋐日常生活に支障を来さないこと、㋑傷害として意識

されないか、日常生活上看過される程度であること、㋺医療行為を特別に必要
としないことなどを一応の標準とし、この程度であれば、傷害罪の傷害にも、
強盗致傷罪の傷害にも該当しないとしたものがある（名古屋高金沢支判昭和40・
10・14高刑集18巻 6 号691頁）。

傷害概念の相対性

　傷害は、傷害罪だけではなく強盗致傷罪（240条前段）などでも構成要件要素
になっている。そして、傷害罪における「傷害」と強盗致傷罪などにおける
「傷害」との異同が議論されている（傷害概念の相対性問題）。この点に関して、
最高裁は、強盗致傷罪における傷害の意義について、「軽微な傷でも、人の健
康状態に不良の変更を加えたものである以上、刑法にいわゆる傷害と認めるべ
き」とする（最決平成 6・3・4 裁判集刑263号101頁。最決昭和38・6・25裁判集刑
147号507頁は強姦致傷〔当時。現在は不同意性交等致傷罪。181条 2 項。→45頁〕の
傷害について同旨の判示をしている）。

　また、失神や意識障害など人の意識作用に障害を生じさせることが刑法上の
傷害といえるかも議論の対象となっている。たしかに、昏酔強盗罪（239条）
を基本犯とする強盗致傷罪に関しては、昏酔強盗罪において予定されている程
度の「昏酔」は傷害には当たらないと解される。このように解さないと、昏酔
強盗罪を実行すればほぼ必然的に強盗致傷罪が成立することになってしまうた
めである（→124頁）。しかし、このような限定解釈は、昏酔強盗罪などが存在
することに基づくものであり、204条の傷害罪における傷害概念まで当然に制
限されるわけではないとするのが判例である（最決平成24・1・30刑集66巻 1 号
36頁は、数時間に及ぶ「意識障害及び筋弛緩作用を伴う急性薬物中毒の症状」を生じ
させた事案で傷害罪の成立を認めている）。

(b)　主観的要件

　傷害罪の成立を認めるために必要な故意の内容は、傷害を生じさせた手段・
方法が①暴行（有形的方法）か、②暴行以外（無形的方法）かにより異なる。

　判例・通説によれば、傷害罪は故意犯であるとともに、暴行罪の結果的加重
犯でもある（最判昭和25・11・9 刑集 4 巻11号2239頁）。したがって、①暴行によ

り傷害を発生させた場合は（傷害の故意はなくても）暴行の故意さえあれば傷害罪は成立する。判例・通説がこのように理解する理由としては、208条が「傷害するに至らなかったときは」と規定しているのは「傷害するに至ったときは」傷害罪の成立を認める趣旨と理解できることなどが挙げられている。

これに対して、②暴行以外（無形的方法）により傷害を生じさせた場合は、傷害の故意がなければ傷害罪は成立しない。たとえば、長期間にわたり隣家に向かって騒音を鳴らし続けて精神的ストレスを与え、被害者に慢性頭痛症等を生じさせたという無形的方法による傷害のケースで傷害罪の成立を認めるためには、行為者に傷害の故意が必要となる（前掲最決平成17・3・29）。

【傷害罪（204条）】	
故意犯としての傷害罪	**暴行罪の結果的加重犯**としての傷害罪
客観：実行行為（暴行or暴行以外）──→傷害 主観：├──── 故意（傷害）────┤	客観：　　　暴　行　　　──→傷害 主観：├ 故意（暴行）─┤

(3) 傷害致死罪

> （傷害致死）
> 205条　身体を傷害し、よって人を死亡させた者は、3年以上の有期懲役に処する。

傷害致死罪は、暴行罪または傷害罪の実行行為を行い、よって、被害者を死亡させた場合に成立する。被害者の死亡について故意がある場合には殺人罪が成立するため、本罪は行為者に暴行または傷害の故意はあるが殺意はなかった場合に成立する（殺意を認定できない場合の「受け皿」としての機能を担っている）。

本罪の基本犯である傷害罪は、それ自体が暴行罪の結果的加重犯としての性格を有している。そのため、暴行が原因となって人が死亡したケースでは、暴行の故意があれば、傷害の故意がなくても傷害致死罪が成立する（暴行罪の二重の結果的加重犯としての傷害致死罪）。

傷害致死罪が暴行罪の二重の結果的加重犯でもあるということを判例の事案、すなわち、Xが狭い室内でAを脅すつもりで日本刀の抜き身を振り回し

ていた際、誤って日本刀をAの腹部に刺してしまいAが死亡するに至ったという事案（前掲最決昭和39・1・28）を使って具体的に考えてみよう。本事案では、Xが振り回した日本刀がAに当たってAが死亡しており、暴行が手段・原因となって人が死亡している。

　このようなケースで傷害致死罪の成立を肯定するためには、行為者に傷害または暴行の故意が必要である。本事案でXはAを脅すつもりであり、Aに日本刀を当てるつもりさえなかったのであるから、Xに傷害の故意（Aが傷害を負うことの認識）があったとは認められない。しかし、Xは日本刀をAの面前で振り回すことは認識しているため、この認識が暴行の故意といえないかが問題となる。判例によれば、行使した有形力に傷害を生じさせる危険性がある場合には、有形力が身体に接触しなくても、暴行と認められる。このような理解によれば、Xは暴行に該当する事実を認識していたといえ、暴行の故意が認められる（→総論28頁）。したがって、XにはAに対する（暴行罪の二重の結果的加重犯としての）傷害致死罪が成立する。

　ここで、これまでに学習した暴行罪・傷害罪・傷害致死罪の関係について簡潔に整理する。①傷害罪は故意犯であるとともに、暴行罪の結果的加重犯でもある。したがって、暴行を手段として人を負傷させた場合は、行為者に暴行の故意さえあれば、傷害罪が成立する。また、②傷害致死罪は傷害罪の結果的加重犯である。そして、①で確認したとおり、傷害罪は暴行罪の結果的加重犯でもある。そのため、暴行を手段として人を死亡させた場合は、行為者に暴行の故意があれば、傷害致死罪が成立する（→総論2頁）。暴行罪の故意の有無は、行為者が暴行に該当する事実を認識しているか否か（頭の中で思い描いている事実が実際に実現したら暴行といえるか否か）による。この点を判断するためには、暴行罪における暴行の意義（接触の要否、傷害発生の危険の要否など→17頁以下）について理解をしておく必要がある。

【傷害致死罪（205条）】	
傷害罪の結果的加重犯としての傷害致死罪	**暴行罪の二重の結果的加重犯としての傷害致死罪**
客観：①暴行 or 暴行以外→②傷害→③死亡 主観：├──── 故 意（傷害）────┤	客観：① 暴 行──②傷害→③死亡 主観：├故意(暴行)┤

2 暴行罪・傷害罪の周辺規定

(1) 同時傷害の特例

（同時傷害の特例）
207条 二人以上で暴行を加えて人を傷害した場合において、それぞれの暴行による傷害の軽重を知ることができず、又はその傷害を生じさせた者を知ることができないときは、共同して実行した者でなくても、共犯の例による。

(a) 趣旨

207条が規定する同時傷害の特例は、二人以上が暴行を加えた事案においては、生じた傷害の原因となった暴行を特定することが困難な場合が多いことなどに鑑み、共犯関係が立証されない場合であっても、例外的に共犯の例によることとするものである（最決平成28・3・24刑集70巻3号1頁）。

たとえば、XとYがAに暴行して傷害を負わせた事例で、①XとYが共同正犯の関係にあるときは、個々の暴行と傷害との因果関係が不明でも、XとYは生じた傷害について責任を負う。これに対して、②XとYが共同正犯ではない場合は、個々の暴行と傷害との因果関係を証明できなければ、XもYも暴行罪（208条）の罪責しか負わないというのが原則的帰結である。しかし、本条は、傷害の原因となった暴行を特定することの困難性に鑑み、②の原則的帰結は不当だと考えて、因果関係の挙証責任を転換し、各行為者は自己の行為が傷害の原因ではないこと（因果関係の不存在）を立証しなければ、①の共同正犯の場合と同様に傷害の責任を負うとするものである。しかし、これは個人責任主義の例外を認め、（傷害の点については）無実でありうる者に傷害の責任を問うことになる点で合理性を疑問視する見解も有力である。

(b) 適用要件

本条を適用するためには、条文および解釈上、㋐2人以上の者で暴行を加えて傷害を負わせたこと、㋑各自の暴行による傷害の軽重を知ることができないか、傷害を生じさせた者を知ることができないこと、㋒共謀が立証されないことが必要となる。判例（前掲最決平成28・3・24）は、本条の適用の前提として、

検察官が①「各暴行が当該傷害を生じさせ得る危険性を有するものであること」と、②「各暴行が外形的には共同実行に等しいと評価できるような状況において行われたこと」、すなわち、「同一の機会に行われたものであること」を証明する必要があり、検察官が①②の証明に成功した場合は、各行為者は、③「自己の関与した暴行がその傷害を生じさせていないこと」を立証しない限り、生じた傷害結果について責任を問われると判示している。

判示内容の①については、事案において帰属の可否が問題となっている「当該傷害」を生じさせ得る危険性があるかに着目している。行為者の暴行におよそ何らかの傷害を生じさせ得る危険性があるというのでは足りない。たとえば、頭蓋骨骨折という傷害の帰属が問題となる事案では、その危険性のない腹部への暴行のみを行った者には①を肯定することはできない。

②の「外形的には共同実行に等しいと評価できるような状況」・「同一の機会」については、厳密に同時であることは必要ない。有力な理解によれば、従来の裁判例は時間的・場所的な接着性を中心的な要素とし、そのほか暴行を加えた動機・経緯の共通性や相互の暴行の予期・認識なども考慮して判断していると指摘されている。「同一の機会」に関する下級審裁判例としては、ＡとＢによる暴行とＣによる暴行との間には、時間的場所的に約１時間20分、約20km の間隔があったが、両暴行は被害者がＡ・Ｂ・Ｃのいずれかの支配下に置かれた一連の経過の下でのものであること、Ａ、ＢおよびＣが暴行を加えた経緯・動機は基本的に同一であること、ＣはＡ、Ｂによる暴行を認識し、ＡやＢはＣによる被害者への詰問自体は予期していたことなどが認められる事案では、Ａ・Ｂによる暴行とＣによる暴行は、社会通念上同一の機会に行われた一連の行為と認めることができるとして、機会の同一性が肯定されている（東京高判平成20・9・8判タ1303号309頁）。他方で、食堂の客Ａが被害者に絡まれて立腹し、店内で被害者の胸部や腹部を蹴り上げるなどの暴行を加えて帰宅した約40分後に、食堂の店主Ｂが、店内であお向けに横たわっている被害者に立腹し、被害者を店外に連れ出し、食堂前の路上において被害者の右側腹部を蹴りつける暴行を加えた事案では、両暴行は食堂内または食堂前の路上で行われており場所的には極めて近接しているが、両暴行がまったく別個の原因に端を発して行われたものであること、約40分の時間的経過があること、ＡとＢは食堂

の客と店主という以外、何ら特別の関係がなく、互いに他方の暴行を現認してもいないことなどが指摘されて、機会の同一性が否定されている（札幌高判昭和45・7・14高刑集23巻3号479頁）。

(c) 適用範囲

本条を傷害致死罪の成否が問題となる事案でも適用できるかについて、判例は「共犯関係にない二人以上による暴行によって傷害が生じ更に同傷害から死亡の結果が発生したという傷害致死の事案」において刑法207条適用の前提となる事実関係（上述①②）が証明された場合には「各行為者は、同条により、自己の関与した暴行が死因となった傷害を生じさせていないことを立証しない限り、当該傷害について責任を負い、更に同傷害を原因として発生した死亡の結果についても責任を負う」と判示している（前掲最決平成28・3・24。最判昭和26・9・20刑集5巻10号1937頁）。2人以上の者の暴行により傷害が生じ、さらにその傷害が原因となって死亡結果が生じたという事案では、㋐207条の適用により暴行を行った各人が（被害者の死因となった）傷害について責任を負うことになれば、㋑その傷害と死亡結果との因果関係が肯定されていることと相まって、「傷害し、よって人を死亡させた」（205条）といえるため、傷害致死罪の成立を肯定することは可能である。もっとも、このような理解による場合、上記㋑は207条とは無関係に証明されなければならない点は注意を要する。207条の適用により帰責される傷害とは別の原因（持病等）で被害者が死亡した可能性がある事案では、傷害罪が成立するにとどまることになる。

強盗致傷罪（240条前段）や強姦致傷罪（当時）については、本条の適用を否定する下級審裁判例がある（強盗致傷罪につき、東京地判昭和36・3・30判時264号35頁、強姦致傷罪につき、仙台高判昭和33・3・13高刑集11巻4号137頁）。

また、一部に共犯関係がある場合（㋐承継的共同正犯が認められない場合の後行者や、㋑共犯関係の解消が認められた場合の離脱者）にも207条を適用できるかについては、議論がある。㋐については適用を肯定した最高裁判例があり（最決令和2・9・30刑集74巻6号669頁。内容については後掲27頁のコラム参照）、㋑については適用を肯定した下級審裁判例がある（名古屋高判平成14・8・29判時1831号158頁）。

先行者の暴行に途中から共謀加担した後行者への傷害結果の帰属

　Xが被害者Aに暴行を加えている途中で、YがXに共謀加担してXととも
に暴行を加え、Aは㋐肋骨骨折、㋑頭蓋骨骨折を負ったが、これらの傷害がY
の共謀加担前後のどの暴行により生じたか不明というケースにおけるXとY
の罪責を考えてみよう。XはYの共謀加担前後を通じて暴行に関与しており、
両傷害（㋐㋑）について傷害罪の罪責を負う。これに対して、後行者Yにこれ
らの傷害の罪責を問えるかを検討する際には、ⓐ傷害罪の承継的共同正犯の肯
否や、ⓑ承継的共同正犯の肯否が問題となる事案における207条の適用の可否
およびその適用方法が問題となる。

　ⓐについて、傷害罪の承継的共同正犯を肯定するのであれば、上記ケースの
ように傷害が共謀加担前後のどの暴行により生じたのか不明であっても、Yは
Aの負った両傷害（㋐㋑）につき傷害罪の共同正犯としての罪責を負うことに
なる。しかし、判例は、傷害罪の承継的共同正犯については否定的な立場であ
る（最決平成24・11・6刑集66巻11号1281頁→総論107頁）。

　ⓑについて、学説では207条を当該傷害について誰も責任を負わない不都合
を回避するための例外的規定と理解し、少なくとも先行者は当該傷害について
責任を負う上記ケースのような場合には207条の適用は否定すべきとする見解
も有力である。しかし、判例は、同条の適用の前提となる事実関係（→前述の
最高裁平成28年決定が示した①②）が証明された場合には、「更に途中から行為
者間に共謀が成立していた事実が認められるからといって、同条が適用できな
くなるとする理由はなく、むしろ同条を適用しないとすれば、不合理であっ
て、共謀関係が認められないときとの均衡も失する」と判示し、適用を肯定し
ている（前掲最決令和2・9・30）。そして、同判例は、適用方法について、207
条の「適用により後行者に対して当該傷害についての責任を問い得るのは、後
行者の加えた暴行が当該傷害を生じさせ得る危険性を有するものであるとき」
に限られ、後行者の加えた暴行に当該傷害を生じさせる危険性がないときは、
「その危険性のある暴行を加えた先行者との共謀が認められるからといって、
同条を適用することはできない」とも判示している。この点を上記のケースを
例に説明すると、Yにつき207条を適用してAの㋐肋骨骨折および㋑頭蓋骨骨
折について罪責を問うためには、Y自身が加えた暴行にAが負った傷害㋐㋑
を生じさせうる危険性が認められる必要がある。Y自身が加えた暴行には傷害

⑦を生じさせうる危険性しか認められない場合には、仮に Y の共謀加担後に
X が A に加えた暴行に傷害⑦を生じさせうる危険性があったとしても、207条
の適用により Y が責任を負うのは傷害⑦についてのみとなる。

(2) 現場助勢罪

（現場助勢）
206条 前二条の犯罪が行われるに当たり、現場において勢いを助けた者は、自ら
　　人を傷害しなくても、１年以下の懲役又は10万円以下の罰金若しくは科料に処す
　　る。

　本罪については、①傷害罪・傷害致死罪（「前二条の犯罪」）の幇助行為につい
て群集心理を考慮して軽く処罰するものという理解や、②特定の人の犯罪実行
を容易にする効果を持たず傷害罪・傷害致死罪の幇助犯には当たらない、野次
馬的な行為を処罰するものという理解がある。
　判例は後者（②）の立場である。このような理解からは、特定の正犯者の行
為を容易にする幇助行為が行われた場合は、傷害罪・傷害致死罪の幇助犯とし
て処罰されることになる（大判昭和２・３・28刑集６巻118頁）。

(3) 凶器準備集合罪・凶器準備結集罪

（凶器準備集合及び結集）
208条の２第１項 二人以上の者が他人の生命、身体又は財産に対し共同して害を
　　加える目的で集合した場合において、凶器を準備して又はその準備があることを
　　知って集合した者は、２年以下の懲役又は30万円以下の罰金に処する。
　２項 前項の場合において、凶器を準備して又はその準備があることを知って人を
　　集合させた者は、３年以下の懲役に処する。

　本罪は、暴力団犯罪に対処するため、昭和33年の刑法改正で証人等威迫罪

（105条の２）とともに新設されたものである。

　本罪の保護法益・罪質については、①個人の生命・身体・財産といった個人的法益を保護し、これらに対する共同加害の予備的行為を処罰する予備罪的性格を有する犯罪という理解と、②個人的法益だけでなく公共の平穏という社会的法益を保護する公共危険犯的性格をも有する犯罪という理解がある。どちらの理解によるかで、たとえば、共同加害を開始した後に参加した者に本罪が成立するか否かが異なる。判例は、本罪を「個人の生命、身体又は財産ばかりでなく、公共的な社会生活の平穏をも同様に保護法益とするもの」と理解している（最決昭和45・12・3刑集24巻13号1707頁）。そして、このような理解から、集合の状態が継続する限り、本罪は継続して成立し、加害行為開始後の参加者にも本罪が成立するとしている（前掲最決昭和45・12・3）。

　本罪における「凶器」には、拳銃や日本刀などの人を殺傷するために作られた「性質上の凶器」のほかに、包丁や角材などの用途によっては人を殺傷しうる「用法上の凶器」も含まれる。判例によれば、用法上の凶器といえるかは、社会通念に照らして人に危険感を抱かせるに足りるか否かで判断される。長さ１メートル前後の角棒は「凶器」に該当し（前掲最決昭和45・12・3）、他方で、エンジンをかけたままのダンプカーは該当しないとされている（最判昭和47・3・14刑集26巻2号187頁）。

　本罪の成立には「他人の生命、身体又は財産に対し共同して害を加える目的」（共同加害目的）が必要である。判例によれば、襲われた場合に迎撃する目的でもよい（最判昭和58・11・22刑集37巻9号1507頁）。

　凶器準備集合罪（1項）の実行行為は、①自ら凶器を準備して、または、②凶器の準備があることを知って、集合することである。凶器準備結集罪（2項）の実行行為は、①凶器を準備して、または、②凶器の準備があることを知って、人を集合させることである。

3　過失致死傷罪・業務上過失致死傷罪・重過失致死傷罪

（過失傷害）
209条1項　過失により人を傷害した者は、30万円以下の罰金又は科料に処する。
2項　前項の罪は、告訴がなければ公訴を提起することができない。
（過失致死）
210条　過失により人を死亡させた者は、50万円以下の罰金に処する。
（業務上過失致死傷等）
211条　業務上必要な注意を怠り、よって人を死傷させた者は、5年以下の懲役若
しくは禁錮又は100万円以下の罰金に処する。重大な過失により人を死傷させた
者も、同様とする。

人の生命・身体については、法益としての重要性から、過失による侵害も処罰の対象となっている。「過失傷害の罪」（刑法典2編28章）には、過失傷害罪（209条）、過失致死罪（210条）および業務上過失致死傷罪（211条前段）・重過失致死傷罪（211条後段）が規定されている（過失犯について→総論138頁以下）。

業務上過失致死傷罪は、行為者が「業務上必要な注意」を怠った場合の加重類型である。医療事故や火災事故、工事の際の事故などで適用が問題となる。かつては自動車事故で多く適用されていたが、現在は本罪ではなく過失運転致死傷罪（自動車運転死傷法5条）の問題となる。本罪にいう「業務」は広く解されており、判例・通説によれば、①人が社会生活上の地位に基づいて、②反復継続して行う行為であって、③他人の生命・身体等に危害を加えるおそれのあるものをいう（最判昭和33・4・18刑集12巻6号1090頁）。職業上の行為に限られず、娯楽のための行為も含まれるが、①により家庭における育児や料理などは除かれる。また、②に関しては、1回であっても反復継続の意思をもって行われた行為は含まれる（東京高判昭和35・3・22東高刑時報11巻3号73頁）。

業務上過失致死傷罪が過失致死傷罪に比べて刑が加重されている根拠については、業務者には一般の通常人と異なり、高度な注意義務が課せられている点に求める見解が有力である。

重過失致死傷罪は、注意義務違反の程度が著しい場合の加重類型である（東

京高判昭和57・8・10判時1073号153頁）。重過失が認められた事案としては、公園付近の畑で農作業中に闘犬2頭を放し飼いにしていたところ、闘犬が公園で遊んでいた幼児2名を襲い、死傷させた事案（那覇地沖縄支判平成7・10・31判時1571号153頁）などがある。

4　自動車運転死傷処罰法

(1)　成立経緯

　人の死傷結果を伴う自動車事故に対しては、かつては刑法典上の犯罪では業務上過失致死傷罪が適用されていた。しかし、悪質な自動車運転に対応するため、平成13年に刑法典上に危険運転致死傷罪（旧208条の2）が新設され、また、平成19年には自動車運転による死傷事故を業務上過失致死傷罪よりも重く処罰する自動車運転過失致死傷罪（旧211条2項）が刑法典上に新設された。

　本法は、平成25年に人の死傷結果を伴う自動車事故全般に関する特別法として、従前の危険運転致死傷罪および自動車運転過失致死傷罪を移すともに、危険運転致死傷罪の類型を追加するなど罰則を整備して成立したものである。

(2)　危険運転致死傷罪の構造と類型

　危険運転致死傷罪は、一定の危険な運転行為によって、人を死傷させた場合について、暴行によって人を死傷させた場合に準じて処罰しようとするものである。構造的には、暴行罪の結果的加重犯としての傷害罪・傷害致死罪に類似した一種の結果的加重犯であるとされ、傷害罪・傷害致死罪に準じた重い法定刑を定めている（本法2条の法定刑は、人を負傷させた場合は15年以下の懲役、人を死亡させた場合は1年以上の懲役である）。

　2条および3条が危険運転致死傷罪について規定している。

　2条の危険運転致死傷罪は、同条各号所定の危険運転行為を行い、よって、人を死傷させた場合に成立する。具体的には、まず、①「アルコール又は薬物の影響により正常な運転が困難な状態で」（1号）、②「その進行を制御することが困難な高速度で」（2号）、あるいは、③「その進行を制御する技能を有しないで」（3号）、自動車を走行させる行為である。これらは、自動車の走行を

適切にコントロールできないために重大な死傷事犯となる危険性が類型的に高い行為といえる。1号の「アルコールの影響により正常な運転が困難な状態」とは、「アルコールの影響により道路交通の状況等に応じた運転操作を行うことが困難な心身の状態」をいい、「アルコールの影響により前方を注視してそこにある危険を的確に把握して対処することができない状態」もこれに当たる（最決平成23・10・31刑集65巻7号1138頁）。

　続いて、④「人又は車の通行を妨害する目的で、走行中の自動車の直前に進入し、その他通行中の人又は車に著しく接近し、かつ、重大な交通の危険を生じさせる速度で自動車を運転する行為」（4号）、⑤「車の通行を妨害する目的で、重大な交通の危険が生じることとなる速度で走行中の車（…）の前方で停止し、その他これに著しく接近することとなる方法で自動車を運転する行為」（5号）、⑥「高速自動車国道路（…）又は自動車専用道路（…）において、自動車の通行を妨害する目的で、走行中の自動車の前方で停止し、その他これに著しく接近することとなる方法で自動車を運転することにより、走行中の自動車に停止または徐行（…）をさせる行為」（6号）、⑦「赤色信号又はこれに相当する信号を殊更に無視し、かつ、重大な交通の危険を生じさせる速度で自動車を運転する行為」（7号）、⑧「通行禁止道路（…）を進行し、かつ、重大な交通の危険を生じさせる速度で自動車を運転する行為」（8号）が列挙されている。これらは、運転は適切に行いうるものの、幅寄せや信号無視など特定の相手方や場所との関係で重大な死傷事犯となる危険性が類型的に高い行為である。このうち、5号および6号は令和2年の法改正で追加されたものである。7号の「赤色信号を…殊更に無視し」とは、「およそ赤色信号に従う意思のないものをいい、赤色信号であることの確定的な認識がない場合であっても、信号の規制自体に従うつもりがないため、その表示を意に介することなく、たとえ赤色信号であったとしてもこれを無視する意思で進行する行為」もこれに当たる（最決平成20・10・16刑集62巻9号2797頁。共同正犯の成立を肯定した事例〔最決平成30・10・23刑集72巻5号471頁〕につき→総論84頁のコラム）。

　3条の危険運転致死傷罪（準危険運転致死傷罪とも呼ばれる）は、ⓐアルコールまたは薬物（1項）、あるいは、自動車の運転に支障を及ぼすおそれがある病気として政令で定めるもの（2項）の影響により、その走行中に正常な運転

に支障が生じるおそれがある状態で、自動車を運転し、よって、ⓑそれらの影響により正常な運転が困難な状態に陥り、ⓒ人を死傷させた場合に成立する。2条の危険運転致死傷罪と同等とまではいえないが、なお悪質性・危険性の高い運転行為を捕捉する類型である。故意の対象はⓐであり、ⓑの認識は不要である点が2条1号と異なる。3条の法定刑は、人を負傷させた場合は12年以下の懲役、人を死亡させた場合は15年以下の懲役である。これは2条よりは軽いが、過失運転致死傷罪（5条）よりは重い。

(3) その他の規定

本法4条は、過失運転致死傷アルコール等影響発覚免脱罪を規定している。同罪は、アルコール・薬物の影響によりその走行中に正常な運転に支障が生じるおそれがある状態で自動車を運転した者が、運転上必要な注意を怠り、よって人を死傷させた場合に、運転時のアルコール・薬物の影響の有無・程度が発覚することを免れる目的で、さらにアルコール・薬物を摂取するなどアルコール・薬物の影響の有無・程度が発覚することを免れるべき行為をしたときに成立する。いわゆる「逃げ得」の問題に対応するために新設されたものである。

本法5条は、過失運転致死傷罪を規定している。同罪は、自動車の運転上必要な注意を怠り、よって人を死傷させた場合に成立する。これは、旧211条2項の自動車運転過失致死傷罪が本法に移されたものである。

本法6条は、①2条の危険運転致死傷罪（3号は除かれ、また、負傷の場合に限る）や②3条の危険運転致死傷罪、③過失運転致死傷アルコール等影響発覚免脱罪、④過失運転致死傷罪を犯した者が、その罪を犯した時に無免許であった場合に刑を加重するものである。

第3章

自由に対する罪 I ──性犯罪

　本章では、自由に対する罪のうち性犯罪を扱う。不同意わいせつ罪と不同意性交等罪がその中心である。これらは、性的行為や、そのうち特に性交を、誰といつどのように行うかを決定する性的自由を保護法益とする犯罪である。かつては、処罰規定が断片的であることに加え、解釈によっても処罰範囲が相当程度限定されていたところ、性的被害に対する社会の受け止め方の変化により性的自由が重視されるに伴って、その限定が少しずつ解除されてきた経緯がある。近時も、実際上十分な処罰範囲を安定的に確保するために大きな法改正が2回にわたってなされたほか、保護法益を単なる自由ではなく性的尊厳や人格的統合性といったより重大な利益に求める見解が増えるなど、動きの盛んな領域である。

I　概説

　現行刑法の制定時は、暴行・脅迫を手段とする強姦罪・強制わいせつ罪、および、被害者を心神喪失・抗拒不能にさせ、あるいは、被害者がすでにそのような状態に陥っているのに乗じて行う準強姦罪・準強制わいせつ罪が規定されていた。また、被害者が13歳未満の場合には、手段を問わず、そして、外形上同意があっても、姦淫やわいせつな行為を処罰するものとされていた。

　そのような規定が110年間にわたり実質的に維持されていたところ、平成29年改正によって重罰化が図られた。すなわち、強姦罪・準強姦罪については、法定刑の下限が懲役3年から強盗罪に合わせて懲役5年に引き上げられるとと

もに、処罰範囲も、いわゆる性中立化が図られて、姦淫、すなわち、女性に男性との性交をさせる行為のみならず、男性に女性との性交をさせる行為、そして、被害者およびその相手方の男女を問わず肛門性交・口腔性交をさせる行為に拡張され、犯罪名が、強制性交等罪・準強制性交等罪と改められた。また、強制性交等罪・強制わいせつ罪を補充するものとして位置づけられる準強制性交等罪・準強制わいせつ罪でも捕捉できない行為を処罰するべく、監護者わいせつ罪・監護者性交等罪が新設され、13歳以上18歳未満の若年者の保護が拡充された。

平成29年改正においては性犯罪の実情に応じた見直しが予定されていたことを受けて、令和5年改正により、さらに大幅な拡充が図られている。

第1に、強制性交等罪・強制わいせつ罪における「暴行」「脅迫」や、準強制性交等罪・準強制わいせつ罪における「心神喪失」「抗拒不能」は、それぞれの時代における適切な処罰範囲を画するために柔軟に解釈されてきたものの、解釈の柔軟さは判断のばらつきにつながりうることから、性犯罪において実質的に問題とするべき要素をより具体的に規定の文言に表すこととし、性犯罪の本質は、相手が同意しないことが困難な状態にあるにもかかわらず性的行為を行うところにあるとして、強制性交等罪と準強制性交等罪を統合し、強制わいせつ罪と準強制わいせつ罪も統合したうえで、不同意が困難な状態の原因となる行為や事情を8類型にわたって詳しく例示する方法がとられ、犯罪名も「不同意性交等罪」「不同意わいせつ罪」と改められた。

第2に、わいせつな行為のうち侵害性の高いものが「性交等」として取り出され、不同意わいせつ罪の特別加重類型として不同意性交等罪が位置づけられるところ、加重類型にあたる「性交等」の範囲が拡張されて、身体の一部または物を挿入する行為も、性交・肛門性交・口腔性交と同様に扱われうることとされた。

第3に、若年者の保護も拡充され、13歳以上16歳未満の者について、一定の年齢差要件を満たす例外にあたらない限り、手段を問わず、また、外形上の同意があっても、性交等やわいせつな行為から保護されることとなった。さらに、わいせつ目的で16歳未満の者に面会を要求する行為など、中核的な性犯罪の前段階の行為を処罰する規定も新設されている。

なお、併せて、性犯罪について公訴時効期間を延長する刑事訴訟法の改正（250条3項・4項の新設）、および、「性的な姿態を撮影する行為等の処罰及び押収物に記録された性的な姿態の影像に係る電磁的記録の消去等に関する法律」の立法も行われている。

　さて、中核的な性犯罪は、(i)所定の手段を用いて、または、被害者の所定の状態に乗じて、(ii)わいせつな行為や性交等を実行する、という2段階の構造を有している。以下では、まず、「わいせつな行為」および「性交等」の意義を確認したうえで、手段として定められている行為等について説明を加え、さらに、周辺的な性犯罪について概観するという順で説明を進めたい。

II　わいせつな行為・性交等

1　わいせつな行為

　不同意わいせつ罪（176条）および監護者わいせつ罪（179条1項）においては、一定の手段や前提状況で実行される「わいせつな行為」が処罰対象とされている。わいせつな行為とは、相手方との関係で性的な意味を帯びている行為のうち、相手方の同意なく行われたときに、同条の法定刑に相応する侵害性が認められる行為である。判例（最大判平成29・11・29刑集71巻9号467頁）によれば、性交等に近い行為のように、行為そのものが持つ性的性質が明確で、当該行為が行われた際の具体的状況がどのようなものであるかにかかわらず当然に性的意味が認められ、ただちにわいせつな行為と評価できる行為がある一方で、行為そのものが持つ性的性質が不明確で、当該行為が行われた際の具体的状況等も考慮しなければ性的な意味があるかどうかが評価しがたい行為もある。

　具体的にわいせつな行為にあたるとされてきたものは、身体的接触を伴うものが中心であり、性器への直接的接触をもたらす行為（相手方の陰部を触る行為や自らの陰部を触らせる行為など）や、性器に準ずるものとして女性の乳房を弄ぶ行為、さらに接吻などがこれにあたる。接触は着衣の上からでもよいが、一定の執拗さが要求されると解されているため、それに達しない行為は、公共の

乗り物などにおける場合に各都道府県の迷惑防止条例違反として罰せられるにとどまる。身体的接触がない場合でも、面前で裸にして写真を撮る行為や手淫・射精を見せる行為は、わいせつな行為にあたるとされる（なお、性的な姿態を撮影する行為は、わいせつな行為に該当しないものであっても、前述の特別法の性的姿態等撮影罪で処罰されるようになった）。

　かつて、旧強制わいせつ罪では、故意を超えて性的意図（自己の性欲を刺激・興奮または満足させる目的）が必要であるとして、もっぱら報復、侮辱または虐待の目的である場合には同罪は成立しないとする判例があったが、近時、最高裁は判例変更して、性的意図は、同罪の成立に必ず要求されるものではなく、行為のわいせつ性を判断するための一要素にすぎないとするに至った（前掲最大判平成29・11・29）。これによれば、行為そのものの客観的性質に着目するだけではわいせつな行為であると判断されない場合であっても、行為そのものの性質に加えて、性的意図も含めた行為時の具体的状況等の諸般の事情を総合的に考慮して、わいせつな行為にあたるかどうかがさらに判断されることから、医師の患者に対する医療行為や親の子に対する養育行為のように見える行為であっても、性的意図の存在によってわいせつな行為に該当するという判断になりうる。

2　性交等

　不同意性交等罪（177条）および監護者性交等罪（179条1項）は、一定の手段や前提状況で実行される「性交等」を処罰する。性交等にあたるのは、①男女間の性交、および、②男男間・男女間の肛門性交、③男男間・男女間の口腔性交のほか、④わいせつな行為のうち被害者の膣または肛門に身体の一部または物を挿入する行為である。現行刑法制定時は、①のうち男性が女性被害者に対して行う姦淫のみが対象であったのに対して、平成29年改正によって①のうち女性が男性被害者に対して行うもの、および、性交類似行為である②・③にも対象が拡張され、さらに、令和5年改正で、男性器が関係しない④も、被害の実質的同等性に着目して同様に扱うこととされた。なお、①〜③は、挿入する行為および挿入させる行為の両方が性交等に該当するが、④は挿入する行為の

みが対象である。

夫婦間の不同意性交

　夫婦間で性犯罪が成立するかが議論されてきた。かつては、妻は夫の財産であるという古い考え方の延長で、夫の性交権または妻の性交義務を認める性犯罪全面否定説が通説であったとされる（なお、そのような理解からも、暴行罪等は成立しうる）。旧強姦罪の成立を認める裁判例もあったが、夫婦関係が実質的に破綻していたことを理由として挙げていた。しかし、性犯罪の保護法益が性的自由であるという理解が一般的になった今日では、関係が破綻していない夫婦間でも、その時点での被害者の意思に反する性的行為の強制は犯罪を構成すると解するのが、通説である。しかし、夫婦間では性犯罪は成立しないという「神話」も残っていることから、それに基づく誤解を避けるべく、令和5年改正によって、不同意性交等罪・不同意わいせつ罪は「婚姻関係の有無にかかわらず」成立することが、条文上、明記された。

Ⅲ　手段行為・被害者の前提状態

1　不同意困難状態

（不同意わいせつ）

176条1項　次に掲げる行為又は事由その他これらに類する行為又は事由により、同意しない意思を形成し、表明し若しくは全うすることが困難な状態にさせ又はその状態にあることに乗じて、わいせつな行為をした者は、婚姻関係の有無にかかわらず、6月以上10年以下の懲役に処する。

　　一　暴行若しくは脅迫を用いること又はそれらを受けたこと。

　　二　心身の障害を生じさせること又はそれがあること。

　　三　アルコール若しくは薬物を摂取させること又はそれらの影響があること。

　　四　睡眠その他の意識が明瞭でない状態にさせること又はその状態にあること。

　　五　同意しない意思を形成し、表明し又は全うするいとまがないこと。

　　六　予想と異なる事態に直面させて恐怖させ、若しくは驚愕させること又はそ

の事態に直面して恐怖し、若しくは驚愕（がく）していること。

　七　虐待に起因する心理的反応を生じさせること又はそれがあること。

　八　経済的又は社会的関係上の地位に基づく影響力によって受ける不利益を憂慮させること又はそれを憂慮していること。

（不同意性交等）

177条1項　前条第1項各号に掲げる行為又は事由その他これらに類する行為又は事由により、同意しない意思を形成し、表明し若しくは全うすることが困難な状態にさせ又はその状態にあることに乗じて、性交、肛門性交、口腔（こう）性交又は膣若（ちつ）しくは肛門に身体の一部（陰茎を除く。）若しくは物を挿入する行為であってわいせつなもの（以下この条及び第179条第2項において「性交等」という。）をした者は、婚姻関係の有無にかかわらず、5年以上の有期懲役に処する。

いずれも未遂罪（180条）

　不同意わいせつ罪および不同意性交等罪では、わいせつな行為や性交等を行うにあたって、「同意しない意思を形成し、表明し若しくは全うすることが困難な状態」（不同意困難状態）に被害者を陥らせること、または、被害者がすでに不同意困難状態にあることに乗じることが、必要である。たとえば、意識の無い状態に陥っている被害者に性的行為を行う場合、被害者はその時点で不同意の意思を形成することができない。脅迫を加えられ強い恐怖心に襲われた被害者は、内心で不同意の意思を形成したとしても、それを表明することができない。強い暴行で押さえつけられた被害者は、不同意の意思を形成し、表明できたとしても、結局、意思に反して性的行為をされると、その不同意の意思を全うできない。このような不同意の意思の主観的形成・外部的表明・客観的実現の不可能性に着目し、不可能とまでいえなくてもそれが困難な状態で性的行為を行うこと自体にすでに強い侵害性が認められることから、不同意困難状態が要件とされている。

　行為者が自ら暴行・脅迫を加えるなどして被害者を不同意困難状態に陥らせるのでもよく、あるいは、被害者が第三者に暴行・脅迫を加えられ、または、自分自身で睡眠することなどによってすでに不同意困難状態に陥っているのに乗じるのでもよい。

　不同意困難状態の原因となる行為や事情が、規定上、8項目にわたって例示列挙されている。この8項目は、従来の強制わいせつ・強制性交等罪における手段または前提状況として規定されていた「暴行・脅迫」「心神喪失」「抗拒不

能」を中核としつつ、それらの要件が解釈によって拡張されてきた範囲を含め、当罰的でありながらこれまでは必ずしも明確に処罰範囲に取り込めていなかった部分を広くカバーするものであると考えられる。しかも、これらは例示列挙であって、それ以外にも「これらに類する行為又は事由」も挙げられ、それによって不同意困難状態にさせ・乗じる場合も含まれている。したがって、裁判規範としては、不同意困難状態の要件が本質的であり、8項目の例示列挙がこれを制約することはないと考えられるが（なお、後述する錯誤類型については別論である）、8項目の例示列挙は、国民に対する行為規範の提示（禁止された行為を具体的に示すもの）として、重要な意味をもっている。

　暴行・脅迫類型（1号）は、粗暴な性犯罪の典型である。旧強制わいせつ罪や旧強制性交等罪では、日常的にも行われうる性的接触について被害者の意思に反した状態で行為が行われたことの判断を明確に行うべく、手段である暴行・脅迫は、相手方の反抗を著しく困難にする程度の強いものであることを要すると限定的に解されてきた。もっとも、旧強制わいせつ罪については、隙をみて唐突に陰部に触れるなど、暴行自体がわいせつな行為にあたる場合には、暴行の程度は弱くてもよいとされ、さらに、近時の実務は、暴行・脅迫の程度以外の事情から被害者の意思に反することが判断できる場合には、弱い暴行・脅迫であっても本罪の成立を認めるようになっているとの指摘もあった。また、旧強制性交等罪について最高裁は、「暴行または脅迫の行為は、単にそれのみを取り上げて観察すれば右の程度〔＝相手方の反抗を著しく困難にする程度〕には達しないと認められるようなものであっても、その相手方の年令、性別、素行、経歴等やそれがなされた時間、場所の四囲の環境その他具体的事情の如何と相伴って、相手方の抗拒を不能にし又はこれを著しく困難ならしめるものであれば足りる」としており（最判昭和33・6・6裁判集刑126号171頁）、具体的な状況によっては暴行・脅迫は弱いものであってもよいことを認めていて、実際、通常の性交に伴う程度の有形力の行使にも同罪を認めた処罰例があると指摘されるようになってきており、この流れを支持する学説も増えていた。

　令和5年改正後は、不同意困難状態が認定できればよく、また、暴行・脅迫は例示にすぎないから、これを限定する必要はないと考えられる。そして、唐

突に触るような場合は、いとまがない類型（5号）として、別途、明示されている。

　心身の障害類型（2号）、アルコール・薬物類型（3号）、および、睡眠類型（4号）は、「心神喪失」・「抗拒不能」を規定していた旧準強制性交等・旧準強制わいせつ罪の典型である。心神喪失と抗拒不能は、どちらもわいせつな行為・性交等に対して抵抗することが不可能ないし著しく困難である状態をいうものとされ、抵抗できない理由が、意識作用ないし判断能力の欠如により自己に対して性的行為がなされることの認識がないことにある場合（熟睡、泥酔、高度の精神障害など）が心神喪失であり、性的行為がなされる認識はあるが心理的・生理的・物理的に抵抗できない場合が抗拒不能であると整理されていたが、それらがすべて不同意困難状態として統合されたうえで、不同意困難状態の具体的な原因に着目して例示・分類されたことになる。

　予想と異なる事態に直面させて恐怖・驚愕させる類型（6号）、および、虐待の類型（7号）は、近年の心理学の知見に基づき、被害者が性犯罪の場面で短期的にフリーズする、あるいは、長期的な虐待により通常の反応ができなくなることを、明示したものである。被害者が嫌がる、あるいは、抵抗する素振りを見せなかったときに、同意を誤信したという弁解を防ぐ意義がある。

　最後に、不利益憂慮類型（8号）は、会社の上司と部下、高校教師と生徒など、社会的地位に上下関係があるときに、下位の者が、上位の者の指示に背くと自らに不利益が生じるのではないかと考えて、意に沿わない性的行為を行う場合を捕捉するものである。この類型をどのような範囲で認めるか（どのような社会的関係まで含めるか、利益が得られないことも不利益と解してよいか等）が、不同意困難状態の解釈の広さにも影響を及ぼし、本罪の成立範囲を大きく左右すると考えられることから、今後の裁判例等に注目する必要がある。ちなみに、令和5年改正前の「抗拒不能」に関する判例としては、教会の主管牧師と、その指示に従わなければ地獄に墜ちて永遠に苦しみ続けると畏怖していた未成年信者との間での肯定例（京都地判平成18・2・21判タ1229号344頁）や、プロダクション会社の実質的経営者と、その指示に従わなければモデルとして売り出してもらえないと信じていたモデル志望者との間での肯定例（東京高判昭和56・1・27刑月13巻1＝2号50頁）などがある。

2　欺罔・錯誤の利用

> 176条2項　行為がわいせつなものではないとの誤信をさせ、若しくは行為をする
> 者について人違いをさせ、又はそれらの誤信若しくは人違いをしていることに乗
> じて、わいせつな行為をした者も、前項と同様とする。
> 177条2項　行為がわいせつなものではないとの誤信をさせ、若しくは行為をする
> 者について人違いをさせ、又はそれらの誤信若しくは人違いをしていることに乗
> じて、性交等をした者も、前項と同様とする。
>
> いずれも未遂罪（180条）

　被害者を欺罔し、または、被害者の錯誤を利用して行われるわいせつな行
為・性交等は、旧準強制わいせつ罪・旧準強制性交等罪での処罰が追求されて
きた。その顕著な類型として、実際は意味のある医療行為や宗教行為ではない
のに、そうであるかのように偽って性的行為を行う場合や、被害者に対してそ
の夫であるように装って性的行為を行う場合があった。しかし、旧準強制わい
せつ罪・旧準強制性交等罪の「心神喪失」類型や通常の旧強制わいせつ罪・旧
強制性交等罪としての処罰が困難であるために、欺罔・錯誤による「抗拒不
能」を少々無理に肯定している面が否定できなかった。真に医療行為や宗教行
為であり、あるいは、相手が真に夫であっても、当該行為を拒絶することは自
由にできるので、被害者が、医療行為・宗教行為や夫であるという錯誤に陥っ
ていたとしても、そのことだけでただちに「抗拒不能」にあたるとはいえない
からである。

　令和5年改正前の判例をみると、たとえば、医師が、継続的に治療していた
18歳の女子を、陰部に坐薬を挿入すると欺罔し、目を閉じさせるなどして性交
した事案で抗拒不能を認めたもの（大判大正15・6・25刑集5巻285頁）は、被害
者が性交の意味をまったく理解していなかった点で、実質は13歳未満に対する
強制性交であることを加味したといえるものであり、また、睡眠中で半覚醒状
態の女子が、相手が夫であると誤信しているのに乗じて性交した事案で、抗拒
不能を認めた判例（広島高判昭和33・12・24高刑集11巻10号701頁）は、被害者が完
全には覚醒していなかった点で、心神喪失の要素を加味したものといえる。

令和5年改正では、行為のわいせつ性や相手方の人格的同一性について錯誤に陥っている被害者と性的行為を行うことは、ほかの要素を考慮することなく、不同意わいせつ罪・不同意性交等罪に該当することが明記されている。

3　16歳未満の者

> 176条3項　16歳未満の者に対し、わいせつな行為をした者（当該16歳未満の者が13歳以上である場合については、その者が生まれた日より5年以上前の日に生まれた者に限る。）も、第1項と同様とする。
>
> 177条3項　16歳未満の者に対し、性交等をした者（当該16歳未満の者が13歳以上である場合については、その者が生まれた日より5年以上前の日に生まれた者に限る。）も、第1項と同様とする。
>
> いずれも未遂罪（180条）

被害者が16歳未満の場合には、どのような手段を用いたかによらず、わいせつな行為や性交等を行うだけで犯罪となる。ただし、被害者が13歳以上16歳未満の場合については、年齢差要件の例外が設けられている。

とくに被害者が13歳未満の場合には、例外なく犯罪を構成するものとされているが、13歳という基準は、一般に性的行為に対する同意能力をそなえる年齢と解されてきた。これに対して、被害者の意思いかんにかかわらず性的行為が人格形成に悪影響を及ぼす年齢と位置づける見解もある。いずれにせよ、自己決定の意思を有しない乳児も被害者に含まれる以上、被害者が13歳未満である場合は、その健全な性的発達をも保護法益に含むと解するのが妥当であろう。

13歳以上16歳未満の者に対する場合は、行為者が5年以上年上の場合のみが処罰対象とされている（5年というのは、満年齢の差ではなく、誕生日を基準とした期間であることに注意が必要である）。行為者との年齢が近い場合は、上下関係が弱いため、被害者の年齢のみによって同意が無効になるとはいえないともいえるし、年齢の近い若年者同士の性的行為は健全な性的発達を害しない（むしろ必要である）からであると解することもできる。

4　監護者

　18歳未満の者の監護者（実親や養親等）が、その監護関係に基づく影響力に乗じてわいせつ行為や性交等を行った場合は、不同意わいせつ罪・不同意性交等罪に該当しない場合であっても、それらと同じ法定刑で処断される。精神的に未成熟な18歳未満の者が生活全般にわたって経済的・精神的に監護者に依存しているという継続的関係があることから、不同意困難状態が類型的に擬制され、被害者の同意は、反証を許さず無効であると解される。もっとも、同様の監護関係が認められても、ほかの犯罪類型との関係では被害者の同意はただちに無効とはされていないから、13歳未満に対する場合と同じく、性的に未熟な被害者の健全育成に対する高い危険性なども併せて考慮されていると解するのが妥当であろう。

IV　主観的要件

　故意が必要である。

　解釈論上問題となるのは、被害者の年齢に関する錯誤である。暴行・脅迫を用いてわいせつ行為を行う場合は、被害者の年齢いかんにかかわらず本罪が成立するから、年齢の錯誤は故意を否定しないと解される。年齢の錯誤により故意が否定されるのは、13歳未満の者に対して、13歳以上であると誤信して、あるいは、13歳以上16歳未満の者に対して、年齢差が5年未満であると誤信して、それぞれ暴行・脅迫を用いずにわいせつな行為や性交等を行う場合である。

被害者が若年者である類型を除き、被害者の有効な同意があれば犯罪が成立しないことを反映して、被害者の同意が存在すると誤信した場合には故意が否定されることになる。もっとも、不同意困難状態が認められる場合には、被害者の同意の不存在が強く推認されるから、同意の誤信の主張が認められるためには、誤信したのももっともだといえる特段の例外的事情が求められよう。

　故意を超える性的意図が必須の要件でないことについては、前にも触れた。かつて、旧強制わいせつ罪では、故意を超えて性的意図（自己の性欲を刺激・興奮または満足させる目的）が必要であるとして、もっぱら報復、侮辱または虐待の目的である場合には同罪は成立しないとする判例があったのに対して、通説は、性的意図の要求は法益侵害と無関係で法文上の根拠も欠く限定であるとして、これに反対していたところ、近時、最高裁は判例変更して、性的意図は、同罪の成立に必ず要求されるものではなく、行為のわいせつ性を判断するための一要素にすぎないとするに至った（前掲最大判平成29・11・29）。

V　不同意わいせつ等致死傷罪

（不同意わいせつ等致死傷）
181条1項　第176条若しくは第179条第1項の罪又はこれらの罪の未遂罪を犯し、よって人を死傷させた者は、無期又は3年以上の懲役に処する。
　2項　第177条若しくは第179条第2項の罪又はこれらの罪の未遂罪を犯し、よって人を死傷させた者は、無期又は6年以上の懲役に処する。

　本罪は、不同意わいせつ罪等を基本犯とし、傷害・死亡を加重結果とする結果的加重犯である。

1　基本犯の範囲及び死傷結果

　本罪の基本犯は、①不同意わいせつ罪・監護者わいせつ罪、②不同意性交等罪・監護者性交等罪、および、③これらの未遂罪である。基本犯が未遂でも傷害・死亡結果が発生すれば、本罪は既遂となる。

軽微な傷害は、傷害罪（204条）の傷害ではあっても、本罪の傷害にはあたらないとする見解がある。理由として、本罪の法定刑が高いこと（基本犯よりも懲役の下限が1年以上加重されること）や、基本犯を構成する強度の暴行から通常生ずる程度の軽い傷害は基本犯で包括評価すべきことが挙げられる。しかし、判例（最決昭和38・6・25裁判集刑147号507頁）は本罪の傷害を傷害罪の傷害と区別する理由はないとする。

2　基本犯と死傷結果とのつながり

判例には、わいせつな行為等から逃走しようとした被害者が無理な逃走手段を選んだり転倒したりして負傷した事案で本罪を認めたものが少なくない（最決昭和46・9・22刑集25巻6号769頁など）。また、実行行為以外の行為者の行為が直接の原因となった事案では、判例は古くから、「死傷ヲ惹起シタル行為カ猥褻姦淫罪ニ随伴シタル」ものであるときに本罪の成立を認め（大判明治44・6・29刑録17輯1330頁）、今日まで一貫して、基本犯に「随伴する行為」から死傷結果が生じた場合に本罪を肯定する立場を採っている。具体的には、わいせつ行為の行為者が、被害者につかまれたので逃走のため暴行を加えて傷害を負わせたという事案で、被害者の行為がわいせつ行為への抵抗であるか、積極的な逮捕行為であるかを問わず、本罪が認められている（最決平成20・1・22刑集62巻1号1頁、東京高判平成12・2・21東高刑時報51巻1〜12号20頁）。

3　主観的要件

死傷結果について過失（予見可能性）を要求するのが通説であるが、判例（大判明治44・4・28刑録17輯712頁）は過失を不要とする。ただし、判例は、死傷結果の原因行為である「随伴する行為」を暴行・脅迫の故意行為に限定しているので、予見不可能な死傷結果が生ずることは稀であると考えられる。

死亡結果について故意がある場合は、本罪のみを適用すると殺人罪よりも刑の上限が軽くなってしまうため、①本罪と殺人罪の観念的競合とするか、②本罪の基本犯と殺人罪の観念的競合とするかが争われる。判例は①をとるが（最

判昭和31・10・25刑集10巻10号1455頁）、多数説は、死の原因が性犯罪であることの明示よりも、死の二重評価の回避を優先させるべきだとして、②を支持している。

傷害結果について故意がある場合は、本罪のみを認めるのが一般的である。

若年者に対する性的行為の規制

16歳以上の者に対する性的行為は、対象者の有効な同意があるといえる限り、不同意性交等罪や不同意わいせつ罪にはならない。もっとも、性的に未熟な18歳未満の者については、有効な同意が認められることで、当該1回の性的行為との関係で性的自由の侵害が認められない場合であっても、長期的に見た健全な性的発達を確保するという観点からは、それらの者に対する一定の性的行為を禁止する必要がある。それを担うものとしては、①第三者との性的行為を若年者にさせる行為や、監護者に限らず、教師と生徒の関係なども含めて、人格形成に一定の重要な影響を及ぼしうる立場を利用して行う性的行為を処罰する児童福祉法（児童に淫行をさせる罪〔刑の上限は懲役10年〕）があり、さらにそれよりも広く、②困窮状態の利用など、若年者との上下関係を利用して行う性的行為を処罰する各都道府県の青少年健全育成条例（淫行罪〔刑の上限は懲役2年〕）や、③若年者を相手にした有償での性的行為を処罰する児童買春処罰法（児童買春罪〔刑の上限は懲役5年〕）がある。性犯罪は、刑法典のみに規定されているわけではない点に注意が必要である。

また、令和5年改正においては、公訴時効期間の延長がなされたが、若年者は性犯罪被害を認識することが困難であるという観点から、被害者が18歳未満の場合には、実質的には、18歳になるまで公訴時効が進行しない扱いが導入されており、手続法においても若年者に対するあつい保護が目指されている。

第4章

自由に対する罪Ⅱ──性犯罪以外

　本章では、自由に対する罪のうち性犯罪以外の範囲を扱う。脅迫罪、強要罪、逮捕監禁罪、略取誘拐罪および住居侵入罪が対象である。これらは、どのような種類の自由が保護法益であると解するか、また、そもそも保護法益は自由なのかということ自体が問題である。

Ⅰ　脅迫罪・強要罪

　自由の最も基本的な類型である意思活動の自由を保護するのが強要罪であり、強要罪の手段の部分が切り出されたのが脅迫罪である。

（脅迫）
222条1項　生命、身体、自由、名誉又は財産に対し害を加える旨を告知して人を脅迫した者は、2年以下の懲役又は30万円以下の罰金に処する。
（強要）
223条1項　生命、身体、自由、名誉若しくは財産に対し害を加える旨を告知して脅迫し、又は暴行を用いて、人に義務のないことを行わせ、又は権利の行使を妨害した者は、3年以下の懲役に処する。

強要罪のみ未遂罪（223条3項）

　脅迫罪は、たとえば、単に「殺すぞ」「殴るぞ」と相手方に申し向ける行為であり、強要罪は、「殴られたくなかったら、土下座しろ」と脅迫して謝罪を強制するような行為である。
　強要罪は、具体的な意思活動の自由を害するものであるのに対して、脅迫罪

にはそのような法益侵害がない。そこで、脅迫罪は、ⓐ意思活動の自由を危殆化するにすぎないものだとする見解と、ⓑ意思活動の自由とは別に私生活の平穏・安全感を危殆化するものだとする見解などが主張されている。

脅迫とは、一般に人を畏怖させるに足りる害悪の告知をいう。告知が（直接または第三者からの伝聞等により）相手方に認識される必要はあるが、実際に相手方が畏怖する必要はないと解されている。

告知する加害の対象は、相手方の「生命、身体、自由、名誉又は財産」のほか、相手の「親族の生命、身体、自由、名誉又は財産」に拡張されている（222条2項）。「お前のペットを傷つけるぞ」は、「財産」に対する加害の告知であるが、「お前の恋人を傷つけるぞ」は、「親族の身体」に対する加害の告知ではなく、脅迫罪にあたらない。

告知される加害の内容は、将来の害悪でなければならず、かつ、告知者がその発生を左右しうるものでなければならない。「昨日、君の車を燃やしておいたからね」と伝えても、また、「いま外に出たら雷に打たれるよ」と警告しても、いずれも脅迫罪にはあたらない（ただし、前者の例では、将来別の加害がありうるという意味を含む場合には、脅迫にあたる）。

加害告知の方法は限定されておらず、遠隔地から文書や電話によるのでも、面前で口頭によるのでも、また、ナイフをちらつかせて近づくなど態度で示すのでもよい。

強要罪は、脅迫罪に該当する脅迫行為、または、暴行行為により、相手方の意思を抑圧して、義務のないことを行わせ、または、権利の行使を妨害したときに成立する。

義務のないことの強制は、たとえば、長時間バケツを持たせる行為や、理由なく謝罪文を書かせる行為などであり、権利の行使の妨害は、告訴を止めさせる行為や、大会への出場を止めさせる行為である。財物を交付させたり、性行為に応じさせたりすると、より重い恐喝罪や不同意性交等罪などが成立し、強要罪は法条競合で排除される。

判例（東京高判昭和50・7・1刑月7巻7＝8号765頁など）は、法人に対する脅迫罪を否定する。法人は安全感を持たないので法益侵害がないからだという説明が可能である。これに対して、法人も意思活動の自由は有するので、強要罪

は認められると解される。

II　逮捕・監禁罪

逮捕罪および監禁罪は、被害者が一定の場所から移動できないようにする行為に成立する。

（逮捕及び監禁）
220条　不法に人を逮捕し、又は監禁した者は、3月以上7年以下の懲役に処する。
（逮捕等致死傷）
221条　前条の罪を犯し、よって人を死傷させた者は、傷害の罪と比較して、重い
　　刑により処断する。

1　保護法益

逮捕罪・監禁罪の保護法益は、場所的移動の自由のうち、一定の場所から移動する自由である（これに対して、一定の場所に移動する自由は、一般的な意思活動・行動の自由として、軽い強要罪で保護されるにすぎない）。

学説においては、移動しようと思えば移動できる状態であること自体が自由の実質であり、被害者が現実に移動する意思を有していなくても客観的に移動できない状態をつくれば法益侵害があるとする可能的自由説（通説）と、現実に移動しようとする意思こそが自由の実体であり、現に移動しようとしたが移動できなかった場合にはじめて法益侵害が認められるとする現実的自由説（有力説）とが、対抗してきた。しかし、可能的自由説からも、移動できない状態におかれることに対して被害者の同意があれば不可罰となるし、また、現実的自由説も、移動する意思を生じさせないようにする場合も自由侵害が認められるなどと主張するようになって、両説の対立は重要でなくなっている。

2 逮捕・監禁罪

客体は条文上限定されていないが、移動の意思を有しない嬰児などは、客体にならないと解される。

身体に対する直接的な作用を伴う場合が逮捕に該当し、その典型は、手足を縛って動けなくする行為である。手錠をかけるだけでは、移動する自由が害されないから、逮捕罪は成立しない。

監禁は、逮捕以外の方法により場所的移動の自由を害する行為である。部屋に無理やり閉じ込める行為が典型であるが、脱出が物理的に不可能である必要はなく、被害者が恐怖心を抱いたり錯誤に陥ったりするなど、移動できない理由が被害者の心理面にある場合でもよい。また、移動できない状態を生じさせる手段も、暴行・脅迫といった強制的なものに限らず、偽計等でもよい。

判例では、被害者をバイクの荷台に載せて疾走する行為（最決昭和38・4・18刑集17巻3号248頁）や、漁船内に閉じ込めて沖合に停泊する行為（最判昭和24・12・20刑集3巻12号2036頁）に監禁罪が認められている。また、行き先を欺罔して被害者を自動車に乗せて疾走し、騙されたことに気付いた被害者が停車を求めたがそのまま走行したという事案では、被害者を乗車させた地点から監禁罪が成立するものとされている（最決昭和33・3・19刑集12巻4号636頁）。ここでは、いったん乗車した後は、かりに被害者が求めたとしても降車できない状態になっていること、および、乗車しつづけることについて被害者が同意していてもその同意は錯誤により無効であることから、乗車・走行の全区間について自由の侵害が肯定されているものと解される。

本罪は、場所的移動の自由が害されている間、成立し続ける継続犯である（→総論13頁）。

3 逮捕・監禁致死傷罪

結果的加重犯として逮捕・監禁致死傷罪が規定されている。逮捕罪・監禁罪の実行行為と死傷結果との間に因果関係が肯定できる場合に成立する。これは、①逮捕・監禁する手段から直接的に結果が生じる類型と、②被害者が逮

捕・監禁されている状態から結果が生じる類型に分けられる。類型①は、被害者を殴ってけがを負わせながら監禁したような場合であり、類型②は、監禁された被害者が脱出しようとしてけがをしたり、脱出できずに餓死したりしたような場合である。

これに対して、すでに監禁した被害者の態度に腹を立てて殴打し傷害を負わせたような場合は、本罪は成立せず、監禁罪と傷害罪の併合罪になる。

III　略取誘拐罪

略取誘拐罪（拐取罪）は、未成年者を連れ去る行為、または、未成年者に限らず人を特定の目的をもって連れ去る行為を処罰するものである。

1　未成年者拐取罪

> （未成年者略取及び誘拐）
> 224条　未成年者を略取し、又は誘拐した者は、3月以上7年以下の懲役に処する。
> 　　　　　　　　　　　　　　　　　　　　　　　　　　　　　未遂罪（228条）

未成年者拐取罪は、未成年者を略取し、または、誘拐する行為を対象にする。

未成年者は、民法上の成年年齢に満たない者（18歳未満〔かつては20歳未満だったが、2022年4月に変更された〕）である。

実行行為である略取・誘拐は、未成年者をその生活環境（監護権者が指定する居所）から離脱させて自己（または第三者）の支配下におく行為をいう。

暴行・脅迫による場合が略取、それ以外の偽計や誘惑などによる場合が誘拐であるとされる。しかし、生後間もない乳児を優しく抱きかかえて連れ去る行為も略取にあたるとされるので、「暴行」による限定は事実上ないに等しい。財産犯であれば窃盗・恐喝・強盗に対応する場合が略取、詐欺・準詐欺に対応する場合が誘拐、という程度の区別であろう。

未成年者に対する支配の設定により既遂となる。たとえば、自動車に乗せて発進可能な状態になった時点で既遂である。なお、監禁は必須でない。

　保護法益を巡る議論は収束をみせないが、未成年者の（居たい場所に居る）自由および（生命身体の）安全とするのが現在有力な見解である。低年齢の場合は安全が主となり、成年に近い場合は自由が前面に出る。しかし、未成年者本人の同意は本罪の違法性を阻却しないと一般に解されていることから、近年は、ふるくからあった監護権説を洗練させ、未成年者の長期的な健全育成の前提として居所を指定する監護権が保護法益である（法益主体は監護権者であるが、終局的な利益享受主体は未成年者である）とする見解も出されている。監護権は、通常は親権者が有し、親権者がいなくても後見人に認められる。

　別居する親どうしが子を奪い合う事案では、一方の親による他方の親の元からの子の連れ去りも本罪の構成要件に該当するとしたうえで、例外的に違法性が阻却されうるとするのが判例の立場である（最決平成17・12・6刑集59巻10号1901頁）。そこでは、親権者の行為として正当なものといえるか、または、家族間における行為として社会通念上許容されうる枠内にとどまるものといえる場合に、違法性阻却が認められるとされているが、それぞれの具体的な判断基準はまだ明確になっているとはいえない。なお、同居する親の一方が子を連れて別居する行為が本罪にあたりうるかも議論されはじめている。

2　目的拐取罪

（営利目的等略取及び誘拐）
225条　営利、わいせつ、結婚又は生命若しくは身体に対する加害の目的で、人を略取し、又は誘拐した者は、1年以上10年以下の懲役に処する。
（身の代金目的略取等）
225条の2第1項　近親者その他略取され又は誘拐された者の安否を憂慮する者の憂慮に乗じてその財物を交付させる目的で、人を略取し、又は誘拐した者は、無期又は3年以上の懲役に処する。
（所在国外移送目的略取及び誘拐）
226条　所在国外に移送する目的で、人を略取し、又は誘拐した者は、2年以上の有期懲役に処する。

以上の略取誘拐罪について、未遂罪（228条）
身の代金目的略取誘拐罪について、予備罪（228条の3）

目的拐取罪は、人を、①営利、②わいせつ、③結婚、④生命・身体に対する加害、⑤所在国外への移送、または、⑥身の代金の目的で略取・誘拐すると成立する。客体は、年齢を問わない（未成年者の場合は、未成年者拐取罪と法条競合となり、本罪のみが成立する）。実行行為は、未成年者拐取罪と同じである。

限定列挙された目的のいずれかがあることにより、拐取後に被害者の自由・安全が害される危険が認められる。たとえば、営利目的は、自由を奪って労働させたり、労働させる者に売り払うことが典型的に予定されている。

身の代金目的拐取罪は、行為者にとって被害者が、単に身の代金を獲得するための道具に過ぎない一方で、重要な目撃証人であるため、殺害事案が少なくないことから、非常に重い刑が定められている。判例では、「安否を憂慮する者」は、親族に限られず、「社会通念上、安否を憂慮すべき者」に拡張され、相互銀行の社長が拐取される場合における同銀行幹部（最決昭和62・3・24刑集41巻2号173頁）や、銀行行員が拐取される場合における同銀行頭取（東京地判平成4・6・19判タ806号227頁）も、これにあたるものとされている。拐取時に身の代金目的がない場合でも、拐取後に現に身の代金を要求しまたは交付させれば、身の代金目的拐取罪と同じ刑で処罰される（225条の2第2項）。

なお、身の代金目的拐取罪は、公訴提起前に被害者を安全な場所に解放したとき、刑が必要的に減軽される（228条の2）。犯人に報奨を用意して生命保護の最後の機会を追求しようとする制度である。

3　その他の犯罪類型

拐取罪の周辺の行為を処罰するものとして、人身売買罪がある。人を買い受けた者は、3月以上5年以下の懲役に処せられ（226条の2第1項）、客体が未成年者の場合や各種の目的（営利、わいせつ、結婚、生命身体加害、所在国外移送）がある場合については、客体や目的がそれと同一である各種拐取罪の刑に対応させた加重類型があるほか（同条2項・3項・5項）、人を売り渡した者も重く処

罰される（同条 4 項・5 項）。

　また、略取誘拐罪・人身売買罪の犯人を事後的に幇助する目的で、略取・誘拐・売買された者を引き渡し、収受・輸送・蔵匿し、または隠避させた者も処罰され（227条）、目的いかんを問わず、略取・誘拐・売買された者を所在国外に移送する行為も処罰される（226条の 3 ）。

　以上のようにして、人を客体とする不法な支配の移転が広範に禁圧されているのである。

IV　住居侵入罪

　住居侵入罪は、他人がコントロールすべき住居や建造物などの領域に、その意思に反して立ち入る行為を処罰するものである。これに相応する真正不作為犯として、不退去罪が規定されている。

（住居侵入等）
130条　正当な理由がないのに、人の住居若しくは人の看守する邸宅、建造物若しくは艦船に侵入し、又は要求を受けたにもかかわらずこれらの場所から退去しなかった者は、 3 年以下の懲役又は10万円以下の罰金に処する。

未遂罪（132条）

1　保護法益

　大審院時代の判例は、本罪を「他人の住居権を侵害」する犯罪と位置づけ、保護法益について住居権説（旧住居権説）をとっていた。住居権者は「本夫」「家長たる夫」のみであるとする点に特徴があった。本罪は、家長としての夫の意思に反した立入りに成立することになる。たとえば、姦通目的で、夫の不在中に妻の承諾を得て住居に立ち入る行為は、それを認容する意思を夫が有するとは考えられないとして、本罪が成立するものとされた（大判大正 7 ・12・6 刑録24輯1506頁）。

　これに対して戦後は、両性の平等などを明示した新憲法の制定に伴い、家父

長制への批判から旧住居権説を全面否定すべく、学説上、住居等の事実上の平穏を保護法益とする平穏説が有力化した。それに伴い、上記と同様の姦通事例において、妻の承諾があれば「事実上の住居の平穏」は害されないという理由で住居侵入罪の成立を否定した裁判例が出され（尼崎簡判昭和43・2・29下刑集10巻2号211頁）、最高裁判例にも、一般論として平穏説に言及するものが現れるに至った（後掲最判昭和51・3・4）。

その一方で学説上は、旧住居権説の問題点は住居権を家長にのみ認めるところにあったとして、その点だけを否定し、居住者全員に平等な住居権を認める新住居権説も有力に主張されるようになった。これを受けて、判例においてもさらにその後、新住居権説への揺り戻しがみられると一応いえる。ただし、その根拠とされる判例（後掲最判昭和58・4・8）に対する学説上の評価としては、①同判決は（新）住居権説を採ることを明確にしたとする見解や、②同判決は住居権説の方向への軌道修正を行っているとする見解のほか、③同判決は建造物への侵入について管理権者の意思を考慮しているだけであり、特に住居の平穏を法益とする立場を放棄した趣旨と見ることはできないとする見解や、④判例は事案ごとに法益論を使い分けているだけであるとする見解などがみられ、判例の評価自体が定まっていない。

2　客体

(1)　住居・邸宅

本罪の客体である「住居」とは、人の起臥寝食ないし日常生活に利用される場所をいい、「邸宅」とは、居住用の建造物で住居以外のものをいうと解するのが一般的である。そうすると、集合住宅の共用部分（共用玄関、階段、通路など）は、住居でない限りで邸宅となる（最判平成20・4・11刑集62巻5号1217頁は、公務員宿舎の共用部分を邸宅として位置づけているが、住居とみることもできると思われ、そこではむしろ居住者以外に明確に管理者がいる場合には、邸宅性が優先されているとも解される）。

なお、次にみる建造物と同じく、邸宅の「囲繞地」も「邸宅」に含まれる。

(2) 建造物

「建造物」にあたるのは、まず、ⓐ建物本体である。さらに、ⓑ建物の「囲
繞地」も客体に含まれるとするのが判例・通説である。このような囲繞地にあ
たる典型は、建物の敷地・附属地のうち、門塀のような強固で永続的な障壁に
より物理的に立入り制限がなされているものである（なお、囲繞地はそれ自体が
独立した客体なのではない。障壁に囲まれた土地でも中に建物が存在しないものは「建
造物」にあたらない）。これに対して、建物の敷地でも、単に「立入禁止」の立
て札により立入りを心理的に抑制しているにすぎない土地は、「立入りが禁止
された場所」として軽犯罪法１条32号違反の罪の客体となるのみで、立ち入っ
ても建造物侵入罪は成立しないと解するのが多数説である。

本罪の客体に含まれる囲繞地の要件として判例（最判昭和51・３・４刑集30巻
２号79頁）は、(i)建物に接してその周辺に存在する土地であり、(ii)管理者が外
部との境界に門塀等の囲障を設置することにより建物の附属地として建物利用
のために供されるものであることが明示されていることを挙げている。

判例（最決平成21・７・13刑集63巻６号590頁）は、建物および囲繞地に加えて、
ⓒ「建物の利用のために供されている工作物」も同罪の客体に含まれうるとい
う解釈をとり、囲繞地と外部との境界に設置された囲障自体も「建造物」にあ
たるとする。その理由として、「本件塀は、本件庁舎建物とその敷地を他から
明確に画するとともに、外部からの干渉を排除する作用を果たして」いること
が挙げられていることから、建物の利用のために供される工作物であっても、
干渉排除作用のないものは必ずしも建造物にはあたらないことになろう。囲繞
地だけでなく囲障も客体に含まれるとすると、少なくとも囲障の上部に全身が
乗ったといえる時点で本罪の既遂を認めることができ、その結論は囲障を乗り
越える意思の有無にかかわらないことになる。

(3) 看守性

「邸宅」や「建造物」が客体になるのは、「人の看守する」ものである場合に
限られる。「看守」とは人的・物的な管理という意味であるが、要求される管
理の程度が問題である。判例には、業務終了後シャッターが閉鎖される駅構内
は一般に立入りが可能な時間帯も客体にあたるとするもの（最判昭和59・12・18

刑集38巻12号3026頁）や、さらに基準を緩めて、門扉が昼夜を問わず常に半開き
で住民に事実上開放されていた小学校構内も客体にあたるとするもの（東京高
判平成5・7・7判時1484号140頁）がある。

3　実行行為——侵入

(1)　管理権者・住居権者の意思に反する立入り

　判例（最判昭和58・4・8刑集37巻3号215頁）は、建造物侵入罪における「侵
入」の意義について、「他人の看守する建造物等に管理権者の意思に反して立
ち入ることをいう」と判示し、意思に反するというためには、管理権者が予め
立入り拒否の意思を積極的に明示している必要はないこと、そして、意思に反
するかどうかの判断資料は、建造物の性質、使用目的、管理状況、管理権者の
態度、立入りの目的などであることを摘示した。そして、労働組合の春季闘争
の一環として多数のビラを貼付する目的で、夜間、多人数で土足のまま、管理
権者である局長の事前の了解を受けることなく郵便局局舎内に立ち入った行為
について、管理権者の意思に反する立入りであると判断した。

　この判断枠組みは、客体が邸宅の場合にも適用されている。判例には、反戦
団体の活動の一環として反戦ビラを投函する目的で、集合住宅である防衛庁宿
舎の敷地および共用部分に立ち入ったという事案で、管理権者は防衛庁当局で
あるのに対して、立入り目的は反戦ビラの配布であったことや、同じ行為者の
過去の立入りに対して、管理権者側により、そのような立入りを禁止する表示
板等が設置されるなどの対応が繰り返されてきたことなどを指摘して、管理権
者の意思に反する立入りであることを認めたものがある（前掲最判平成20・4・
11。さらに、分譲マンションの共用部分にビラ配布目的で立ち入った行為が管理組合の
意思に反することを認めたものとして、最判平成21・11・30刑集63巻9号1765頁参照）。

　客体である建物や敷地に身体の全部が入った時点で既遂となると解するのが
通説であるが、最近、身体の大部分が入ったところで既遂を認める判例が現れ
ている（仙台高判令和5・1・24 LEX/DB 25594356）。

(2) 錯誤を伴う住居権者の承諾に基づく立入り

　住居権者の現実の承諾に基づく立入りには、原則として本罪が成立しないが、錯誤により承諾が無効となる場合は、本罪が成立する。

　判例には、①強盗殺人の目的を秘し、顧客を装って来店した行為者の申出を信じた被害者の承諾に基づき店内に立ち入った事案で、「強盗殺人の目的を以て店内に入ることの承諾を与えたとは言い得ない」としたもの（最判昭和23・5・20刑集2巻5号489頁）や、②強盗の意思を秘して「今晩は」と挨拶し家人が「おはいり」と答えたのに応じて住居に立ち入った事案で、「外見上家人の承諾があったように見えても、真実においてはその承諾を欠くものであることは言うまでもない」としたもの（最判昭和24・7・22刑集3巻8号1363頁）がある。

　また、建造物侵入罪の事案では、③虚偽の氏名・住所を記載した傍聴券を提示して参議院に立ち入る行為に同罪を認めたもの（東京高判平成5・2・1判時1476号163頁）も、承諾の有効性ではなく管理権者の意思に反する立入りか否かという局面で問題が扱われているものの、基本的には同様の枠組みで理解することができる。さらに、④国体の開会式を妨害する目的で開会式場である陸上競技場に立ち入る行為に建造物侵入罪を認めたもの（仙台高判平成6・3・31判時1513号175頁）も、出入口で入場券の確認がなされ係員を介した管理権者の現実的承諾があったといえるのであれば同様である。

　これらは、錯誤に基づく被害者の同意を広く無効とする判例の立場（偽装心中に関する最判昭和33・11・21刑集12巻15号3519頁参照）の一環をなすものということができる。学説上も同様に、住居権者・管理権者が錯誤に基づいて与えた立入りに対する承諾を広く無効と解する見解が伝統的に多い。

　これに対しては、広がりすぎる処罰範囲を構成要件段階で限定すべく、行為者の立入目的を二分して、殺人、強盗、大規模な威力業務妨害等の目的を秘して得た承諾は無効としつつ、詐欺、押売り、借金返済請求、盗聴器設置等の目的の場合は有効と解する見解もある。巧妙に偽装された立入りのうち、退去要求が無力で、不退去罪による保護では不十分である場合に限り、立入り時点での住居侵入罪による前倒しした保護を図るべきであるとするものである。

　さらに承諾が無効となる範囲を限定する見解は、住居侵入罪の保護法益を、

住居内部での実質的な利益とは完全に切り離された立入りそれ自体に対する許諾権に求めるとともに、法益の有無・量・質に係わる錯誤だけが無効であるとするいわゆる法益関係的錯誤説の立場から、「その人」の立入りに承諾が与えられた以上は、立入りの目的等に錯誤があっても承諾は有効であり、同罪は成立しないと主張している。

(3) 一般に立入りが認められた場所への違法目的を秘した立入り

　下級審判例では、一般に立入りが認められている建造物に、違法な目的を持ちつつ、外形的には平穏に立ち入る行為について、行為者の目的が管理権者の意思に反するという理由で建造物侵入罪の成立が肯定されてきた。たとえば、①共同通信会館にビラ配布などの建物管理者の定めた禁止事項を行う目的で立ち入る行為（東京高判昭和48・3・27東高刑時報24巻41頁）のほか、②発煙筒を発煙させる目的で皇居の一般参賀会場に立ち入る行為（東京地判昭和44・9・1刑月1巻9号865頁）や、③出展物を損壊する目的で万博パビリオンにモンキーレンチを隠し持って立ち入る行為（大阪地判昭和46・1・30刑月3巻1号59頁）などである。

　最高裁もこの流れを是認し、他のATM利用客のカードの暗証番号等を盗撮する目的で、行員が常駐しない銀行支店出張所に立ち入ったという事案で、「そのような立入りが同所の管理権者である銀行支店長の意思に反するものであることは明らかであるから、その立入りの外観が一般の現金自動預払機利用客のそれと特に異なるものでなくても、建造物侵入罪が成立する」とした（最決平成19・7・2刑集61巻5号379頁）。これは、学説における次のような見解、すなわち、ⓐ意思に反する立入りであっても外形上平穏な立入りであれば建造物侵入罪は否定されるとする見解や、ⓑ立入りの外観が一般の利用客のそれと異ならない場合には管理権者はその場にいたとしたら立入りについて許諾するから、その場にいなかった場合にもそのような立入りは管理権者の意思に反しないと解する見解を、否定するものである。

4 実行行為——不退去

作為による立入りだけでなく、退去しない不作為行為も処罰対象として定められている。住居権者・管理権者からの退去の要求を受けることが必要である（実行行為の前提として要求されるこのような構成要件要素を、構成要件的状況という）。退去の要求の後、合理的な時間内に退去しなかったときに、既遂となる。通常は、適法に立ち入った後、退去要求を受けた場合に問題となるが、作為犯としての住居侵入罪が成立した後に、重ねて不退去罪が成立することもありうる。もっとも、後者の場合は、全体が包括一罪と解されるから、特に不退去罪を取り上げる必要性に乏しい。

第5章

秘密を侵す罪・名誉に対する罪

　秘密を侵す罪（信書開封罪、秘密漏示罪）は、個人の秘密を侵害する行為を罰する犯罪類型であり、秘密を探知する行為や漏示する行為の一部がこれにあたる。

　名誉に対する罪（名誉毀損罪、侮辱罪）は、個人の社会的評価に対する犯罪類型であり、当該評価を低下させる行為がこれにあたる。これらの罪の保護法益はプライバシーや秘密そのものではないが、名誉毀損罪は事実の摘示を伴うため秘密を侵す罪と通底する。

I　秘密を侵す罪

1　総説

　秘密とは少数者にしか知られておらず、他人に知られると本人が不利益となる事実である。刑法典は、秘密を網羅的には保護せず、断片的に保護する。

　特別法においても秘密の保護は断片的である。たとえば、国家公務員法は「職務上知ることのできた秘密」の漏示を処罰するが（同法100条1項・109条12号）、その主体は「職員」および「その職を退いた」者に限定される。また、不正競争防止法は営業秘密の不正取得を処罰するが（同法21条）、その客体は「営業秘密」（同法2条6項）に、その手段は同法21条が規定するもの（さらに同条が規定する犯罪類型の多くは、目的も限定している）に限定される。自衛隊法や特定秘密保護法等、その他の特別法においても同様である。

2 信書開封罪

（信書開封）
133条　正当な理由がないのに、封をしてある信書を開けた者は、1年以下の懲役又は20万円以下の罰金に処する。

親告罪（135条）

　本罪は、通信の秘密（憲法21条2項）を害する行為の一部を処罰する。秘密に対する探知型の侵害を禁圧する犯罪類型である。

　本罪の客体は「封をしてある信書」である。信書とは、特定人から特定人に宛てた文書をいう。特定人には自然人・法人が含まれる（本罪は個人のプライバシーを保護していると解し、国・地方公共団体から国・地方公共団体へ宛てた信書は本罪で保護されないとの理解もある）。

　本罪の実行行為は、信書を「開けた」ことである（封緘を破棄することで足り、信書の内容を読むことは要求されない。封緘の破棄で既遂に達する）。

　本罪は、「正当な理由がないのに」信書を開けた場合に成立する。犯罪捜査や権利者の承諾に基づく場合、親の監護権に基づいて子の信書を開封する場合等は、本罪を構成しない。

　（有力な異論もあるが）当該信書の権利者は、信書が受信者に到達するまでは発信者のみである。信書が受信者に到達してからは受信者も秘密に対する利益を有するから、受信者も発信者も権利者である。被害者としての告訴権者が誰かは、このように決される。

3 秘密漏示罪

（秘密漏示）
134条1項　医師、薬剤師、医薬品販売業者、助産師、弁護士、弁護人、公証人又はこれらの職にあった者が、正当な理由がないのに、その業務上取り扱ったことについて知り得た人の秘密を漏らしたときは、6月以下の懲役又は10万円以下の罰金に処する。

> 2項　宗教、祈祷若しくは祭祀の職にある者又はこれらの職にあった者が、正当な理由がないのに、その業務上取り扱ったことについて知り得た人の秘密を漏らしたときも、前項と同様とする。
>
> 親告罪（135条）

本罪は、秘密に対する漏示型の侵害を禁圧する犯罪類型である。

本罪の主体は条文上列挙された者に限定される（真正身分犯）。これらの者は職業上人の秘密に触れることが多く、本条は特にこれらの者による秘密漏示を禁圧しようとしている。鑑定人として秘密を知り得た者も、その者が医師であり、医師としての知識・経験に基づく診断を含む医学的判断を内容とする鑑定を命じられた場合には、本罪の主体となる（最決平成24・2・13刑集66巻4号405頁）。

本罪は「業務上取り扱ったことについて知り得た人の秘密」を保護する。

「人」には、自然人・法人が含まれる（本罪を個人のプライバシーを保護するものと解し、自然人に限定する立場も有力である）。

「秘密」とは、少数者にしか知られておらず、知られると不利益となる事実をいう。

「漏らしたとき」（漏示行為）とは、秘密を知らない者に告知することをいう。名誉に対する罪（名誉毀損罪、侮辱罪）と異なり公然性は要求されないから、1名に告知するだけで足りる（告知した時点で既遂に達する）。

本罪が成立するのは、「正当な理由がないのに」漏示した場合のみである（最判平成17・7・19刑集59巻6号600頁は、治療目的で採取した患者の尿から覚醒剤成分が検出されたため捜査機関に通報した医師の行為を正当行為とした）。

Ⅱ　名誉に対する罪

刑法典は、名誉に対する罪として、名誉毀損罪と侮辱罪を規定する（34章）。

いずれの犯罪類型も、人の社会的な評価（外部的名誉→65頁）を低下させる行為を処罰する。

1　名誉の概念と名誉毀損罪・侮辱罪の保護法益

　名誉の概念は、内部的名誉（人格的価値そのもの）、外部的名誉（社会が個人に対して与える評価）、名誉感情（自分自身に対する主観的な価値意識）に分類される。

　このうち、人格的価値そのものである内部的名誉は外部からの影響を受けない（ある高潔な人格の持ち主が虚偽の悪評を流布されたとしても、その者が高潔な人物であることは変わりない）。このため、内部的名誉は刑法によって保護するまでもない。

　では、名誉毀損罪の保護法益としての名誉は、外部的名誉か名誉感情か。刑法は名誉毀損罪の成立要件として公然性を要求する（→67頁）。名誉毀損罪が名誉感情を保護するものであれば、公然性を要求する理由はない（名誉感情は公然性を欠いていても害される）。したがって、外部的名誉が名誉毀損の保護法益である（大判昭和8・9・6刑集12巻1590頁。なお、死者名誉毀損罪の保護法益につき→68頁）。

　侮辱罪の保護法益も外部的名誉と解される（侮辱罪の保護法益を名誉感情と解し保護法益によって侮辱罪と名誉毀損罪を区別しようとする見解も有力であるが、侮辱罪も公然性を成立要件とするから、侮辱罪の保護法益も外部的名誉と解すべきである。両罪の区別→74頁）。

外部的名誉の低下？

　名誉毀損罪の保護法益を外部的名誉と解する立場からはすっきりと説明しにくい下級審裁判例も存する。

　東京地判平成14・3・14LEX/DB28075486は、露天風呂に入浴中の女性らを盗撮したビデオを書店等の店頭に陳列させた行為について名誉毀損罪の成立を認めた。もっとも、「露天風呂に入浴している」という事実の摘示が、ただちに盗撮された女性らの外部的名誉を低下させるとは考えにくい（露天風呂に入る人物であることは社会的評価を低下させない）。

　同判決もこの疑問に配慮し、名誉毀損罪の成立を認めるにあたり、「その女性が周囲の人たちから好奇の目で見られたり、場合によっては嫌悪感を抱かれるなど、その女性について種々否定的な評価を生ずるおそれがあることは否定

し難い」、「事情を知らない者が見れば、撮影されている女性が、不特定多数の者に販売されるビデオテープに録画されることを承知の上、自ら進んで裸体をさらしているのではないかという印象を与えかねない」とした。盗撮等の行為が被害者らの外部的名誉を低下させる機序を説明しようとし、本件を、外部的名誉を名誉毀損罪の保護法益と解する従来からの理解の延長線上に位置付けようとしたのである。

　いわゆるアイコラをインターネット上の掲示板に投稿し公開することが名誉毀損罪に該当するとした裁判例（東京地判平成18・4・21WestlawJapan）も同様である。「対象とされたアイドルタレントがあるいは真実そのような姿態をさらしたのかもしれないと思わせかねない危険性をはらんだものであった」とし、当該行為が外部的名誉を低下させる機序を説明しようとしたのである。

　上述のように、従来、盗撮画像やアイコラについては、実務上、これらの画像を公開する行為を名誉毀損罪によって処罰するという対応が取られてきた。このうち、盗撮事案の多くは、令和5年に性的な姿態を撮影する行為等の処罰及び押収物に記録された性的な姿態の影像に係る電磁的記録の消去等に関する法律が成立したことによって、今後は、同法が規定する性的姿態等撮影罪や性的影像記録提供等罪によって処罰されることとなろう。もっとも、同法が処罰対象とするものではない盗撮やアイコラの公開については、今後も、名誉毀損罪の成否が論じられるものと思われる。

2　名誉毀損罪

（名誉毀損）
230条1項　公然と事実を摘示し、人の名誉を毀損した者は、その事実の有無にかかわらず、3年以下の懲役若しくは禁錮又は50万円以下の罰金に処する。
2項　死者の名誉を毀損した者は、虚偽の事実を摘示することによってした場合でなければ、罰しない。

親告罪（232条）

(1) 客体──「人の名誉」

本罪の「人」には自然人のみならず、法人も含まれる（外部的名誉は法人にもある。大判大正15・3・24刑集5巻117頁。さらに侮辱罪に関するものであるが、最決昭和58・11・1刑集37巻9号1341頁）。

不特定の集団（「東京都民」、「九州人」等）は、本罪の「人」には含まれない（大判大正15・3・24刑集5巻117頁。文脈により特定の人・特定の人の集団を指すと解される場合は別論）。

本罪の「名誉」は人の外部的名誉である（死者の名誉につき後述→68頁）。

人の社会的評価である外部的名誉は、さらに、事実的名誉（現実に存在する社会的評価）と規範的名誉（あるべき社会的評価）に分類されるが、刑法典は「その事実の有無にかかわらず」事実の摘示を処罰し、事実的名誉を保護している。このため、虚名を剥ぐ行為（たとえば、高潔な人物だと思われている者につき「実は不倫をしている」と暴く行為）は、名誉毀損罪に該当する（事実的名誉を侵害するため。表現の自由との調整→69頁）。

(2) 実行行為──「公然と事実を摘示し」

公然とは、不特定または多数が知りうる状態をいう（「不特定かつ多数」ではない。不特定者または多数者が社会的評価を低下させる事実を認識すれば、被害者の社会的評価が低下する危険性があるため）。

判例の中にはかなり少数かつ特定人に対する場合でも公然とするものも存する。最判昭和34・5・7刑集13巻5号641頁は、2、3人に対して事実を告知した場合でも、他の多数人に伝播すべき事情があれば、公然性の要件を充足するとした（伝播可能性の理論）。しかし、伝播可能性の理論には疑問がある。伝播可能性で足りると解する場合、公然性の要件で処罰範囲を限定しようとした意味は失われるからである。

摘示される事実は、人の社会的評価を害するに足るものであることを要する（なお、経済的信用に関する事実は信用毀損罪によって保護され、本罪では保護されない）。

公知の事実であってもよい（知らなかった人が新たに知ることで、社会的評価がさらに低下する）。

判例上、事実の摘示ありとされたものとして、選挙のときに何か不正なことをして警察署に1週間も放り込まれた旨の記事を会報誌に掲載した事案（大判昭和7・7・11刑集11巻1250頁）や、「盗人野郎、詐欺野郎、馬鹿野郎、手前の祖父は詐欺して懲役に行ったではないか」と怒鳴った事案（「手前」と言われた者に対する名誉毀損。最決昭和29・5・6裁判集刑95号55頁）等があり、また、事実摘示なし（侮辱罪が成立するにとどまる）とされたものとして、ある会社の内情を暴露する記事において、関連会社役員を「甲（代表取締役、O研究所所長、医師法違反の詐欺師）」と記載した事案（甲に対する侮蔑的な判断を示したに止まる。東京地判昭和39・4・18判タ162号255頁）や、被害者につき「売国奴につき注意せよ」と記した壁新聞を掲示した事案（まったく抽象的な記述にすぎない。大阪高判昭和30・3・25裁特2巻6号180頁）等がある。

　真実であっても本罪の「事実」に該当する（事実的名誉→67頁。表現の自由との調整→69頁）。

　摘示の方法は特に限定されない。誰につき事実を摘示しているか容易に理解できる場合には、氏名を明示せずとも事実の摘示に該当する（最判昭和28・12・15刑集7巻12号2436頁）。噂として述べる場合も該当する（最決昭和43・1・18刑集22巻1号7頁）。

(3)　結果──「毀損した」

　名誉毀損罪が既遂に達するのは、事実を摘示した時点であり、現実に毀損されたことまでは要求されない。

(4)　死者の名誉

　死者に対する名誉毀損は、虚偽の事実を摘示することによってした場合のみ処罰される（死者は規範的名誉のみ保護される）。死者は歴史的評価に晒されるべきであるから、社会的評価を低下させる事実を摘示しても真実であれば本罪は成立しない。

　本罪の保護法益は、死者に対する遺族の敬愛の情である（有力な異論もある）。

3　公共の利害に関する場合の特例

（公共の利害に関する場合の特例）
230条の２第１項　前条第１項の行為が公共の利害に関する事実に係り、かつ、その目的が専ら公益を図ることにあったと認める場合には、事実の真否を判断し、真実であることの証明があったときは、これを罰しない。
２項　前項の規定の適用については、公訴が提起されるに至っていない人の犯罪行為に関する事実は、公共の利害に関する事実とみなす。
３項　前条第１項の行為が公務員又は公選による公務員の候補者に関する事実に係る場合には、事実の真否を判断し、真実であることの証明があったときは、これを罰しない。

---

(1)　立法趣旨

　外部的名誉の摘示をすべて処罰するのでは表現の自由が十分に保護されるといえないため、戦後の憲法改正を受け、昭和22年に230条の２が新設された（同条新設以前は、旧新聞紙法・旧出版法において、新聞記事または出版による名誉毀損についてのみ真実性の証明が認められていたにすぎない）。

(2)　真実性証明の法的性格

　230条の２が「罰しない」とすることの理論的根拠については議論がある。

　処罰阻却事由説（犯罪そのものは成立し処罰のみが阻却されるとする見解）は、230条が真実であるか否かを問わないことから真実を摘示する行為も違法と考えるべきこと、「これを罰しない」とする文言を素直に解釈すれば同説に至ること、裁判において真実と証明できたか否かは行為後の事情に過ぎず犯罪の成否とは関係がないはずであることを根拠とする。

　これに対し、違法性阻却事由説（違法性や構成要件該当性が阻却されそもそも犯罪が成立していないとする見解。構成要件該当性を否定する見解は「構成要件該当性阻却事由説」と表記するのが正確だが、便宜上、以下、両者を一括して「違法性阻却事由説」と呼ぶ）は、230条の２が表現の自由に配慮して正当な言論を保護しようとしていることから、同条を、犯罪の成立を否定する規定と理解する。

いずれの見解も、真実性の証明に成功した場合は行為者を不可罰とする。両説の違いが顕在化するのは、真実性の証明に失敗した場合である（→71頁）。

(3) 要件

230条1項は原則形を規定する。同条2項は「公訴が提起されるに至っていない人の犯罪行為に関する事実」につき、同条3項は「公務員又は公選による公務員の候補者に関する事実」につき、それぞれ要件を緩和する。

```
原則形（1項）                                    事実の公共性＋目的の公益性＋真実証明
公訴提起前の犯罪行為に関する事実（2項）                      目的の公益性＋真実証明
公務員・公選の公務員の候補者に関する事実（3項）                       真実証明
```

(a) 事実の公共性──「公共の利害に関する事実」

公共の利害に関する事実（事実の公共性）は、市民が民主的自治を行ううえで知る必要がある事実を意味する。

公的な立場にある者の公的な行動のほか、私人の私生活上の行状について公共性が認められた例もある（最判昭和56・4・16刑集35巻3号85頁〔月刊ペン事件〕は、多数の信徒を擁するわが国有数の宗教団体の会長に関し、「右宗教団体の会長（当時）の女性関係が乱脈をきわめており、同会長と関係のあった女性2名が同会長によった国会に送り込まれている」等の事実が摘示された事案につき、「私人の私生活上の行状であっても、そのたずさわる社会的活動の性質及びこれを通じて社会に及ぼす影響力の程度などのいかんによっては、その社会的活動に対する批判ないし評価の一資料として、……『公共ノ利害ニ関スル事実』にあたる場合がある」とした。ただし、「そのたずさわる社会的活動の性質及びこれを通じて社会に及ぼす影響力の程度などのいかんによっては」とされたように、私人の私生活上の行状について公共性が肯定されるのは例外的である）。

また、月刊ペン事件最高裁判決は、事実の公共性を摘示された事実自体の内容・性質に照らして客観的に判断すべきとした（表現方法や事実調査の程度等は、目的の公益性で考慮）。

公訴提起前の犯罪行為に関する事実は、公共の利害に関する事実とみなされ

る（本条2項）。公務員または公選による公務員の候補者に関する事実について
も、同様である（本条3項）。

　(b)　目的の公益性──「その目的が専ら公益を図ることにあった」

　230条の2が要求する第二の要件は、「その目的が専ら公益を図ることにあっ
た」ことである（主たる動機が公益目的であれば足りる）。

　判例は、この要件において、表現方法や事実調査の程度等も考慮する（230
条の2を違法阻却事由と解する立場からは、動機や目的を違法阻却の要件として考慮す
ることに批判も強い）。

　事実の摘示が公務員又は公選による公務員の候補者に関する事実に係る場合
には、「その目的が専ら公益を図ることにあった」とみなされる（本条3項）。

　(c)　真実証明

　摘示事実は、重要な部分において真実であることが証明されれば足り、枝葉
末節までの証明は必要ない。

　噂等の伝聞形式（「Aが着服したという噂がある」等）で名誉が毀損された場
合、真実性証明の対象は、噂等の存在それ自体ではなく、その内容たる事実の
存在である（人の名誉を毀損するのは噂の存在そのものではなく、その内容たる事実
が実在するという印象であるため）。

　ただし、伝聞形式での事実摘示が、噂等の存在自体を主張するにとどまり、
その内容たる事実の存在については留保していると外形的に明白な場合（噂等
の内容が真実であると受け取られない場合）は、真実性証明の対象は、噂等の存在
それ自体である。犯罪報道に関しては、真実性証明の対象は「犯罪の疑いが存
在したこと」と考えるべき場合が通常である。

　下級審裁判例は、合理的な疑いを超える程度の真実性証明を要求する（東京
高判昭和39・7・18高刑集37巻2号360頁〔月刊ペン事件差戻後控訴審〕。学説上は証明
の優越で足りるとする見解も有力である）。

　(4)　真実性の証明に失敗した場合──真実性の誤信

　(a)　証明の失敗と名誉毀損罪での処罰

　古い判例は、真実性の証明に失敗した以上処罰を免れないとした（最判昭和
34・5・7刑集13巻5号641頁。ただし、下級審には、戦後早い時期から、「相当の根拠

がある真実性の誤信は故意を阻却する」ものもあった）。しかし、この帰結には批判が少なくなかった（合理的な根拠に基づいて事実を摘示したが裁判で真実性の証明に失敗した場合をすべて処罰したのでは、表現の自由に対する過度の萎縮効果が働き、表現の自由と名誉の保護を調和させようとした230条の２の趣旨が損なわれるため）。

そこで、判例は、まずは民事事件において、刑法230条の２にも言及しつつ、「行為者に於てその事実を真実と信ずるについて相当の理由あるとき」は不法行為が成立しないとし（最判昭和41・６・23民集20巻５号1118頁）、さらに、刑事でも、「刑法230条の２第１項にいう事実が真実であることの証明がない場合でも、行為者がその事実を真実であると誤信し、その誤信したことについて、確実な資料、根拠に照らし相当の理由があるときは、犯罪の故意がなく、名誉毀損の罪は成立しない」とした（最大判昭和44・６・25刑集23巻７号975頁〔夕刊和歌山時事事件〕）。

(b) 理論構成

もっとも、同判決は故意が欠ける理由を示さなかった。このため、真実性の誤信の扱いに理論的対立が生じた（なお、最決平成22・３・15刑集64巻２号１頁は、「行為者が摘示した事実を真実であると誤信したことについて、確実な資料、根拠に照らして相当の理由があると認められるときに限り、名誉毀損罪は成立しない」とした。故意が欠けるという構成によらない点は昭和44年判決と異なるが、特定の理論構成を示さなかった点は共通する）。

①錯誤論を用いてこの問題にアプローチする見解は、230条の２を違法阻却事由と解しつつ、真実性の証明に失敗した場合の処理を錯誤論に求めた（真実であると誤信したため故意がないとした）。しかし、違法性阻却事由の錯誤に関する多数説（違法性阻却事由の錯誤があった場合は事実の錯誤であり故意を阻却する立場→総論207頁）によれば、事実だと信じた以上すべて不可罰とせざるを得ず、名誉の保護が過度に軽くなってしまう。

そこで、錯誤論から出発しつつ、②（事実が真実であることではなく）事実の摘示が証明可能な程度の真実に基づいていたことを違法性阻却事由と考える見解が生じた。この見解からは、真実性を証明するに十分な客観的な資料・根拠に基づいて誤信した場合は故意責任が阻却されるが、合理的根拠なしに事実を真実だと軽信した場合には故意責任は阻却されないこととなる。

ただ、この見解の前提には疑問がある。「真実であることの証明があったとき」という訴訟法的な事実に対応する実体法上の概念は「真実であること」であるはずで、「証明可能な程度に真実であったこと」ではない。また、証明可能な程度の資料・根拠を有していれば真実性の立証が可能なはずであり、真実性の証明に失敗した場合でもなお誤信による免責を認める余地がこの見解において残るかは疑問も残る。

　そこで、有力な見解は、③違法論からアプローチする。確実な根拠、資料の存在を認識したことにより真実性を確信した場合は35条により正当化される、あるいは、相当な資料に基づく発言は客観的に価値が高いので正当な行為であり35条によって正当化されるとする（この見解からは、230条の2は、行為時には相当な根拠を有していなかったが、裁判時に真実性の証明ができた場合を不可罰とする規定と解される）。

　③に批判的な見解は、虚偽の事実摘示には優越的利益が認められないとし、④過失犯構成によるアプローチを採る（真実の言論についてのみ違法性の減少・消滅を認め、虚偽の事実についてはその虚偽性の認識が欠ける場合に過失責任を問題とする。この見解からは、虚偽の事実を摘示した者がその虚偽性を認識していなかった場合、認識しなかったことについて過失があれば名誉毀損罪として処罰されるが、過失がなければ処罰されない）。しかし、実質上明文なき過失犯処罰を認めることになる点で疑問が残るうえ、虚偽の事実摘示には優越的利益がないとの前提自体にも疑問がある（表現の自由の保護範囲が狭きに失するであろう）。憲法が、客観的に真実である言論のみならず、相当な合理的根拠がある言論も保護しているとすれば、③のように理解すべきである。

　なお、判例は、インターネットの個人利用者による表現行為の場合においても、行為者が摘示した事実を真実であると誤信したことについて、確実な資料、根拠に照らして相当の理由があると認められるときに限り、名誉毀損罪は成立しないものとし、より緩やかな要件で同罪の成立を否定すべきではないとする（前掲最決平成22・3・15）。

4 侮辱罪

> （侮辱）
> 231条　事実を摘示しなくても、公然と人を侮辱した者は、1年以下の懲役若しく
> 　　　は禁錮若しくは30万円以下の罰金又は拘留若しくは科料に処する。
>
> 親告罪（232条）

　侮辱とは、事実を摘示せずに人の社会的評価を害することをいう。令和4年改正前の本罪の法定刑は名誉毀損罪と比較して著しく軽かったが（拘留・科料のみが規定されていた）、その理由は、事実を摘示する場合としない場合の、社会的評価に対する侵害性の差に求められていた（法定刑の引上げ→74頁コラム参照）。法定刑が引き上げられた後も、なお、名誉毀損罪と比較して侮辱罪の法定刑は軽い。その理由は、改正前と同様、社会的評価に対する侵害性の差に求められよう。

　「人」には法人も含まれる。本罪も、公然性を要求する。法定刑の引上げにより、本罪の教唆・幇助も処罰されることとなった（64条参照）。

侮辱罪の法定刑引上げ

　前述のような法定刑引上げの背景には、令和2年にリアリティ番組の出演者がSNS上での誹謗中傷を苦として自殺した事件が生じたことや、近年侮辱罪で処罰された事例では科料の上限付近（9000円や9900円）で量刑されることが少なくなく、改正前の法定刑では侮辱事案に十分に対処することができないと考えられたことがある。

　同改正に際しては、「政府は、〔侮辱罪法定刑引上げ〕の施行後3年を経過したときは、同条の規定による改正後の刑法第231条の規定の施行の状況について、同条の規定がインターネット上の誹謗中傷に適切に対処することができているかどうか、表現の自由その他の自由に対する不当な制約になっていないかどうか等の観点から外部有識者を交えて検証を行い、その結果に基づいて必要な措置を講ずるものとする。」という附則が設けられた。この附則にいう検証に際しては、侮辱罪という（通説的理解によれば）外部的名誉に対する罪によ

って誹謗中傷対策を十分に行い得るか、法定刑を引き上げたことにより表現の自由に対する過度の制約が生じていないか、表現の自由との調整のための規定を新設すべきか（令和4年改正は表現の自由との調整を刑法35条によって行うことを予定しているが、3年経過後の検証に際しさらに調整のための新たな規定を置くべきか否か）等が議論されることとなろう。

　また、令和4年改正は侮辱罪の法定刑を引き上げるという選択をしたため、当然ながら、公然性のない形態でのオンライン・ハラスメント（たとえば、メールやダイレクトメッセージ機能を通じて、「バカ」、「不細工」、「消えろ」等の文言を執拗に送りつける行為）は直接の処罰対象としていない（送信した文言が脅迫等に該当する限り、脅迫罪等が成立しうるに止まる）。学説の中にはこのようなハラスメントも処罰すべきだとする議論もあり、今後の立法・学説の動向が注目される。

第6章

信用及び業務に対する罪

　刑法第35章は、信用及び業務に対する罪として、信用毀損罪（233条前段）、業務妨害罪（233条後段）、威力業務妨害罪（234条）、電子計算機損壊等業務妨害罪（234条の2）を規定する。

　このうち、信用毀損罪は、一方では人の経済的信用を低下させるものとして名誉に対する罪と、他方では業務と密接に関連するものとして業務妨害罪と連続的である。

I　信用毀損罪

（信用毀損）
233条前段　虚偽の風説を流布し、又は偽計を用いて、人の信用を毀損し……た者は、3年以下の懲役又は50万円以下の罰金に処する。

1　「信用」

　本罪にいう「信用」とは、経済的側面における人の評価である（最判平成15・3・11刑集57巻3号293頁〔販売される商品の品質に対する社会的な信頼も含まれるとした〕）。

　経済的側面を超えた信用一般（「人格的評価」等）までは含まれない（本罪が名

誉に対する罪と財産犯との間に置かれていることや、人格に対する社会的評価は名誉毀損罪によって保護されること、経済的活動を保護する業務妨害罪と同一の条文に規定されていることが、その理由である）。

2　「虚偽の風説を流布し、又は偽計を用い」

虚偽の風説とは、事実異なった噂をいう。流布とは、不特定または多数に伝播させることをいう（公然性は条文上要求されない）。偽計の意義については後述する（→80頁）。

II　業務妨害罪

（業務妨害）
233条後段　虚偽の風説を流布し、又は偽計を用いて、人の……業務を妨害した者は、3年以下の懲役又は50万円以下の罰金に処する。
（威力業務妨害）
234条　威力を用いて人の業務を妨害した者も、前条の例による。

1　概説

刑法は、233条後段および234条において業務を妨害する罪を規定する。これらの罪は、用いられる手段によって区別される（前者は、法文上「業務妨害」との見出しが付されているが、一般に、偽計業務妨害と呼ばれる。なお、以下、偽計業務妨害罪と威力業務妨害罪を併せて業務妨害罪と呼ぶことがある）。

本罪は、業務を妨害するに足る行為があれば成立する（最判昭和28・1・30刑集7巻1号128頁）。

2　客体

(1)　業務の意義

　業務とは、人が社会生活を維持するうえで反復・継続して従事する仕事をいう。

　業務妨害罪における業務は、（刑を加重する根拠である）業務上過失致死傷罪における業務と異なり、人の生命・身体に対する危険を含む（あるいはその危険を防止する）業務に限定されず、また、娯楽のために行うハンティングやドライブは含まれない。刑罰をもって保護するに相応しい業務であることも要求される（業務の要保護性。要保護性を欠く例として掲げられるのは、麻薬製造業等、違法であるのみならず社会生活上到底是認し得ないものである）。

(2)　公務と業務──公務も業務に含まれるか

　刑法は公務につき公務執行妨害罪（95条）を置き、暴行・脅迫による侵害からのみ公務を保護する。では、暴行・脅迫によらない公務に対する妨害は不可罰であろうか。

　偽計・威力は暴行・脅迫よりも広い概念であるから（→80頁）、公務が（業務妨害罪にいう）業務に含まれるならば、暴行・脅迫によらずに公務を妨害した場合も、業務妨害罪が幅広く成立する。

　公務は業務に含まれるかという問いに対する単純な答は、あらゆる公務は業務に含まれる（積極説）、あるいは、あらゆる公務は業務に含まれない（消極説）、とするものであるが、いずれも徹底し得ない。積極説によれば公務執行妨害罪が手段を限定していることの意味が失われてしまう。消極説によれば民間の業務とまったく変わりがない公務も威力や偽計から保護されなくなってしまう（国会の事務職員が行う事務、国公立学校の事務職員が行う事務等。大判大正4・5・21刑録21輯663頁は、公立学校長の職務は業務妨害罪によって保護されないとしたが疑問である）。そこで、中間的な解決が模索された。

　まず、①公務を行う主体により区別する見解がある（身分振り分け説）。この見解は、公務執行妨害罪が公務員の行う公務にのみ適用されることから、公務員が行う公務は業務に含まれないが、非公務員が行う公務（大判大正8・4・2

刑録23輯375頁は、郵便集配人について公務員ではないとした）は業務に含まれると
する。もっとも、この見解では、公務員である国公立学校の職員の行う事務に
関する不都合（前述）は残る。

②公務の内容による区別を試み、強制力を行使する権力的公務か否かを基準
とする見解もある（強制力説。警察官による職務質問や逮捕行為等の強制力を行使す
る権力的公務は業務に含まれないが、国公立学校の職員の行う事務等のその他の公務は
業務に含まれるとする）。

さらに、③同じく公務の内容による区別を試みつつ、統治作用に関する公務
か否かを基準する見解がある（民間類似説。統治作用に関しない民間類似のものが
業務に含まれる）。

近時の判例は、②の見解により、公職選挙法上の選挙長の立候補届出受理事
務（最決平成12・2・17刑集54巻2号38頁）や、海上保安庁の行政事務等（横浜地
判平成14・9・5判タ1140号280頁。虚偽通報事案）の公務が業務に含まれるとす
る。

さらに、東京高判平成21・3・12判タ1304号302頁は、インターネットの掲
示板に虚偽の無差別殺人予告をした行為が、警察官らの業務に対する偽計業務
妨害罪にあたるとした。同判決は虚偽通報（犯行予告のような間接通報も含む）
に対しては強制力を行使し得ないから「強制力を付与された権力的なものを含
めて、その全体が、本罪による保護の対象になる」とした。②の見解を一歩進
めたのである。名古屋高金沢支判平成30・10・30LEX/DB25561935もまた、
同様に、違法薬物所持を偽装し警察官に追跡等の徒労の業務を行わせ業務遂行
を困難にさせた事案につき「本件行為が行われた時点では、そもそも、……強
制力を同行為に対して行使し得るはずはなく、その偽計性を排除しようにもそ
のすべはない」として偽計業務妨害罪の成立を認めた（ただし、同判決の上告審
である最決平成31・2・26LEX/DB25563043は上告を棄却し原判決を維持したが、偽計
業務妨害罪が成立する理由については特段の説明は行っていない。このため、最高裁が
東京高裁平成21年判決や原判決のような理論構成を採用しているか否かは、必ずしもは
っきりしない）。

3　手段・態様

　偽計業務妨害罪の手段は虚偽の風説の流布・偽計であり、威力業務妨害罪の手段は威力である（両罪はその手段によって区別される）。

　偽計とは、人を欺罔、誘惑し、あるいは他人の錯誤または不知を利用する違法な手段をいう（虚偽の風説の流布〔→77頁〕は偽計の一例である）。偽計は直接人に向けられたものでなくともよい（詐欺罪における欺罔行為は人に向けられることを要する→133頁）。

　威力とは、人の意思を制圧するに足りる勢力をいう。

　判例上、偽計と威力は、相手方に妨害を誇示するか否かによって区別される（妨害を誇示しない場合は偽計、妨害を誇示する場合は威力とされる）。

　偽計にあたる例として、970回にわたる無言電話（東京高判昭和48・8・7高刑集26巻3号322頁）、電話料金課金システムを誤作動させる装置の設置（最決昭和59・4・27刑集38巻6号2584頁。マジックホン事件）、売り場の布団への針の混入（大阪地判昭和63・7・21判時1286号153頁）、密漁（青森地弘前支判平成11・3・30判時1694号157頁）、虚偽通報（→79頁）、盗撮目的を秘すためのATM使用（最決平成19・7・2刑集61巻5号379頁）等がある。

　威力にあたる例として、食堂配膳部にシマヘビをまき散らす（大判昭和7・10・10刑集11巻1519頁）、キャバレーの客席で牛の内臓をコンロで焼き悪臭を放つ（広島高岡山支判昭和30・12・22高刑特2巻18号1342頁）、株主総会の議場で怒号する（東京地判昭和50・12・26刑月7巻11=12号984頁）、捕獲されたイルカを収容中の網のロープを切断する（長崎地佐世保支判昭和55・5・30刑月12巻4＝5号405頁）、猫の死骸を事務机の引き出しに入れておいて被害者に発見させる（最決平成4・11・27刑集46巻8号623頁）、放射性物質を含有する土砂を入れた容器等を搭載したドローンを首相官邸屋上に落下させる（東京地判平成28・2・16判タ1439-245）等がある。

4　電子計算機損壊等業務妨害罪

（電子計算機損壊等業務妨害）
234条の2第1項　人の業務に使用する電子計算機若しくはその用に供する電磁的記録を損壊し、若しくは人の業務に使用する電子計算機に虚偽の情報若しくは不正な指令を与え、又はその他の方法により、電子計算機に使用目的に沿うべき動作をさせず、又は使用目的に反する動作をさせて、人の業務を妨害した者は、5年以下の懲役又は100万円以下の罰金に処する。
2項　前項の罪の未遂は、罰する。

　電子計算機（コンピュータ）に向けられた加害はしばしば他の業務妨害より重大な被害を生ぜしめるため、本罪は、電磁的記録を損壊する等の方法での業務妨害行為を加重処罰する。加重根拠がこのようなものであるため、前掲の中間説（→78頁）のいずれに拠っても本罪においては業務にあらゆる公務が含まれる（電子計算機の損壊等という手段によるとき、公務もまた深刻な影響を受けるため）。

　本罪の客体は、電子計算機によって遂行される人の業務である。

　本罪の手段は、①電子計算機または電磁的記録（7条の2）の損壊、②虚偽の情報・不正の指令を与える、③その他の方法である（電源の切断、温度・湿度などの環境の破壊、処理不能データの入力等。なお、コンピュータウイルスを感染させる行為につき→219頁）。これらの手段により、電子計算機に使用目的に沿うべき動作をさせず、または使用目的に反する動作をさせて、人の業務を妨害した場合に、本罪が成立する。

第7章

財産犯概観・窃盗罪

　刑法典2編36章以下が定める財産犯は、行為態様、客体などにより細かく分類されている。他人の財産状態を悪化させる行為は、許容される経済活動との境目が微妙な場合や違法な侵害でも民事責任（損害賠償の義務など）を負わせれば十分である場合も少なくないところ、当罰性を特徴づけやすい類型に限って、断片的に処罰の対象としているためである。財産犯を学ぶ際には、そのことを踏まえて、各犯罪の特徴と相互関係をとらえていくことが求められる。学習上の重要性が特に高い分野であり、精確な理解を心がけたい。

　本章では、財産犯を概観したうえで、窃盗罪（235条）および不動産侵奪罪（235条の2）について解説する。他罪でも共通して問題となる「財物」の意義、保護法益論、占有、不法領得の意思などについても、便宜上、窃盗罪の説明の中でとりあげる。

I　財産犯概観

1　窃盗罪・強盗罪——意思に反して奪う

　窃盗罪（235条）は、「他人の財物」を「窃取」する罪である。万引き、置引き、車上ねらい、侵入盗などさまざまな手口がある。刑法犯のかなりの割合を占める代表的な財産犯である。

　強盗罪（236条。→第8章）は、「暴行又は脅迫を用いて」「強取」する罪である。「財物」を客体とする類型（同条1項。1項強盗）と「財産上の利益」を客

体とする類型（同条2項。2項強盗）がある。強盗罪は、相手方の反抗を抑圧する程度の暴行や脅迫を加える点に大きな特徴がある。たとえば、ピストルを示して、「金を出さなければ殺す」と脅して金を奪えば、1項強盗罪である。タクシーの乗客が運転手の首を絞めて、請求を断念させて逃走すれば、支払いを免れる利益を得たものとして、2項強盗罪となる。

　強盗に関しては、次の二つの類型も重要である。事後強盗罪（238条）は、「窃盗が」「財物を……取り返されることを防ぎ、逮捕を免れ、又は罪跡を隠滅する」目的で「暴行又は脅迫」をする罪である。暴行・脅迫と財物奪取行為の順序が入れ替わっているが、強盗との類似性・同質性が認められるため、「強盗として論ずる」、つまり法定刑等の取扱いを強盗罪と同じにすることとしている。強盗致死傷罪（240条）は、「強盗が、人を負傷させ」または「死亡させ」た場合について、特に重く罰する罪である。強盗の機会に人を死傷させる行為を伴いやすいことに鑑み、人身の保護を厚くしたものである。

2　詐欺罪・恐喝罪──瑕疵ある意思に基づいて交付させる

　上でみた窃盗罪と強盗罪は、意思に反して財産を奪う点で共通する。それに対し、相手の（瑕疵ある）意思に基づき交付させるのが、詐欺罪（246条）と恐喝罪（249条）である（→第9章）。

　1項詐欺罪（246条1項）は、「人を欺いて財物を交付させ」る罪である。たとえば、返済の意思がないのにあると偽って金銭の貸付を受ければ、同罪が成立する。詐欺罪の成立には、相手から財物の「交付」を受けることを要する。たとえば、行為者が「少し手に取って見たい」と偽り、物を手渡させ、隙を見て持ち去る場合、短時間見せるために手渡すのは「交付」ではない（それに向けられた欺く行為もない）ため、詐欺罪は成立せず、手渡させた後に意思に反して持ち去る行為が窃盗罪を構成する。このようにして、客体が財物の場合、交付行為（に向けられた欺く行為）の有無により、詐欺罪と窃盗罪が区別される。

　2項詐欺罪（246条2項）は、人を欺いて「財産上不法の利益を得」る罪である。たとえば、支払いの意思がないのにあると偽り、旅館で宿泊サービスを受ける場合、債務の弁済を「もう支払いました」などと偽って免れる場合などが

ありうる。2項詐欺でも相手による交付行為が必要であり、たとえば、レストランで飲食後、店員の隙を見て逃走し、事実上支払いを免れる場合、利益の交付行為がない（それに向けられた欺く行為もない）から、2項詐欺は成立しない。そしてこの場合、窃盗罪には利益を客体とする類型がないため（235条には2項がないことを確認すること）、刑法上不可罰となる。刑法が利益窃盗を不可罰としているのはどうしてだろうと思うかもしれないが、窃盗は相手の意思に反するという以上の行為態様の限定がないため、財産上の利益を一般的に客体とすると、処罰範囲が過度に広がる懸念があるためであるとさしあたり理解しておこう。

恐喝罪は、「人を恐喝して財物を交付させ」（249条1項。1項恐喝）または「財産上不法の利益を得」る（同条2項。2項恐喝）罪である。「恐喝」とは、暴行・脅迫により畏怖させることをいう。暴行・脅迫が被害者の反抗を抑圧する程度に至ると、より重い強盗罪が成立する。醜聞をネタにゆするのは恐喝だが、包丁を突きつけて金品を奪えば通常は強盗である。

3　（広義の）横領罪——占有移転を伴わない

窃盗、1項強盗、1項詐欺、1項恐喝の各罪は、被害者が有していた財物の占有を不正な手段により移転する点で共通する（移転罪。奪取罪ともいう）。これに対し、占有移転を伴わずに他人の物を領得するのが（広義の）横領罪である（→第10章Ⅰ）。

単純横領罪（252条1項）は、「自己の占有する他人の物」を「横領」する罪である。「自己の占有」は、他人の委託に基づく占有に限る（そのため「委託物横領罪」ともいう。加重類型として、業務上横領罪〔253条〕がある）。たとえば、借りている本の無断売却や預かった金銭の着服は横領にあたる。もっとも、たとえば、アルバイト店員がレジ内の金銭を領得する場合、店長の占有に対する侵害として、横領ではなく、窃盗罪が成立する。

やや趣を異にする横領罪として、「遺失物」や「その他占有を離れた他人の物」を客体とする遺失物等横領罪（254条。「占有離脱物横領罪」ともいう）がある。たとえば、放置自転車を乗り去る行為が典型的である。もっとも、自転車

の持ち主がすぐ近くにいるとか、事実上駐輪場のように使用されている場所に置かれている場合のように、なお持ち主の占有が及んでいる状況での持ち去りであれば、遺失物等横領罪にとどまらず、窃盗罪が成立する。

4　その他の財産犯

　背任罪（247条。→第10章Ⅱ）は、「他人のためにその事務を処理する者」が、「任務に背く行為」をし、「財産上の損害」を加える罪である。たとえば、銀行（他人）の融資担当者（事務処理者）が、内規に反して、担保不足の顧客に貸付けを行い（任務違背行為）、銀行の財産状態を悪化させる場合が典型的である。他の財産犯は、個別の財産の移転自体が損害をなす（個別財産に対する罪）のに対し、背任罪だけは、当該行為によるマイナス・プラス（上記例では、貸付金の出捐と元利の回収の見通し）を踏まえ、財産状態が全体として悪化することが損害をなす（全体財産に対する罪）。

　盗品等に関する罪（256条。→第11章Ⅰ）は、窃盗、強盗、詐欺など財物領得罪を犯した者（本犯者）から盗品等を譲り受けたり、本犯者のために運搬、保管、売却のあっせんをしたりする罪である。被害者による回復を妨げる（追求権の侵害）とともに、本犯を助長することが処罰根拠である。

　器物損壊罪（261条。→第11章Ⅱ）は、「他人の物を損壊」する罪である。窃盗、強盗、詐欺などは他人の物を何らかの用途に利用、処分する意思で領得する「領得罪」であるのに対し、器物損壊をはじめとする「毀棄罪」と呼ばれるグループ（258条以下）は、利用処分意思なく他人の物の効用を害する罪として特徴づけられる。

5　財産犯の法定刑

　財産犯相互の軽重関係を把握すべく、主な犯罪の法定刑を概観しておこう。
　典型的な移転罪（窃盗・235条、詐欺・246条、恐喝・249条）の法定刑の上限は、懲役10年である（懲役の下限は1月〔12条1項〕。窃盗罪のみ、選択刑として罰金がある〔→総論239頁〕）。

それに対し、強盗罪（236条）は、反抗を抑圧するに足りる程度の暴行等を手段とする重大犯罪であるため、上限20年・下限5年と格段に重い。その加重類型である強盗致死傷罪（240条）は、負傷の場合に上限は無期・下限6年、死亡の場合に「死刑又は無期懲役」という、きわめて重い法定刑を定めている。

非移転罪である横領罪の法定刑は比較的軽く、単純横領罪（252条1項）は5年以下、その加重類型である業務上横領罪（253条）でも10年以下、遺失物等横領罪（254条）は1年以下である。

これらの領得罪全般に比して、毀棄罪の法定刑は、器物損壊罪（261条）が上限3年であるなど、一般に軽くなっている。

II　窃盗罪

（窃盗）
235条　他人の財物を窃取した者は、窃盗の罪とし、10年以下の懲役又は50万円以下の罰金に処する。

未遂罪（243条）

1　客体——他人の財物

(1)「財物」

(a)　有体物

窃盗罪の客体は、他人の「財物」である（235条。1項強盗、1項詐欺、1項恐喝も同様である）。「財物」とは、有体物（民法85条参照）、つまり空間の一部を占める固体、液体、気体をいうと解される（有体性説）。

情報は、財産的価値のあるものであっても、有体物でないから、「財物」にはあたらない。そのため、機密情報等を記録した書類やディスクなどを盗む行為は、情報自体ではなく、情報を化体した書類やディスクなどの他人の物理的媒体を客体とする窃盗罪として処理される。自己のUSBメモリにコピーするなどして情報だけを盗む行為を処罰するには、特別法による対応を要する（たとえば、不正競争防止法21条の営業秘密侵害罪）。

(b) 電気

（電気）
245条　この章の罪〔→窃盗および強盗の罪〕については、電気は、財物とみなす。
　　　　　　　　　　　　　　　　　　　詐欺および恐喝の罪に準用（251条）

　電気は、有体物でないから、「財物」にあたらない。しかし、コンセントの
無断使用などによる電気の盗用は処罰の必要性があるから、245条により、電
気を財物と「みなす」、つまり財物でない電気を窃盗罪等との関係では例外的
に財物と同じに扱うことにした。これが通説（有体性説）の解釈である。それ
によれば、245条は、電気以外のエネルギー（熱、水力など）には適用されな
い。「他のエネルギーの盗用も同等に当罰的であるから、245条を適用しよう」
というのは、典型的な類推解釈（→総論256頁）であり、許されない。
　これに対し、245条に相当する規定がなかった旧刑法の時代に、判例（大判
明治36・5・21刑録9輯874頁）は、非有体物でも可動性と管理可能性があれば足
りるとし、電気も窃取の客体に含まれるとした（管理可能性説）。この判例が現
行刑法下でも妥当するならば、245条は電気も本来財物にあたることを前提に
そのことを確認した注意規定にすぎず、電気以外のエネルギーの盗用も窃盗罪
を構成することになる。しかし、これは法令用語としての「みなす」の解釈と
して不自然であり、現在の学説上、ほぼ支持を失っている。

(c) 財産的価値
　「財物」には財産的価値が必要であるが、所有権の対象となる物である限り、
金銭的ないし経済的価値（交換価値）に乏しく、思い出の品のような主観的価
値しかないもの、さらには他人による悪用を防ぐために自分の手元に置きたい
という消極的価値しかないものも含む。そのため、財物の範囲は広い。
　財産的価値の欠如を理由に財物性が否定されるのは、刑法による保護に値し
ないと思わせるほどに価値が軽微である物である。裁判例には、被害者のポケ
ットから現金をすり取ろうとしたが、汚損したちり紙13枚しか取れなかったと
いう事案で、「価値が微小」であるちり紙の財物性を否定したものがある（東
京高判昭和45・4・6判タ255号235頁。現金に対する窃盗未遂とされた）。

(2) 「他人の」財物

窃盗罪の客体は、「他人の」財物である（235条。強盗罪の236条1項も同様。詐欺罪・恐喝罪の246条1項・249条1項も同様に解される）。

「他人の」とは、本来、他人の所有を意味する。無主物は客体とならない。また、人の身体など所有権の対象でないものも客体とならない（なお、190条〔死体損壊等罪〕は、死体の領得を窃盗罪よりも軽く処罰する〔→239頁〕）。ただし、毛髪をカツラの材料とする場合のように、身体から分離されていれば別論である。

後述するように、窃盗罪の実行行為としての「窃取」は、意思に反する占有の移転をいう（→96頁）から、前提として、他人が占有していなければ成り立たない。そのため、本罪の客体は、他人が所有かつ占有する財物ということになる（AがBから借りている物をXが盗む場合のように、所有者と占有者が別人でも差し支えない）。その結論を先取りする形で、235条の「他人の」を、他人が所有かつ占有する場合をいうと解釈するか、あるいは、「他人の」はあくまで所有の問題であり、他人の占有は「窃取」の一部として要求するかについては、両説がある（事例問題等ではいずれを前提に解答しても構わない）。

行為者の所有物は、本来「他人の」財物にあたらないが、自己の財物でも他人が占有するときは「他人の」財物とみなす242条がある（→92頁）。同条が適用される場合に限り、他人所有は要件でなくなる（→95頁コラムも参照）。

(3) 占有の存否・帰属

(a) 占有の存否──遺失物等横領罪との区別

上述のように、他人が占有する物でなければ窃盗罪の客体とはならない。「遺失物……その他占有を離れた他人の物」（254条）は、より軽い遺失物等横領罪（占有離脱物横領罪）の客体である。そこで、占有の存否をいかに判断するかが問題となる。

占有とは、財物に対する事実的支配をいう。判例（最判昭和32・11・8刑集11巻12号3061頁）は、「刑法上の占有は人が物を実力的に支配する関係であって、その支配の態様は物の形状その他の具体的事情によって一様ではない」ところ、その判断は社会通念によるとしている。

具体的な判断は、客観的な支配の事実を基本に、支配の意思も加味して行う。支配意思は包括的ないし潜在的なもので足りる。所在を失念していても占有は否定されないし、失神者、泥酔者などが所持品の占有を失うわけではもちろんない。

　類型ごとにみると、①持ち主が握持（現に身に着けている）・監視している物のほか、②住居など閉鎖的な支配領域内にある物や店舗において商品として管理されている物などについては、占有が認められることに問題はない。

　③持ち主が置き忘れた物を行為者が領得した場合については、領得行為の時点で、被害者が握持・監視といった現実的支配を直ちに回復できるような状況であれば、占有の継続を認めるのが判例の傾向といえる。前掲最判昭和32・11・8は、行列していたＡがカメラを脇に置いたまま行列と共に約５分間、20m移動したが、置忘れに気づいて引き返したところ、カメラはすでにＸに領得されていたとの事案で、Ａの占有の継続を認め、Ｘを窃盗罪とした。最決平成16・8・25刑集58巻６号515頁は、公園ベンチでの置引きの事案で、「被告人が本件ポシェットを領得したのは、被害者がこれを置き忘れてベンチから約27mしか離れていない場所まで歩いて行った時点であったことなど本件の事実関係の下では、その時点において、被害者が本件ポシェットのことを一時的に失念したまま現場から立ち去りつつあったことを考慮しても、被害者の本件ポシェットに対する占有はなお失われて」いなかったとして、窃盗罪の成立を認めた。他方、東京高判平成3・4・1判時1400号128頁は、スーパーマーケットの６階ベンチに財布を置き忘れたＡがエスカレーターで約２分20秒かかる地下１階まで移動し、約10分後に戻ったが、財布はＸにより持ち去られていたとの事案で、窃盗罪の成立を否定し、遺失物等横領罪としている。

　置き忘れたのではなく、④意識的に置いた物については、持ち主が場所的に遠く離れ、相当の時間が経過しても、なお占有の継続が認められることがある。たとえば、隣接する市場の客らが駐輪場として事実上使用していた人道橋にＡが後で取りに来るつもりで無施錠で置いた自転車を、約14時間後にＸが乗り去った事案では、Ａの占有の継続が認められ、Ｘに窃盗罪が成立するとされた（福岡高判昭和58・2・28判タ497号179頁）。支配の意思が意味を持つ場面であるが、それを前提としつつ、社会通念上支配意思を推認させる客観的状況で

あることが重視されているとの分析がなされている。

　なお、持ち主の占有を離れた物でも、その場所の管理者の占有が及んでいる状況で別の者が領得すれば、当該管理者からの窃取にあたる。たとえば、旅館の宿泊客が館内のトイレに置き忘れた財布について旅館主に、ゴルフ場の人工池に沈んだロストボールについて支配人に、それぞれ占有を認めた判例がある（大判大正8・4・4刑録25輯382頁、最決昭和62・4・10刑集41巻3号221頁）。ただし、不特定多数者の出入り可能性や管理状況から場所の管理者の占有が及ばない場合もある（たとえば、営業中の列車内〔大判大正15・11・2刑集5巻491頁参照〕）ので注意したい。

(b)　いわゆる死者の占有

　財物を奪う意図で人を殺害する場合、殺害自体が強取の手段たる暴行行為と評価される（→109頁）ため、強盗殺人罪（240条後段。→124頁）が問題なく成立する。この場合、同一機会に当初予定していなかった物まで領得しても、当該強盗殺人に含めて評価される。

　それに対し、別の目的で殺害した後、財物の存在に気づき、領得した場合、殺害（暴行）の時点で強取の意思を欠く以上、強盗罪や強盗殺人罪は成立しない。この場合、通常の殺人罪（199条）に加えて、領得について、行為者を窃盗罪に問えるかが問題となる（なお、「新たな暴行・脅迫」による強盗罪は成立しえないことにつき、112頁参照）。

　素朴に考えれば、死者は占有の主体たりえず（支配の意思がないとも説明されるが、それ以前に支配の主体である人自体が存在しなくなっている）、また、刑法上の占有は事実的支配をいうから相続人に承継されることもない以上、領得による占有侵害は認められず、遺失物等横領罪（254条）にとどまることになりそうである。

　しかし、判例（最判昭和41・4・8刑集20巻4号207頁）は、「このような場合には、被害者が生前有していた財物の所持はその死亡直後においてもなお継続して保護する」べきであって、「被害者からその財物の占有を離脱させた自己の行為を利用して右財物を奪取した一連の被告人の行為は、これを全体的に考察して、他人の財物に対する所持を侵害したもの」であるとして、窃盗罪の成立を認める（殺人と窃盗は併合罪）。継続的に保護される生前の占有を一連の行為

により侵害するという論理により、死者の占有を正面から認めることを回避すると共に、判断の射程を、被害者を死亡させた者による領得に限定していることが重要である（無関係の第三者が死体から領得しても、遺失物等横領罪にとどまる）。

　判例の論理は、一連の行為の開始時に窃取の故意がない以上は本来苦しく、学説上批判が強い。ただ、窃盗にあたるはずの行為が、自ら相手を死亡させたことでより軽い罪になってしまうのは法感情に反するのではないかという観点から、一定の理解も示されている。

　なお、上記判例は殺害直後の事案だが、その後の裁判例には、死後数日後でも、生前と変わらない管理状態が（外形上）保たれていた中での領得であれば、上記構成による窃盗罪の成立を認めるものもみられる（最近の例として、東京高判平成25・6・6高刑速（平25）69頁）。

(c)　占有の帰属──（委託物）横領罪との区別

　他人から委託を受けて占有する物を領得する行為は、横領罪（委託物横領罪〔252条1項〕、業務上横領罪〔253条〕）を構成する。しかし、物の最も近くにいるのが行為者だとしても、他人の占有（行為者との共同占有を含む）が及んでいる状況で領得すれば、窃盗罪となる。そこで、横領と窃盗のいずれを問題とすべきかをめぐり、占有の帰属が問われる。

　特に問題となりやすい、複数の関与者の間に上下関係がある事例では、下位者に物の管理・処分に関する独立した権限・裁量があるかがポイントとなる。たとえば、Aが店長として取り仕切る商店の従業員Xは、商品や売上金について独立した権限・裁量を有せず、Aの占有を補助する立場にすぎないと評価されることが多いであろう。そのようなXによる領得は、店長Aの占有を侵害するものとして窃盗罪となる。それに対し、Aが経営者だが、店にはたまに顔を出す程度で、在庫や売上金の管理は従業員Xに任されていたという場合、Aは占有者とは認められず、X単独の占有が肯定され、着服行為は業務上横領罪（253条）となる。このほか、外回りに出て集金に従事する者などは、当該業務の範囲内では独立した権限が委ねられていると認められやすく、そうした者が集金した金銭を着服すれば、窃盗罪ではなく業務上横領罪が成立する。

旅館等で提供される浴衣等は、館内で使用する限り、旅館側に占有があり、無断で持ち帰れば窃盗罪にあたる。さらに最判昭和31・1・19刑集10巻1号67頁は、旅館の丹前等を着用したまま許可を得て外出中の宿泊客が逃走した事案で、外出中も丹前等の占有は旅館にあったとして、窃盗罪の成立を認めた。もっとも、宿泊客であることが傍目に分かるなどの事情を想定してかろうじて理解できるもので、その射程については慎重に考える必要があろう（なお、その種の事例で外出により行為者に占有が移転すると認められれば、外出中の持ち逃げは横領罪にあたるが、当初からそのつもりで欺罔により持ち出したならば、1項詐欺罪にあたることになる〔→自動車の試乗を装い乗り逃げした事例につき、140頁〕）。

(d) 封緘物の占有

封緘委託物（封をした封筒や施錠されたスーツケースなど、開披を許さない趣旨で預けられたもの）については、その全体、内容物の占有はそれぞれ誰にあり、預かった者による領得行為が横領と窃盗のいずれにあたるかが争われる。

判例は、封緘物全体の占有は受託者にあるが、内容物の占有は委託者にあるとして、全体を領得する行為は横領、封を開いて内容物を領得する行為は窃盗であるとする（大判大正7・11・19刑録24輯1365頁、大判明45・4・26刑録18輯536頁〔いずれも郵便集配人の事案〕）。これは、①開披を禁ずる意思が明示されている以上、内容物の支配は委託者に留保され、かつ、②開披しなければ委託者の占有は侵害されないという理解に基づくものといえる。なお、この立場を前提に、とりあえず開披せずに領得する行為を横領罪とする場合も、その後、開披・内容物の領得に至れば新たに窃盗罪が成立する（横領罪はこれに吸収される）と解する余地はあろう。

(4) 窃盗罪（移転罪）の保護法益論

(a) 他人が占有する自己の財物

（他人の占有等に係る自己の財物）
242条　自己の財物であっても、他人が占有し、又は公務所の命令により他人が看守するものであるときは、この章の罪〔→窃盗および強盗の罪〕については、他人の財物とみなす。

詐欺および恐喝の罪に準用（251条）

前述のように、「他人の」財物とは、本来、他人が所有する物でなければならない（→88頁）が、242条は、自己（行為者）の所有物も、「他人が占有……するものであるときは……他人の財物とみな」し、窃盗罪（・強盗罪・詐欺罪・恐喝罪）の客体に取り込んでいる。それは何のためで、どの範囲で認められるかをめぐり、移転罪の保護法益が問題となる。

　所有権その他の本権が保護法益であるという「本権説」は、所有者ではないが、賃借権のような民事法上の正当な権原（本権）に基づいて占有している者がありうるところ、そうした者を所有者による侵害から保護する必要があることに着目する。すなわち、仮に235条しかなかったら、所有者Xが Aに貸している物を、賃借期間中であるにもかかわらず、無断で引き揚げるような場合に窃盗罪が成立しないことになるが、これではAの保護に欠けるため、242条が規定されたと解するのである。この理解からは、同条の「他人が占有」するとは、民事法上の権原に基づいて占有するという意味に解される。物を盗んで占有している者や賃借期間が終了したのに不法に占有を続ける者には適用がなく、それらの者から所有者が取り戻しても、窃盗罪は成立しないことになる。

　しかし、判例は、かつての本権説的な立場から、戦後は「占有説」に変わっている（最判昭和35・4・26刑集14巻6号748頁〔法令上の禁止に反して年金証書を担保に差し入れていた者が欺罔により取り戻した事案〕など）。同説によると、窃盗罪の保護法益は占有一般を含み、242条の「他人が占有」するというのも、民事法上の権原の有無を問わず他人が占有する場合を広く含む。したがって、窃盗犯人や賃借期間が終了したのに返還しない者からの取戻しも、窃盗罪を構成する。この説の背景には、所有者が自らの権利を実現したければ原則として（交渉や）民事裁判など正規の手続によるべきで、実力行使に出ることは許されないという「自力救済禁止」の思想がある。権利関係は往々にして不明確で、セルフジャッジによる実力行使を許していたら秩序が乱れるし、民事裁判で権利関係が確定するまで犯罪の成否を判断できないという事態も極力避けたい。そこで、占有それ自体に当面の保護を与えるべきだというのである。

　もっとも、占有説を貫いて、自己物の取戻しを常に犯罪とするのは所有者の保護にあまりに欠ける。そこで、判例（最決平成元・7・7刑集43巻7号607頁）は、違法性阻却の枠組みにより、処罰範囲を適正化しようとしている。

その判例の事案は、自動車金融業者Ｘが、顧客Ａとの間で、ＸがＡの車を買い取る（代金がＡへの融資金となる）が、Ａが車を利用し続け、期限までに元利を返済すれば買い戻せるという契約を結んでいたところ、返済期限を徒過したので買戻権が失われＸが確定的に所有者になったとして、Ａに無断で車を引き揚げたというものであった。これについて、最高裁は、①「引き揚げた時点においては、自動車は借主の事実上の支配内にあった……から、かりに被告人にその所有権があったとしても、被告人の引揚行為は、刑法242条にいう他人の占有に属する物を窃取したものとして窃盗罪を構成」し、かつ、②「その行為は、社会通念上借主に受忍を求める限度を超えた違法なもの」であると判示した。①は、他人の「事実上の支配内」つまり占有下にあれば242条が適用される、すなわち占有説により窃盗罪の構成要件該当性が肯定されることを示す。そのうえで②は、所有者による取戻しは、いわゆる自救行為（→総論178頁）の一種として、違法性が阻却される場合がありうることを示したものと解されている。具体的には、㋐権利関係の内容、㋑取戻しの態様、㋒取戻しの緊急性などを考慮して、権利実現の手段として社会通念上許容される場合には違法性が阻却されることになる。

　判例の事案では、Ｘは借主に契約の詳細を伝えず、「車を引き揚げるのはよほどひどく遅れたときだ」と説明するなど、Ａは返済が遅れても直ちには引き揚げられないと期待するという意味で要保護性がある状況だった（㋐）。取戻しの態様は、車庫に侵入し、密かに作成してあったスペアキーで引き揚げるという悪質なものであった（㋑）。直ちに取り戻さなければ権利保全できない緊急性もなかった（㋒）。これらの事情からすれば、違法性阻却を否定して、窃盗罪の成立を認めた判断は理解できる。これに対し、たとえばＡがＸから盗んだ自転車を自宅の軒先に保管していたところ、これをＸが偶然発見し、千載一遇の機会とみて回収したような場合であれば、違法性阻却の余地があろう。

　学説上は、判例理論を支持する見解のほか、純粋な本権説と占有説の間に様々な中間説があり、通説と呼べる見解は存在しない。

　以前は、占有説からは、235条の「他人の」は、他人の占有だけを意味し（所有は問わず）、したがって242条は当然のことを確認した注意規定にすぎないとの解釈も有力であった。しかし、これは「みなす」という法令用語の解釈として不自然である。そこで、最近では、占有説であっても、235条の「他人の」は、他人所有を要求しており、行為者所有の財物は、242条により「他人の財物」とみなされることではじめて、窃盗罪の客体に取り込まれるという解釈が、学説上一般化している。判例（最決昭和52・3・25刑集31巻2号96頁）も、242条は「処罰の範囲を拡大する例外規定」であり、森林法の森林窃盗罪には適用されないとして、執行官の占有下に置かれていた自己所有の山林からの立木の伐採・搬出を無罪としており、そうした理解に親和的である。

(b)　禁制品／窃盗犯人から第三者が窃取する場合

　自己物の取戻し（242条の適用場面）以外で、保護法益論との関係が問題となる場合として、①禁制品（たとえば、違法薬物）の窃取や②窃盗犯人からの第三者の窃取があるが、判例上、いずれも窃盗罪等の成立が認められている（最判昭和24・2・15刑集3巻2号175頁〔隠匿物資である元軍用アルコール〕、最判昭和24・2・8刑集3巻2号83頁〔窃盗犯人からの恐喝〕）。

　①について、禁制品でも所有権の対象にはなる（たとえば、覚醒剤取締法41条の8参照）から、他人所有の点に問題はない。他人の占有が不法である点は、占有説の立場から、正当な権原に基づかなくとも、事実上の占有それ自体が保護されるとすれば、犯罪成立の妨げにならない。

　②についても、本来の所有者が所有し、窃盗犯人が（不法でも）占有するという意味で、窃盗罪の客体にあたるということができる。

　これらの場合に不法な占有をも保護することは、自己物の取戻しの場面における占有説の根拠としての自力救済の禁止（→93頁）とは一応別の問題であるが、秩序維持の観点や占有権原の有無・所在は外形上必ずしも明確でないことを理由にあらゆる占有に当面の保護を与える発想は共通する。なお、①に関し、禁制品でも没収など正規の手続によらなければ剥奪できないことは、その

占有に要保護性がないわけではないことを示しているとの指摘もある。②に関し、窃盗犯人の占有も、自ら被害者に返還する機会を残すという意味で、要保護性がないわけではないとの指摘もある。

2　窃取

(1)　窃取の意義──意思に反する占有移転

　「窃取」とは、他人が占有する財物をその意思に反して自己または第三者の占有に移す行為をいう。第三者への移転が問題となるのは、たとえば他人が占有する物を自己の物と偽って売却し、事情を知らない買主をして搬出させる（最決昭和31・7・3刑集10巻7号955頁〔窃盗罪の間接正犯〕）などの場合である。

　占有移転が意思に反するかは、通常、難なく判断できよう。しかし、自販機やパチンコ台などでの不正行為の場合、話がやや複雑になる。前提として、自販機での商品購入やパチンコをプレーして玉を取得する行為が窃盗にならないのは、硬貨の挿入やゲームのルールに従うという占有移転に関する条件を遵守する限りは、設置者の意思に反しないからである。これに対し、偽硬貨の挿入、針金や磁石を使ったパチンコ玉の誘導といった不正手段による占有移転は、それらの条件に違反し、占有者の意思に反するため、窃盗罪を構成する。

　判例は、パチンコ等の事例では、店が容認している「通常の遊戯方法」を逸脱するかという基準で窃取該当性を判断している。①不正な「体感器」を装着して、使用の機会を窺いながらするプレーによる玉の取得は、機器を作動させる前から「窃取」にあたる（最決平成19・4・13刑集61巻3号340頁）が、②仲間の不正プレーを隠蔽する「壁役」として隣の台で通常の遊戯方法でプレーしてメダルを取得しても「窃取」にあたらない（最決平成21・6・29刑集63巻5号461頁。ただし、仲間の不正プレーは窃盗罪を構成し、壁役はその共同正犯となる）。

ATMからの預金引出しと銀行に対する窃盗罪

　銀行のATMに自己のキャッシュカードを挿入し、預金を引き出す行為は、銀行（当該ATMを管理する支店長等）が有する現金の占有を自己に移転するも

のではあるが、「窃取」にはあたらない。「正当な払戻権限の行使としての払戻請求に応じる」という銀行（支店長等）の意思に反しないからである。

これに対し、盗んだ他人のキャッシュカードで預金を引き出す行為は、正当な払戻権限に基づかない引出しであるから、銀行の意思に反し、（キャッシュカードの窃盗とは別に）銀行に対する現金の窃盗罪を構成する。

では、たとえば振り込め詐欺グループに自己の口座を提供している者が、被害者から振り込まれた金銭を自己のキャッシュカードを用いてATMで引き出すと窃盗罪になるだろうか（振り込め詐欺自体に共謀加担していれば詐欺罪の共同正犯となるが、振込後に事情を知らされ引き出したような場合には、銀行に対する窃盗のみが問題となる）。

銀行振込みは、原因関係の如何にかかわらず、したがって詐欺被害者による振込みであっても、受取人に銀行に対する預金債権を取得させる。そうすると、引出しは、口座名義人による正当な払戻権限の行使として、銀行の意思に反しないとの立場もありうるものの、裁判実務は窃盗罪の成立を認めている（名古屋高判平成24・7・5高刑速（平24）207頁など）。理由づけとしては、たとえば、振り込め詐欺に利用されている疑いがある口座については、振り込め詐欺救済法により凍結（取引停止）等の措置をとることが予定され、銀行実務上実践されているから、そうした口座の預金債権は、銀行がその事実を知れば凍結等の措置がなされるという制約付きのものとなり、受取人は無条件で払い戻す正当な権限は有しないといった説明がなされている。

(2) 着手時期

窃盗罪の実行の着手時期については、総論54頁以下を参照。

(3) 既遂時期

窃盗罪（などの占有移転罪）の既遂は、行為者または第三者が財物の占有を取得した時点で認められる。

占有取得とは事実上の支配を得ることであるが、それは財物の大きさや形状、現場の状況、管理の態様などを考慮して判断される。小さな物であれば、懐中に納めた時点ですでに認められる（大判大正12・4・9刑集2巻330頁〔万引犯人が商品を懐中に納めれば、即時発見されて取り返されても既遂〕参照）。それに対

し、スーパーの売場で多数の商品を買い物かごに入れ、店員の隙を見てレジの外側に持ち出した時点で既遂とした裁判例（東京高判平成4・10・28判タ823号252頁）、大型店舗の家電売場から液晶テレビを買い物カートで店舗内のトイレへと運び、洗面台の下の収納棚に隠した（その後、このテレビを入れて持ち出すための袋を購入するつもりであった）時点で既遂とした裁判例（東京高判平成21・12・22判タ1333号282頁）では、店舗内ではあっても、未購入の商品の置き場としては想定されない区画への持ち出しに成功していることが重視されている。その他、他人方の浴場で発見した指輪を浴室内の隙間に隠した事案（大判大正12・7・3刑集2巻624頁）、鉄道機関士が後に回収する計画のもと、予定地点に列車の積荷を落とした事案（最判昭和24・12・22刑集3巻12号2070頁）でも既遂が認められている。

　他方、工場の資材小屋から重機を持ち出し、相当距離を運搬したが、なお門扉、障壁、守衛等を突破しなければ構外に搬出できない状況では、まだ既遂ではないとした裁判例がある（大阪高判昭和29・5・4高刑集7巻4号591頁）。

3　故意

(1)　故意と具体的事実の錯誤

　窃盗罪は故意犯であるから、主観的構成要件要素として、故意すなわち客観的構成要件該当事実の認識（・認容）が要求される。したがって、ここまで説明してきた、「他人の財物の窃取」にあたる事実の認識がなければ成立しない。たとえば、他人の傘を自分の傘と取り違えて持ち帰った場合、客観的には窃盗罪の構成要件に該当するが、故意を欠き、不可罰である。

　錯誤があっても、誤信した事実がそれ自体として窃盗罪の構成要件該当性が肯定されるものであれば、窃盗の故意は否定されない。たとえば、Xが殺意をもってAの首を絞め、ぐったりしたので死亡したものと思い、その段階ではじめてAの所持品を取ることを思いつき、領得したが、実はAは失神していただけであったとしよう。この場合、客観的な構成要件該当性に問題はないが、XはAの死亡を誤信しており、窃盗の故意ありといえるかは、「殺害犯人が死亡直後の被害者から物を取る」という、Xが認識していた事実が（仮に事

実そうならば）窃取罪の客観的構成要件に該当するかにかかっている。そして、前述の判例の立場（→90頁）によればこれが肯定され、窃盗の故意が認められ、同罪が成立する（これに対し、反対説に立ち、死者からの領得は遺失物等横領にしかならないとの解釈を採用すれば、本件は後述する抽象的事実の錯誤の問題となる）。行為者の事実認識が犯罪の故意といえるかの評価のために、その罪の要件解釈が問われる場面（→総論28頁コラム参照）の１つである。

(2) 抽象的事実の錯誤

　行為者の事実認識が、窃盗罪の故意にはあたらないが、別の犯罪の故意にはあたる場合、いわゆる抽象的事実の錯誤（→総論39頁）の問題となる。たとえば、Ａが公園のベンチにポシェットを置き忘れ、約27m 離れた地点まで歩いて行った時点でＸがこれを領得したが、Ｘ自身は、ポシェットは誰かが数時間前に置き忘れたものだと誤信していたとしよう。この場合、客観的には、Ａのポシェットの占有が継続している（→89頁）から、Ｘの行為は「窃取」にあたる。しかし、Ｘの主観的な事実認識は、「持ち主が数時間前に置き忘れた物を取る」というもので、遺失物等横領罪の故意にすぎない。

　この場合、「構成要件の実質的重なり合い」が認められれば軽い罪の故意犯が成立するという判例理論を前提に、窃盗罪と遺失物等横領罪が実質的に重なり合うかが問われる。その判断にあたっては、保護法益の共通性が重要な基準となるところ、遺失物等横領罪の保護法益は物の所有権であるのに対し、窃盗罪のそれは（判例の立場である占有説によれば）占有であり、食い違うのではという疑問もありうる。しかし、占有説といっても、それは自己物の取戻し（242条）の場面などで所有権その他の本権の裏付けのない占有をも保護するというにすぎず、窃盗罪一般が（占有のみならず）所有権を保護していることまで否定されるわけではない。そのように考えれば、保護法益の共通性が認められ、実質的重なり合いを肯定できるであろう。上記事例では遺失物等横領罪の成立を認めるのが通説的理解である（→総論41頁）。

4 不法領得の意思

(1) 総説

　判例・通説は、窃盗罪等の主観的構成要件要素として、故意に加えて、不文の要件としての「不法領得の意思」を要求する。判例は不法領得の意思を、権利者を排除し他人の物を自己の所有物と同様にその経済的用法に従いこれを利用し、または処分する意思と定義する（最判昭和26・7・13刑集5巻8号1437頁）。

　通説はこれを①権利者排除意思と②利用処分意思に分けて理解し、①に、軽微な一時使用を処罰範囲から除外するという、②に、領得罪（窃盗など）を毀棄罪（器物損壊など）から区別するという、異なった機能を担わせている。以下、それぞれ説明しよう。

(2) 権利者排除意思──軽微な一時使用の不処罰

　Xが、深夜、A宅の軒先からAの（安価な）自転車を無断で拝借して、近くのコンビニへの往復に用い、10分後に元の場所に戻しておいたとしよう。Aの意思に反する占有移転（窃取）とその認識（故意）は認められるが、こうしたごく短時間の一時使用は、実質的な被害の軽微さゆえに不可罰でよいという価値判断がある。これを犯罪成立要件にいかに反映させるかが問題であるところ、素朴な発想は、財物の占有取得にとどまらず、「現に軽微な一時使用にとどまらなかったこと」を客観的構成要件の内容とすることであろう。だが、これでは窃盗一般の既遂時期が遅く、また不安定になってしまう。そこで、既遂時期は取得時に固定しつつ、可罰的程度の侵害をする意思で実行行為に及んだことを要求することで、軽微な一時使用にとどまる可能性が高い場合を処罰範囲から除こうとするのが権利者排除意思の要件である。

　こうした理解から、行為者が使用するのは一時的でも、返還意思がない（たとえば乗り捨てるつもり）ならば、排除意思は当然に肯定される。

　排除意思が否定される余地があるのは、短時間の使用後に返還する意思である場合であるが、可罰的な侵害かの評価は、返還までの時間の長短だけではなく、物の価値やその減少のリスク、行為者の利用（悪用）目的や被害者の管理の目的などの観点も加味して行われるため、不処罰とされる範囲は実は狭い。

たとえば、自動車のように価値が高い物については、一時的ではあっても無断で使用されることに伴うさまざまなリスク自体受け入れがたいという感覚を無視できない。判例（最決昭和55・10・30刑集34巻5号357頁）は、深夜、他人の自動車を無断で乗り出し、数時間後に戻しておくつもりであったという事案で排除意思を肯定している。また、パチンコの不正プレーにより窃取するパチンコ玉（→96頁）をすぐに景品に交換する（玉自体は店に戻す）つもりでも、排除意思は否定されない（最決昭和31・8・22刑集10巻8号1260頁）。情報の不正入手の目的で記録媒体（→財物性につき、86頁）を持ち出し、コピーして原本は元に戻しておくような事例でも、情報の適正管理という観点からおよそ許容されないような場合には、排除意思が肯定されている（東京地判昭59・6・28刑月16巻5＝6号476頁〔機密資料〕、札幌地判平5・6・28判タ838号268頁〔住民基本台帳閲覧用マイクロフィルム〕）。

　ごく最近では、ユーチューバーがスーパーマーケットで商品である魚の切り身をいきなり開封して食べる様子を動画撮影し、その後レジで精算したという事件で、食べた行為につき窃盗罪の成否が争われた。高裁判決（名古屋高判令和3・12・14高刑速（令3）501頁）は、直ちに対価を支払う意思であったから権利者排除意思を欠くとの主張を、購入手順が守られなければ商品の適正管理が著しく困難になることなどを理由に排斥している。

(3)　利用処分意思──毀棄罪との区別

　財物領得罪は、器物損壊などの毀棄罪よりも一般に法定刑が重い（たとえば、窃盗罪の上限は懲役10年〔235条〕、器物損壊罪の上限は懲役3年〔261条〕）。被害者個人にとっては、回復可能性に乏しい損壊行為の方が迷惑かもしれないが、刑法は、他人の物を取得してその利用や（売却等の）処分をしようとする行為と、そうした意思を伴わない利用妨害行為では、前者の方が強い禁圧と非難に値すると評価していることになる。こうした観点から、利用処分意思が主観的構成要件要素として要求される。古典的な判例（大判大正4・5・21刑録21輯663頁）は、校長に厳重な管理が求められていた「教育勅語」を、校長の失脚を図った犯人が持ち出し隠匿した事案で、窃盗罪の成立を否定している。

　利用処分意思に関する現在の判例の理解については、以下の点に注意を要す

る。

　一方で、判例の定義にいう「経済的用法」（前掲最判昭和26・7・13）や本来的
用法（最判昭和33・4・17刑集12巻6号1079頁〔不正投票目的での投票用紙の窃取〕参
照）に従い利用、処分する意思という限定は、有名無実となっている。たとえ
ば、性的目的による下着泥棒についても、不法領得の意思が肯定される（最決
昭和37・6・26裁判集刑143号201頁）。単純な毀棄隠匿の意図が除外されるにすぎ
ない旨が強調されることも多い。

　他方で、行為の動機が経済的なものを含む利益を得ることにあったとして
も、財物それ自体を何らかの用途に利用、処分する（ないし物の直接的効用を享
受する）意思がない限り、不法領得の意思は否定される。詐欺罪に関するもの
であるが重要判例として、最決平成16・11・30刑集58巻8号1005頁がある。本
件では、支払督促制度（裁判所を通じてなされる支払督促を受けた債務者が一定期間
内に異議を申し立てなければ差押え・強制執行が可能になる制度）の悪用が問題とな
った。すなわち、行為者らは、Aに対して多額の債権を有するという虚偽の
申立てにより裁判所にA宛の支払督促正本を発送させたうえで、A方付近で
郵便配達員を待ち受け、Aに成りすまして同正本を受領して送達の外形を整
え、異議申立ての機会を失わせて債務名義を得ようとしたのであるが、受領し
た同正本は廃棄する意図であった。配達員に対する1項詐欺罪の成立を認めた
原判決に対し、最高裁は、「支払催促正本等について、廃棄するだけで外に何
らかの用途に利用、処分する意思がなかった場合には、支払督促正本等に対す
る不法領得の意思を認めることはでき」ず、そのことは、受領を「財産的利得
を得るための手段の1つとして行ったときであっても異ならない」とした。

　そして、上述のような理解からすると、一方で、刑務所に入る目的で強盗や
窃盗をする際、奪った物を提出して自首したり、検挙されるまで廃棄せずに保
持する意思であったような事案でも、利用意思を肯定する余地がある（広島高
松江支判平成21・4・17高刑速（平21）205頁、東京高判令和3・7・16高刑速（令3）
229頁参照。反対の趣旨の裁判例もある）。他方で、殺害犯人が死体の身元の発覚を
防ぐ目的で、被害者の所持品などを持ち去る場合（いわゆる死者の占有の問題に
つき、90頁）は、犯人にとり重要なのは被害者からそれらの物を引き離すこと
で、占有取得後は廃棄するだけで何らの用途にも利用、処分するつもりがない

のであれば、利用意思は否定されるものと考えられる（東京地判昭和62・10・6
判タ658号237頁参照。事後に利用処分意思を生じたとしても、取得時にその意思がなけ
れば同様である。ただし、事実認定の問題として、事後の利用処分ないしその準備的行
為から、取得時における利用意思が推認される場合はありうる。物取りを装う意図でも
領得意思ありとした東京高判平成12・5・15判時1741号157頁は、犯行後現金を封筒に入
れ自宅で保管していたという、利用意思の留保が強く疑われる事案であった）。性犯罪
等の犯人が被害者の携帯電話を持ち去るケースについては、利用意思は、端末
を操作して個人情報を得るなどの目的であれば肯定されるが、通報を防ぐため
に持ち去りすぐに廃棄するのであれば否定されることになろう。

　前述のユーチューバーの事件（→101頁）では、生食用でない切り身を「口腔
内に入れて嚥下」してその様子を撮影するのは、本来的用法として「食べる」
のとは異なるとして利用意思も争われた。この主張はそもそも苦しいとも思わ
れるが、高裁判決（前掲名古屋高判令和3・12・14）は、嚥下に際し、当該財物
自体を用いて動画視聴者の興味を引く「絵」という効用を享受する意思を有し
ていたと応答して、利用意思を肯定した。

(4)　不法領得の意思を欠く場合の処理

　不法領得の意思は実行行為時に存在することを要するので、窃取の時点で権
利者排除意思または利用処分意思を欠く場合、窃盗罪は成立しない。その後、
損壊すれば器物損壊罪、領得すれば遺失物等横領罪にあたる。なお、利用意思
なく奪取する行為は、「損壊」についての効用侵害説（→185頁）からは、それ
自体、器物損壊罪を構成する余地もある。

III　不動産侵奪罪

（不動産侵奪）
235条の2　他人の不動産を侵奪した者は、10年以下の懲役に処する。

未遂罪（243条）

1　沿革

戦後の混乱の中で他人の土地に無断でバラックを建てるなどの行為が横行し、窃盗罪（235条）の適用の可否が問題となったが、同罪における占有移転は場所的移転を伴うとのイメージが強く、その客体に不動産を含めることには違和感が残った。そこで、昭和35年改正により本罪が新設されることとなった（それにより、235条の客体に不動産を含まないとの解釈が確立した）。

2　成立要件

本罪の客体は、「他人の不動産」である（自己の不動産について242条の適用がある）。「不動産」とは、土地と建物をいう（利用に独立性がある限り、建物の一室でもよい）。他人が所有かつ占有することを要する。ただ、この占有は、不動産の事実的支配の所在は現実の看守よりも登記その他の公示方法により知るのが社会通念であるという特殊性から、窃盗罪よりも広い。たとえば、所有者が夜逃げしても占有は継続しうる（最決平成11・12・9刑集53巻9号1117頁参照）。

「侵奪」は、他人の占有を排除して自己または第三者の占有に移すことをいう。具体的事案に応じ、不動産の種類、占有侵害の方法・態様、占有期間の長短、原状回復の難易、占有排除・占有設定意思の強弱、損害の有無などを考慮する（最判平成12・12・15刑集54巻9号923頁）。典型的には、空家に住み着く、勝手に鍵を替える、土地上に建物を建築する、資材や廃棄物の置き場として利用するなどがこれにあたる。事実的な手段のみを想定しており、登記名義の不正な取得や法的処分などはあたらない（これに対し、詐欺については、133頁）。

他人の占有を排除して新たな占有を設定する必要があるため、行為者が有していた適法な占有が、賃借期間の終了などにより違法になるだけでは、本罪は成立しない。もっとも、占有に「質的変化」を生じさせれば「侵奪」となり得る。たとえば、所有者から転貸を禁止され、直ちに撤去可能な仮設店舗による屋台営業を認める約定で無償貸与されていた土地を借主から事情を聴いたうえで転貸された暴力団員が、同土地に、仮設店舗の骨組みを利用しながら、シャワーやトイレ付の本格的な風俗営業店舗を構築した事案（最決平成12・12・15刑

集54巻9号1049頁）では、本罪の成立が肯定されている。

Ⅳ　親族間の犯罪に関する特例（親族相盗例）

> （親族間の犯罪に関する特例）
> 244条1項　配偶者、直系血族又は同居の親族との間で第235条の罪、第235条の2
> 　　の罪又はこれらの罪の未遂罪を犯した者は、その刑を免除する。
> 2項　前項に規定する親族以外の親族との間で犯した同項に規定する罪は、告訴が
> 　　なければ公訴を提起することができない。
> 3項　前2項の規定は、親族でない共犯については、適用しない。
> 　　　　　　　　　　　詐欺および恐喝に準用（251条）・横領に準用（255条）

(1)　特例の意義・趣旨

　244条は、親族間の財産犯に関する特例を定める。①配偶者、直系血族（祖
父母・父母・子・孫など）または同居の親族との間で窃盗罪・不動産侵奪罪（未
遂を含む）を犯した者は、一律に刑が免除される（1項。そのため事実上起訴もさ
れない）。②それ以外の親族（たとえば、非同居の兄弟）との間で犯したこれらの
罪は、親告罪（告訴がなければ起訴できない罪）となる（2項）。③本特例は、親
族関係にない共犯者には適用されない（3項）。④詐欺、恐喝、横領の各罪に
準用がある（251条、255条。強盗は除外されている）。

　特例の趣旨に関し、判例（最決平成20・2・18刑集62巻2号37頁〔→165頁〕）は、
「親族間の一定の財産犯罪については、国家が刑罰権の行使を差し控え、親族
間の自律にゆだねる方が望ましいという政策的な考慮に基づき、その犯人の処
罰につき特例を設けたもの」であり、「犯罪の成立を否定したものではない」
とする（そうした政策的考慮は「法は家庭に入らず」の法諺として知られる）。学説上
は、親族内の財産関係の特殊性に鑑み、違法性または責任が類型的に軽いこと
を理由に寛大な取扱いを定めたものと解する少数説もある。

(2)　適用要件

　所定の親族との間で窃盗罪等を犯すことが要件となる。

「親族」とは、民法725条に従い、6親等内の血族、配偶者、3親等内の姻族をいう。内縁配偶者への類推適用はない（最決平成18・8・30刑集60巻6号479頁）。

親族相盗例の適用には所定の親族関係が犯人と誰の間に必要かという問題が、たとえば親が勤務先会社から借り出したパソコンを子が窃取した事例（占有者は244条1項所定の親族、所有者は会社）の処理をめぐり問題となる。

判例は、犯人と財物の占有者および所有者の双方との間で所定の親族関係が必要と解する（最決平成6・7・19刑集48巻5号190頁）から、上記事例で特例は適用されない。親族「との間で」罪を犯すとは、親族が当該犯罪の被害者となる場合をいうと解するのが自然であるから、ここでは窃盗罪の保護法益（被侵害法益）が問題となる。そうすると、判例の占有説（→93頁）からは占有者との間でのみ親族関係を問うことにもなりそうだが、前述のように、同説からも所有権が保護法益に含まれることは否定されない（→99頁）とすれば、占有者と所有者の双方が被害者と考えることができる。

(3) 親族関係の錯誤

上記事例で行為者（子）がパソコンは親の所有物と思っていたとしよう。親が占有かつ所有する物を盗むという、244条1項が適用される事実が客観的には存在しないが、行為者はかかる事実を誤信していたことになる。

このような親族関係の錯誤の効果をめぐり、まず、①親族関係は犯罪の成立を否定する要素でない以上、その誤信が犯罪事実の認識としての故意を阻却することはない（→総論33頁コラム）。そのうえで、②親族相盗例の寛大な取扱いの実質的理由について、これを違法性または責任の軽さに求める前記少数説からは、親族関係を誤信した場合にも非難が減少するものとして、244条の準用などにより同じ効果（親族関係の内容に応じて、刑の免除または親告罪化）を認めるべきことも主張される。しかし、本特例は親族間の紛争への介入を避けるという政策的考慮に基づくものであることを強調すれば、親族関係の錯誤は犯罪に対する実質的な非難可能性の程度にかかわらない事情であって、なんらの効果を伴わなくてよいことになる。そうした立場が通説的と思われる。

第8章

強盗罪

強盗罪（236条）は、意思に反して財産を奪う点で窃盗罪と共通するが、手段として、反抗を抑圧するに足りる程度の暴行・脅迫を加えることが大きな特徴である（そのため、人身犯の性質をも帯びる。法定刑の下限が懲役5年の重大犯罪とされ、予備〔237条〕も罰され、親族相盗例〔244条〕の適用はない）。財物を客体とする1項強盗のほかに、利益を客体とする2項強盗がある点も窃盗と異なる。窃盗犯人が窃盗の機会に所定の目的で暴行・脅迫をする事後強盗罪（238条）、昏酔させて財物を盗取する昏酔強盗罪（239条）は、強盗の特徴を完全には備えないが、類似性・同質性ゆえに強盗として扱われる（準強盗）。人身の安全や性的自由の侵害と結びつく場合を重罰の対象とすべく、強盗致死傷罪（240条）、強盗・不同意性交等罪（241条）といった加重類型が設けられている。

I　1項強盗罪

（強盗）
236条1項　暴行又は脅迫を用いて他人の財物を強取した者は、強盗の罪とし、5年以上の有期懲役に処する。

未遂罪（243条）・予備罪（237条）

1　客体——他人の財物

窃盗罪（235条）の「他人の財物」（→86頁）と同義である（242条〔他人の占有

する自己の財物〕、245条〔電気〕も適用される）。

2　「暴行又は脅迫を用いて………強取」

(1)　基本構造

　1項強盗罪の基本構造は、①暴行または脅迫を用いて②被害者の反抗を抑圧し、それにより③財物を奪取することである（このプロセス全体またはそれによる奪取を「強取」という）。被害者を殴りつけて緊縛し、動けなくして所持品を奪う行為などが典型的である。意思に反して奪う限り、奪われることを被害者が認識している必要はない。逆に、被害者が差し出した物を受け取る外観を呈する場合も強取たりうる。

　1項強盗罪は、暴行罪または脅迫罪と窃盗罪が組み合わさって独立の犯罪を構成する「結合犯」の一種である。

　本罪の実行の着手は、強取の意思でその手段としての暴行・脅迫を開始すれば認められる。既遂時期は、財物の占有を取得した時点である。

　主観的構成要件要素は、故意と不法領得の意思（→100頁）である。故意としては、①暴行・脅迫の時点から、それを用いて②反抗を抑圧して③財物を強取する意思であることを要する。

(2)　暴行・脅迫

(a)　意義

　暴行とは、人に対する有形力の行使をいう。脅迫とは、人に対する害悪（加害）の告知をいう（→49頁）。たとえば、刃物を突きつける行為は、殺傷する旨の（挙動による）告知として脅迫にあたるが、暴行概念に関する接触不要説（→18頁）からは、至近距離ならば暴行にもあたりうる。薬物の使用については、一時的に意識を失わせるなどであれば後述の昏酔強盗（→123頁）が適用されるが、それによる殺害を反抗抑圧手段とする場合には、暴行による強盗（を基礎とする強盗殺人〔→125頁〕）として処理されていると思われる（たとえば、京都地判平成29・11・7判時2391号89頁〔借金返済を免れる意図でだまして毒殺しようとした事案で2項強盗殺人未遂〕）。暴行罪・傷害罪との関係では、病理学的・薬理的作

用を暴行とみることに判例は否定的とされるが（→18頁）、強盗との関係では、反抗抑圧手段としての要件の趣旨から、やや拡げられているものと理解できる。

　上述した強取の基本構造からすれば、暴行・脅迫は、奪取（意思に反して奪うこと）に向けられたものでなければならない。いわゆる狂言強盗に際し、外形上暴行・脅迫といいうる行為がなされたとしても、本罪にいう「暴行又は脅迫」にあたらないし、狂言と認識している以上、強盗の故意も認められない。

　暴行・脅迫の相手方は、財物の占有者に限られず、その同伴者、留守番の子どもなども含め、強取の障害となりうる者であれば足りる。

(b)　反抗を抑圧するに足りる程度の暴行・脅迫

　強盗罪の暴行・脅迫は、相手の反抗を抑圧するに足りる程度のものであることを要する。それに至らない程度の暴行・脅迫を用いて財物を交付させる行為は、恐喝罪（249条1項。→第9章）がカバーする。

　判例（最判昭和24・2・8刑集3巻2号75頁）によれば、強盗と恐喝の区別は、「暴行又は脅迫が、社会通念上一般に被害者の反抗を抑圧するに足る程度のものであるかどうかと云う客観的基準」によるのであり、具体的な被害者の主観を基準とするのではない。社会通念上一般に反抗を抑圧するに足りる程度かの判断に際しては、①暴行・脅迫自体の態様（特に凶器の有無・種類・用法）に加えて、②被害者と行為者の各属性（性別、年齢、体格、体力）や関係、③時間・場所・周囲の状況・経緯といった観点が考慮される。

　反抗抑圧には、物理的抑圧と心理的抑圧があるといわれる。

　物理的抑圧とは、緊縛して動けなくする、失神させる、究極的には殺害するといった手段により、抵抗可能性を物理的に排除することをいう。その認定上、上記三つの観点のうち①が重要で、②③は意味に乏しいことが多い。

　心理的抑圧とは、抵抗が不可能な心理状態に陥らせることをいう。①暴行・脅迫の態様（たとえば、殺傷力のある刃物の突きつけ）から、予想される加害の内容を、②被害者と行為者の属性（たとえば、被害者は女性や高齢者、犯人は男性であること）から、自力での抵抗の難しさを、③時間・場所（たとえば、第三者のいない屋内や夜道であること）から、逃走や他人の助力により加害から逃れることの難しさを評価して、生命・身体に重大な危害を加えられる切迫した危険か

ら逃れがたいと感じさせる場合には、心理的抑圧が肯定されうる。それに対し、名誉・信用に対する加害や、身体に対するものでも切迫性のない加害を告知する場合は、ほぼ恐喝にとどまる。慰謝料等の口実をつけて支払いを迫る、痛めつけて解放後に金策をさせて支払わせるといった場合も、恐喝と認定されることが多い。

(c) ひったくり

反抗を抑圧するに足りる「暴行」は、反抗抑圧（抵抗の排除）に向けられていることが前提となる。ひったくりは、バッグを引っ張るなどする際の有形力の作用が暴行にあたりうるとしても、不意を突いて財物を奪おうとする行為であり、被害者による抵抗の排除に向けられていないときは、窃盗罪（と暴行罪）にとどまる。はずみで被害者が転倒するなどして負傷しても、強盗の故意は認められずに、強盗致傷罪（240条前段）ではなく、窃盗罪と傷害罪の観念的競合となる。

これに対し、ひったくろうとした際、被害者がバッグの紐を離さないので、さらに暴行を加える場合、抵抗排除に向けられた暴行がある。自動車でひきずるなどして激しく転倒させたり、大けがをしないために手を離さざるをえない状況に陥らせて奪えば、反抗を抑圧する程度の暴行により強取したものとして、強盗罪となり、被害者が負傷すれば強盗致傷罪となる（最決昭和45・12・22刑集24巻13号1882頁参照）。ひったくりの開始により窃盗未遂となり、車を進行させて故意に引きずるなどした段階で強盗の着手が認められ、窃盗未遂は吸収される。そのような暴行により負傷させれば、財物奪取に失敗しても、強盗致傷罪となる（→126頁）。抵抗を諦めさせるためにした暴行が反抗抑圧程度に至らないときは、恐喝罪（と傷害罪）にとどまる。

(3) 反抗抑圧されなかった場合

前述した強取の基本構造（→108頁）は、暴行・脅迫により、現実に被害者の反抗を抑圧して奪うことを予定している。この理解を貫けば、社会通念上反抗を抑圧するに足りる程度の暴行・脅迫がなされたが、被害者は反抗抑圧に至らない程度の畏怖心から財物を渡すなどした場合、強盗罪は未遂止まりで、既遂としては恐喝罪が成立する。これが学説上の通説である。

これに対し、最高裁判例（前出最判昭和24・2・8）は、被害者が脅迫に応じて金を渡す一方で逃走する犯人らを追いかけるなどした事案で、仮に脅迫が当該被害者に対しては偶々反抗抑圧程度に至らなかったとしても、恐喝となるものではないとした。現に反抗が抑圧されていたかの認定は微妙であることもあり、反抗抑圧程度の暴行脅迫と財物取得の間に通常の因果関係があれば、強盗既遂を認める立場と解される。

　もっとも、裁判例の中には、特殊な事案ながら、現実の反抗抑圧の欠如を理由に、強盗未遂と恐喝既遂としたもの（大阪地判平4・9・22判タ828号281頁）もあり、現在の実務の立場は必ずしも明らかではないともいわれる。

(4)　反抗抑圧後の財物奪取意思

(a)　新たな暴行・脅迫の要否とその認定

　別の目的で暴行・脅迫を行い、被害者の反抗を抑圧した後、はじめて財物奪取の意思を生じてそれを実現した場合に強盗罪が成立するか。

　前述した強取の基本構造（→108頁）からは、本罪の「暴行又は脅迫」は、それを行う時点で、強取の手段として「用い」る意思でなければならない（暴行・脅迫を用いる場合とは別に、それらを受けたことにより生じた状態に「乗じて」行う場合を明示的に定める不同意わいせつ・性交等罪〔176条1項、177条1項〕とは異なる）。したがって、奪取意思を抱いた後に、新たに暴行・脅迫を用いて強取したといえなければ強盗罪は成立しない。これが通説および裁判例の主流の立場である（新たな暴行・脅迫必要説）。

　もっとも、奪取意思を生じた後の行為者の言動が反抗を抑圧するに足りる程度の暴行・脅迫といえるかの評価に際しては、すでに反抗を抑圧されている被害者に対する、その状態を作出した者の言動であること（被害者と行為者の属性・関係や経緯→109頁）が考慮される。その結果、それ自体としては比較的軽度の暴行・脅迫でも、反抗抑圧を維持・継続するものであれば、強盗の実行行為と評価されうる（東京高判昭和48・3・26高刑集26巻1号85頁、大阪高判平成元・3・3判タ712号248頁参照）。「逆らえばまた殴られる」と思わせるような威圧的言動を伴えば、強盗罪が成立しうることになる（奪取意思を生じる前の暴行等により被害者を負傷させていれば、傷害罪と強盗罪の併合罪となる）。

(b) 被害者が死亡／失神した場合

ただし、こうした理解のもとでも、先行する暴行により被害者が死亡してしまった場合、新たな暴行・脅迫を認定する余地はない（→その場合の罪責につき、90頁）。また、被害者が失神した場合、その後行為者が粗暴に振る舞ったとしても、心理的な抑圧状態を維持・継続する意味での新たな暴行・脅迫とは認められない。そうすると、被害者の失神を誤信して財物を持ち去った場合、新たな暴行等といえる客観的言動があっても、強盗の故意を欠き、窃盗罪にとどまる（札幌高判平成7・6・29判時1551号142頁参照）。

(c) 緊縛・わいせつ行為の継続

近時の裁判例（東京高判平成20・3・19高刑集61巻1号1頁）は、被害女性の両手を後ろ手に縛るなどしてわいせつ行為をしている最中に、着信のあった被害者の携帯電話を奪う（不法領得の意思につき、103頁）などした事案で、新たな暴行・脅迫必要説に立ちながら、「被害者が緊縛された状態にあり、実質的には暴行・脅迫が継続していると認められる場合には、新たな暴行・脅迫がなくとも、これに乗じて財物を取得すれば、強盗罪が成立する」との判断を示した。この事例をめぐっては、奪取意思を生じた後の緊縛状態やわいせつ行為の継続を暴行・脅迫と評価することの可否などをめぐり、議論がある。

II　2項強盗罪

> 236条2項　前項の方法により、財産上不法の利益を得、又は他人にこれを得させた者も、同項と同様とする。
>
> 　　　　　　　　　　　　　　　　　　　未遂罪（243条）・予備罪（237条）

1　客体——財産上の利益

(1)　財産上の利益

財物のみを客体とする窃盗罪（235条）と異なり、強盗罪（236条2項）、詐欺罪（246条2項）、恐喝罪（249条2項）には、財産上の利益を客体とする類型（2

項犯罪）がある。

　財産上の利益とは、財物以外の財産的価値のある利益をいう。債権や役務（サービス）の取得などの積極的利益のほか、消極的利益でもよい。たとえば、タクシーで目的地に到着後、運転手に包丁を突ききつけて運賃を支払わずに逃走する典型的な2項強盗の客体は、支払いの免脱という消極的利益である（なお、その際に売上金も強取すれば、1項・2項強盗の包括一罪となる）。

　財産上の利益は、1項犯罪と同等の当罰性を担保すべく、財物に比肩しうる具体性・現実性が必要と考えられている。また、財物のように被害者から行為者にそのまま移転するものでなくてよいが、行為者が当該利益を得る反面、被害者がそれに対応した財産上の不利益を被る関係は必要と解される。

　そうした理解からは、役務は、有償で提供されるものについては、不法な取得により料金に対応する不利益が生じるため、財産上の利益にあたるが、そうでない場合には2項犯罪の成立は通常困難である（有償役務説）。たとえば、タクシー運転手を包丁で脅してただで運行させれば2項強盗罪だが、一般の人に同様の方法で車を出させても強要罪（223条）にとどまる（車輌自体を強奪したといえれば1項強盗となる）。

　情報は、財物にあたらないこと（→86頁）はもちろん、財産上の利益にもただちにはあたらない。もっとも、近時の裁判例（東京高判平成21・11・16東高刑時報60巻1＝12号185頁）は、侵入窃盗犯人がキャッシュカードを発見した後、被害者に包丁を突きつけてその暗証番号を聞き出した事案で、①カードと暗証番号を併せ持った被告人は、「被害者の預貯金債権そのものを取得するわけではない」が、「キャッシュカードとその暗証番号を用いて、事実上、ATM………から預貯金の払戻しを受け得る地位という財産上の利益を得」ており、②その「反面において、本件被害者は……預金を被告人によって払い戻されかねないという事実上の不利益……を被る」として、2項強盗罪の成立を認めた。暗証番号という情報自体ではなく、カードとの併有による、事実上ATMから払戻しを受けうる地位について、財産上の利益としての具体性・現実性を認め、対応する不利益も観念できるとした判断である（なお、キャッシュカード自体を強取すれば、併せて暗証番号も聞き出しても、通常は1項強盗のみで処理される。上記事案では、カードは先に発見し、ほぼ確保してしまっていたので、2項強

盗として立件されたものと思われる）。

(2) 不法な利益

　不法な利益も２項犯罪により保護されるか、すなわち、民事法上無効な請求等を暴行等の手段により免れる行為が２項犯罪を構成するかは、争われている。たとえば、買い受ける約束のもとに密売人から覚醒剤を受け取った者が、その代金支払いや返還を暴行・脅迫により免れたとしよう。この取引は公序良俗違反（民法90条）であるから密売人の代金支払請求は無効である。不法原因給付（同法708条）であるから覚醒剤自体の返還請求も否定される。それでも、暴行等により履行を免れた者には２項強盗罪が成立するのか。

　判例（最決昭和61・11・18刑集40巻７号523頁）は、そのような事例で２項強盗（殺人未遂）罪の成立を認めている。財物罪（窃盗罪など）の保護法益に関して占有説をとり、禁制品などの不法な所持も保護すること（→92頁以下）に対応し、請求権が外形的に存在しさえすれば、２項犯罪による一応の保護を認めるものということができる。

　これに対し、学説は総じて、民事法上明らかに不法な利益を２項犯罪の客体とすることには批判的である。財物については、禁制品にも所有権を観念でき、また所持が不法でも剥奪には没収等の手続を要する限りで要保護性を認めうるとしても、無効な請求権は民事法上何ら保護されない以上、財物罪と２項犯罪を同列に語れないとの指摘もある。

2　利益の強取

(1) 基本構造

　強取の基本構造（→108頁）は、２項強盗罪にも基本的にあてはまる。すなわち、暴行・脅迫により反抗を抑圧することを手段として財産上の利益を取得すれば、同罪が成立する。

(2) 処分行為の要否

　古い判例（大判明治43・6・17刑録16輯1210頁）は、２項強盗罪の成立には被害

者に処分行為を強制することが必要と解していた。これによれば、たとえば、タクシーを利用した後に暴行等により運賃の支払いを免れる2項強盗は、運転手を強いて「支払いは結構です」と言わせたり、黙示的にでも債務免除の意思表示をさせれば成立するが、単に殺害して逃走しても成立しないことになる。

しかし、処分行為の要求は、反抗を抑圧して奪うという強盗罪の構造にそぐわない。最高裁は判例を変更し（最判昭和32・9・13刑集11巻9号2263頁）、1項強盗同様、2項強盗でも処分行為は不要であり、利益の強取は事実上のもので足りるという理解が確立している。

(3) 利益の強取の慎重な認定

もっとも、財物という目に見える客体が移転する1項強盗と異なり、2項強盗における利益の強取の認定に際しては、問題の利益に財物に比肩しうる具体性・現実性があるか（→113頁）、それは被害者の反抗を抑圧することで得られるものか（そうでなければ「強取」とはいえない）、慎重な検討を要する。

(a) 債権者の殺害

特に問題になるのが、債務者が債権者を殺害する場合である。殺害により請求を免れる行為が2項強盗と評価される限りで、「強盗が」人を殺していることになるから、強盗殺人罪（240条後段）が成立する（殺害が未遂に終われば強盗殺人未遂罪である〔→125頁〕）。この構成による2項強盗殺人罪は、次の二つの事例状況で認められている。

第一は、債権者に相続人など債権を引き継ぐ者がいない、または債権に関する証拠（借用証書など）が残らないといった事情から、殺害してしまえば、事実上請求されない状態になることが確実である場合である（前掲最判昭和32・9・13はそうした事案であった）。この場合、支払いを免れる利益を反抗抑圧（殺害）により得る関係を認めやすい。運転手殺害によるタクシー料金の免脱や秘匿性の高い取引の相手方の殺害（前掲最決昭和61・11・18〔覚醒剤取引〕）はこのパターンに属する。

第二は、債権の証拠が残るため、債権者を殺害しても支払を（永続的に）免れることが確実とはいえないが、「相続人による速やかな債権の行使を当分の間不可能にさせ……支払猶予……を受けたのと同視できるだけの利益を得た」

（大阪高判昭和59・11・28高刑集37巻3号438頁）と評価される場合である。一見、債権者を殺害すれば常に該当しそうだが、この場合は、厳しく督促されているなど、殺害しなければ履行やそれに代わる具体的措置をせざるをえない状況であったことが条件となるとの理解が有力である。そうした状況でなければ、相当期間の猶予の利益は、殺害しなくても得られる可能性がある以上、殺害を当該利益を強取する手段と評価しにくく、その反面、殺害により得たといえる利益の内容がはっきりせず、利益の具体性・現実性が不足することになるからである（2項詐欺に関する最判昭和30・4・8刑集9巻4号827頁〔→141頁〕も参照）。

　なお、債権者との会話中に激高して殺害したなどの事情で、行為の時点で、殺害を手段として支払いを免れる（または先延ばしにする）意思が認められなければ、2項強盗殺人の故意を欠き、通常の殺人罪（199条）にとどまる。

(b)　相続人による被相続人の殺害

　子が相続により財産を奪う意図で両親を殺害しようとした事案で、財産上の利益は「反抗を抑圧されていない状態において……任意に処分できるもの」でなければならず、「相続の開始による財産の承継は……人の死亡を唯一の原因として発生するもので、その間任意の処分の観念を容れる余地がないから……財産上の利益には当たらない」と判示し、2項強盗殺人未遂罪の成立を否定して殺人未遂罪にとどめた裁判例（東京高判平成元・2・27高刑集42巻1号87頁）がある。この結論は広く支持されているが、理由づけについては定説がない。客体を「相続人たる地位」としてとらえるならばそれはなお抽象的で財産上の利益としての具体性を欠くことや、相続による財産の承継は法制度による効果であり、被害者の反抗を抑圧してその抵抗を排除することによる取得としての強取になじまないことなどが指摘されている。

Ⅲ　事後強盗罪

（事後強盗）
238条　窃盗が、財物を得てこれを取り返されることを防ぎ、逮捕を免れ、又は罪跡を隠滅するために、暴行又は脅迫をしたときは、強盗として論ずる。

1 趣旨

窃盗を犯し、その機に、一定の目的で、反抗を抑圧する程度の暴行・脅迫をする行為は、財物奪取行為と強度の暴行・脅迫が密接に結びついている点で、通常の強盗との類似性・同質性がある。そこで、そうした行為を「強盗として論ずる」こととし、法定刑や加重類型（240条、241条）の適用に関して強盗と同じく扱うことにしたのが、事後強盗罪（238条）である（昏酔強盗罪〔239条〕と併せて、「準強盗」という。予備罪〔237条〕の適用に関し、129頁参照）。

2 「窃盗が」

238条の「窃盗」となるには、窃盗罪（単独正犯または共同正犯）の既遂または未遂に至ることを要する。したがって、窃盗目的で住居に侵入した者が家人に発見されるなどし、暴行・脅迫に及んだ場合、物色を開始するなどして窃盗の実行に着手していたか否かにより、事後強盗（未遂）罪となるか暴行罪・脅迫罪にとどまるかが決まる（→窃盗罪の実行の着手時期について、総論54頁以下。先行する窃盗が未遂であれば事後強盗罪は未遂の余地しかないことについて、120頁）。

「窃盗が」の要件が、事後強盗罪の主体（身分）を定めたもので、本罪の実行行為は暴行・脅迫に尽きる（身分犯説）のか、窃盗と暴行・脅迫が共に本罪の実行行為を構成する（結合犯説）のかをめぐり争いがある。裁判実務上は身分犯説が有力と思われるが、学説上はどちらかといえば結合犯説が有力である（→議論が実益を持つ場面につき、122頁）。

3 窃盗の機会の継続

事後強盗罪における暴行・脅迫は、窃盗の機会の継続中に行われなければならない（確立した解釈である）。

窃盗の機会の継続は、窃盗行為との時間的・場所的近接性その他の具体的状

況を踏まえ、「被害者等から容易に発見されて、財物を取り返され、あるいは逮捕され得る状況が継続していた」（最決平成14・2・14刑集56巻2号86頁、最判平成16・12・10刑集58巻9号1047頁）、換言すれば被害者等による追及可能性が継続していた限りで認められる。財物を窃取しようとする際に生じる犯人と被害者等の緊迫した対立状況が続くなかでの暴行・脅迫であってはじめて、通常の強盗との同質性が担保されるのである。

　類型別にみると、第一に、窃盗犯人が現場にとどまっている場合（現場滞留型）、かなり時間が経過しても、機会継続が認められる。判例（前出最決平成14・2・14）は、住居に侵入し窃盗を実行した後、天井裏に潜伏していた被告人が、1時間半後に帰宅した家人の通報により臨場した警察官に対し、窃取から約3時間後に暴行に及んだ事案で、「被害者等から容易に発見されて、財物を取り返され、あるいは逮捕され得る状況」の継続を認めている。

　第二に、犯人が現場を離れ、かつかなりの時間が経過しても、直後から追跡が継続している場合（逃走追跡型）には、機会継続中と認められる。裁判例には、窃盗から約30分後、約1km離れた場所で、電話連絡を受け現場に急行していた被害者に遭遇した事案で、窃盗の機会の継続を肯定したものがある（広島高判昭和28・5・27高刑判特速報31号15頁）。この裁判例は、「僅か」30分、1km「に過ぎない」とするが、この時間的・場所的離隔はそれ自体としては小さくない部類で、追跡態勢の継続という要素が重要であったと思われる。

　なお、現行犯逮捕により追跡自体は終了しても、警察官への引渡しのための連行中である（最決昭和34・3・23刑集13巻3号391頁）など、追及状況がまだ落ち着いていなければ、窃盗の機会の継続が認められる。

　第三に、犯人が現場を離れた後、再び戻ってきた場合（現場回帰型）、いったん安全圏に逃れていたのであれば、窃盗の機会の継続は否定される。判例（前出最判平成16・12・10）は、侵入窃盗犯人が、誰からも発見、追跡されることなく、自転車で約1キロメートル離れた公園に至り、ある程度の時間を過ごしたが、窃取から約30分後に、再び盗みに入るべく戻ったところ（再度の窃盗に着手する前に）、被害者に見つかり、逮捕を免れるために脅迫した事案で、「被害者等から容易に発見されて、財物を取り返され、あるいは逮捕され得る状況はなくなった」として、当初の窃盗の機会継続を否定した（その後の東京高判平成

17・8・16高刑集58巻3号38頁は、侵入窃盗犯人が隣接する自宅に戻ったが、目撃されたかもしれないと思い、10～15分後に再度侵入し、罪跡隠滅目的で被害者を殺害した事案で、機会継続を否定した)。

4 「暴行又は脅迫」

暴行・脅迫の相手方は、窃盗の被害者に限られない。

暴行・脅迫の程度は、相手の反抗(取戻しや逮捕行為)を抑圧するに足りるものでなければならず、たとえば手を振り払って逃げようとする程度では該当しない。反抗抑圧程度か否かの判断方法は、強盗罪の箇所で説明したが(→109頁)、事後強盗が問題となる事案では、相手の属性や行為状況が、反抗抑圧程度の認定を妨げる方向で作用することがある。たとえば、屈強な警備員や警察官に対し、素手でさほど強力でない殴打を加えたような場合、相手がはずみで転倒(・負傷)するなどしても、事後強盗(致傷)ではなく、窃盗罪と暴行罪(・傷害罪)の併合罪止まりの認定になりうる。これに対し、刃物を振り回すなどすれば、事後強盗の成立が認められるのが通例である。

なお、1項強盗と異なり、現実の反抗抑圧までは不要であることに争いはない(警備員等に取り押さえられた事案で本罪の成立を否定する場合、相手が反抗抑圧されなかったことではなく、暴行・脅迫が反抗抑圧程度でなかったことを理由としなければならない)。

5 主観的要件――故意および目的

事後強盗罪の主観的要件としては、故意すなわち上述の客観的要件(窃盗、機会継続、暴行・脅迫)にあたる事実の認識に加えて、①財物の取返しを防ぐ目的、②逮捕を免れる目的、③罪跡を隠滅する目的(たとえば、証拠物の破壊や目撃者の口封じ)のいずれかが存在しなければならない(目的犯)。

①取戻し免脱目的は、先行する窃盗が既遂の場合に限られるが、②逮捕免脱目的や③罪跡隠滅目的は、窃盗が既遂・未遂いずれの場合もありうる(条文の「財物を得て」は、直後に読点がなく、「これを取り返されることを防ぎ」だけにかかっ

ていることに注意)。

　これらはあくまで主観的要件であり、目的達成の有無や相手が実際に取返し・逮捕行為を意図していたかは問わない。したがって、警備員等を見て、窃盗が発覚したと早とちりして暴行に及ぶなどの場合も、事後強盗罪が成立しうる。

　なお、窃盗犯人が被害者に遭遇し、238条所定の目的ではなく、(さらに)財物を奪う目的で暴行・脅迫を加えた場合、事後強盗ではなく、通常の強盗(236条1項)にあたる(居直り強盗→121頁)。

6　実行の着手と未遂・既遂の基準

　①事後強盗罪は、暴行・脅迫に及ばなければ(未遂を含め)成立しない。暴行・脅迫に及んだ場合に、②事後強盗罪が未遂にとどまるか既遂となるかは、先行する窃盗の未遂・既遂により決まる(最判昭和24・7・9刑集3巻8号1188頁)。つまり、先行する窃盗が既遂ならば、財物を取り戻され、または逮捕されたとしても、事後強盗は既遂である。先行する窃盗が未遂ならば、事後強盗は未遂しかありえない。

　この①②の説明をめぐり、身分犯説と結合犯説(→117頁)の間で議論がある。①は、本罪の実行行為を暴行・脅迫(のみ)にみる身分犯説からは当然のこととなる。これに対し、窃盗部分も実行行為であるという結合犯説からは、窃盗の着手が事後強盗の着手となってしまわないのかが問題となるが、同説からも、窃盗に着手しただけの段階では、事後強盗に至る危険性は潜在的なものにとどまるから、事後強盗未遂は成立しないと説明される。②に関しては、結合犯説から身分犯説に対して、実行行為や結果ではなく、身分の性質により犯罪の未遂・既遂が決まるのはおかしい(「窃盗」を身分と捉えたうえで、窃盗未遂犯人を含むというなら、窃盗未遂犯人が暴行等をすれば、事後強盗は既遂となってしまうはず)という趣旨の批判がなされている。

事後強盗か強盗か

　窃盗犯人が、その機会の継続中に、所定の目的で、反抗を抑圧する程度の暴行等をすれば事後強盗罪となる。これと一見類似するが、事後強盗罪ではなく（または同罪に加えて）、236条の強盗罪が問題となるパターンがいくつかある。

　①窃盗の未遂または既遂の犯人が、被害者に発見されるなどした際に、財物を強取する意思に転じ、実行した場合、1項強盗罪が成立する（居直り強盗。先行する窃盗未遂または既遂は、強盗に吸収される）。238条所定の目的が併存していれば事後強盗罪にもあたりうるが、この場合、1項強盗と事後強盗で既遂が成立する方を優先してとりあげ、いずれも既遂ならば1項強盗をとりあげるのが通例と思われる。

　②窃盗として既遂（占有移転）に至るもまだ「確保」できていない段階で、暴行等を用いて占有を「確保」する行為を1項強盗とした判例がある（最判昭和24・2・15刑集3巻2号164頁〔いきなり鞄を奪ったうえで、取り返そうと追いすがってきた被害者を格闘により組み伏せる行為を、当初からその意思で行った事案〕）。学説上は、この範疇は認めず、窃盗既遂後は専ら事後強盗を問題にする立場も有力である。

　③窃盗犯人が財物の占有を確保した後、暴行等により、返還等を免れて逃走を図る場合については、事後強盗罪と2項強盗罪の両方が問題となり得る。両罪の成立範囲は、それぞれの要件により制約される。たとえば、事後強盗は、窃盗の機会が終了すれば成立しないし、2項強盗は、基本的には、暴行等の相手方が窃盗の被害者等であるときにしか成立しない（警備員等に暴行を加える場合、専ら事後強盗の問題となる）。両罪の要件を満たす場合、検察官は、立証の便宜等を考えて、いずれか一方で起訴することになる。

　④窃盗ではなく、詐欺を行った後に、被害者に暴行等を加えて財物の返還や代金支払いを免れる場合、事後強盗罪の余地はなく、専ら2項強盗罪の成否が問題となる。

　なお、③や④については、先行行為を窃盗罪または詐欺罪として評価する限り、後行行為による返還等の免脱を財産犯として重ねて評価すべきでないとして、2項強盗罪ではなく、暴行罪等にとどめるべきとの少数説もある。しかし、財物とその返還請求権・代金支払い請求権は一応別個の客体であるから、前者に関して1項犯罪を、後者に関して2項犯罪を成立させることは不当では

ない。実質的に法益侵害の一体性が強いことは、全体を（いわゆる混合的）包括一罪とすることで考慮すれば足りよう。前出最決昭和61・11・18は、窃盗または詐欺により覚せい剤を取得（確保）後、被害者を射殺してその返還また代金支払いを免れようとした事案で、2項強盗殺人（未遂）罪の成立を認め、これが先行する窃盗罪または詐欺罪と包括一罪の関係に立つ（→総論224頁）としている。

7　共犯──暴行・脅迫のみに関与した者の罪責

　先行者が窃盗を犯した後、後行者がその事情を知って共謀加担し、暴行・脅迫を共同実行した場合に、先行者には事後強盗罪が成立するが、後行者の罪責はどうなるかという問題がある（先行者が窃盗を犯したことを知らない後行者が暴行脅迫に加担する場合、そもそも事後強盗の故意がなく同罪成立の余地がないから、問題の前提を欠くことに注意）。この問題については、事後強盗罪が身分犯か結合犯かという議論（→117頁）と絡んで、見解が複雑に対立する。

　身分犯説からは、共犯と身分の問題となる。65条の解釈に関し、1項が真正身分犯（の成立・科刑）、2項が不真正身分犯（の成立・科刑）について定めたものとする通説（→総論118頁）を前提とする場合、a）事後強盗罪は強盗罪と同質的な財産犯であり、窃盗の身分は犯罪の本質的性格を担うから真正（構成的）身分犯だと解するならば、65条1項により、非身分者である後行者にも事後強盗罪が成立する（大阪高判昭和62・7・17判時1253号141頁など）。b）同罪は人身犯であり、暴行罪等を基礎に窃盗の身分により刑を加重した不真正（加重的）身分犯と解するならば、65条2項により、非身分者である後行者は、通常の犯罪としての暴行罪等にとどまる（東京地判昭和60・3・19判時1172号155頁）。学説上は、c）取戻しを防ぐ目的の場合は、実行行為としての暴行等に2項強盗類似の財産犯的性格を認めうるのでa説、（窃盗が未遂であるなど）それ以外の目的しかない場合は、人身犯的性格しか認められないのでb説に従う見解（複合的身分犯説）も有力である。

　結合犯説からは、実行の途中から共謀加担した者についての承継的共同正犯

の問題（→総論106頁）となり、本事例で承継を肯定すれば事後強盗罪の共同正犯が成立し、否定すれば暴行罪等の共同正犯にとどまる。学説上は、上記 c 説と同様の発想から、暴行・脅迫部分に強盗と同質的な財産犯的性格を認めうるときに限り、後行者は財産犯としての事後強盗の重要部分に因果性を有し、同罪の共同正犯となりうるとして、取戻しを防ぐ目的がある場合には事後強盗罪、それ以外の目的しかない場合は暴行罪・脅迫罪とする立場などが主張されている。

承継的共同正犯に関する判例の展開と事後強盗罪

　承継的共同正犯に関しては、近年、判例の展開がみられる（→総論107頁）。すなわち、最高裁は、傷害罪に関し、先行者がすでに生じさせていた傷害結果については、後行者は因果関係を持ちえないという理由で承継を否定した（最決平成24・11・6刑集66巻11号1281頁）。他方、詐欺罪に関しては、先行者の欺罔行為の後に共謀し、「詐欺を完遂する上で本件欺罔行為と一体のものとして予定されていた受領行為に関与し」たが被害者に看破されていたため未遂に終わった後行者は、「加功前の本件欺罔行為の点も含め……詐欺未遂罪の共同正犯としての責任を負う」として、承継を肯定している（最決平成29・12・11刑集71巻10号535頁）。

　事後強盗への途中関与について、結合犯説から承継的共同正犯の問題として捉える場合、今後は、これらの判例との整合性を意識する必要がある。24年決定（結果との因果性）との関係では、事後強盗における結果をどうとらえるか、29年決定（行為の一体性）との関係では、行為者らにより一体的に「予定されていた」関係は事後強盗の事例では通常はないことをどう考えるかなどが問われようか。議論の動向が注目される。

IV　昏酔強盗罪

（昏酔強盗）
239条　人を昏酔させてその財物を盗取した者は、強盗として論ずる。

　昏酔強盗罪（239条）は、「人を昏酔させ」る、すなわち薬物やアルコールを摂取させるなど通常の暴行以外の方法で意識作用に障害を生じさせること（意識喪失や重度の意識障害を意味する「昏睡」状態に陥らせる必要はない。漢字の誤りに注意）を手段として、「財物を盗取」する行為を、強盗として扱う（なお、昏酔させて財産上の利益を得る「2項昏酔強盗」はない。そのため、債権者を毒殺して債務を免れる行為を強盗殺人とするには、当該手段を「暴行」とみて、236条2項を基礎とする強盗殺人として構成する必要がある〔→108頁〕）。昏酔させる行為の時点で、財物盗取の意思がなければならない。

　本罪にいう昏酔状態は、概念上傷害に含まれうる（→20頁）が、本罪を基礎とする強盗致傷罪（240条前段、239条）の「負傷」にはただちにはあたらないと解される。そう解さないと、致傷の付かない昏酔強盗罪の適用場面がなくなりかねず、不合理だからである。

V　強盗致死傷罪（強盗致傷罪・強盗傷人罪・強盗致死罪・強盗殺人罪）

（強盗致死傷）
240条　強盗が、人を負傷させたときは無期又は6年以上の懲役に処し、死亡させたときは死刑又は無期懲役に処する。

1　基本構造

(1)　趣旨・前提要件

　強盗の機会に人を死傷させる行為が伴うことが少なくないことに着目し、そうした行為を強く禁圧して人身の保護を厚くした加重類型が、240条の罪である。法定刑は、致傷の場合は無期または6年以上の懲役、致死の場合は死刑または無期懲役であり、きわめて重い。

　本罪は、「強盗」すなわち強盗罪（事後強盗等を含む）またはその未遂罪を犯

した者が人を死傷させた場合に成立する。強盗の着手前（ないし強盗の犯意を抱く前）の行為により死傷させても本罪にはあたらない。

死傷が生じる客体（「人」）は、強盗の被害者に限らず、その協力者や巻き添えとなった者などでもよい。

(2) 類型

前段の「人を負傷させたとき」は、①傷害の故意がない場合（強盗致傷罪）と②傷害の故意がある場合（強盗傷人罪）を含む（ただし、①②の区別はあまり重視されず、まとめて「強盗致傷罪」ということもある）。「負傷」は、傷害罪（204条）の傷害と同義に解するのが判例の大勢である。法定刑の重さから、より限定すべきとの議論もあるが、平成16年改正により下限が7年から6年に引き下げられ、酌量減軽（66条）すれば執行猶予（25条）も可能となったため、限定の実益は低下した。

後段の「死亡させたとき」は、③殺人の故意がない場合（強盗致死罪）と④殺人の故意がある場合（強盗殺人罪）を含む（③④の区別は重要である）。強盗殺人罪は、当該客体に対する殺人罪の成立を前提とする。したがって、たとえば、方法の錯誤の場合に、犯人が認識していなかった客体に対して、強盗致死罪にとどまらず、強盗殺人罪の成立を認めるには、法定的符合説（抽象的法定符合説）に立ち、当該客体に対する殺人の故意を肯定する必要がある（最判昭和53・7・28刑集32巻5号1068頁〔→総論35頁〕参照）。

240条が殺傷の故意ある場合（上記②④）に適用されるかは、古くは一大論点であったが、これを肯定し、かつ、240条が適用される場合には204条や199条を適用しない解釈が定着して久しい。理由づけとしては、故意の殺傷は強盗の機会に伴う行為として典型的であること、240条は「よって」という結果的加重犯に通例の表現を用いていないこと、204条や199条との重量適用による死傷結果の二重評価を避けるべきことなどが挙げられる。

(3) 未遂

243条が予定する240条の未遂は、強盗殺人罪における殺害が未遂の場合（強盗殺人未遂罪〔243条、240条後段〕）に限るという解釈が確立している。それは、

次のような考慮による。

　すなわち、240条は人身の保護を重視する以上、その未遂は、死傷結果が生じなかった場合について考えるべきである（死傷を生じれば、財物奪取が未遂でも未遂罪として扱うべきでない）が、そのうち死傷の故意がない場合は、未遂を観念できない（単に強盗罪が成立するだけである）。強盗犯人が傷害の故意で暴行等をしたが傷害に至らなかった場合に「強盗傷人未遂」を観念する余地はないわけではないが、暴行を手段とする傷害未遂が暴行罪である（→19頁）のと同じ感覚で、強盗罪で処断すれば十分と考えられる。こうして、強盗犯人による殺害の未遂だけが240条の未遂として残ることになる。

2　実行行為と因果関係

(1)　強盗の機会における行為

　財物を強取する手段として、暴行を加えて負傷させ、または殺害したときに、「強盗が、人を負傷させた」「死亡させた」にあたることは問題ないが、強盗の手段以外の行為により死傷させた場合にも240条が適用されるか。

　判例は、本罪の死傷の原因行為は、強盗の手段に限る（手段説）のではなく、強盗の機会に行われたものであれば足りる（機会説）とする。理由づけとしては、240条は強盗の機会に死傷行為が伴うことが少なくないことに着目した規定であること、「～を犯し、よって～」という結果的加重犯に通例の表現を用いていないため、強盗の実行行為から結果が生じることを必ずしも要求しないと解されることなどが指摘される。

　具体的には、強盗の手段ないしそれに準じる場合（最判昭和25・12・14刑集4巻12号2548頁〔強盗殺人の際、傍らの2歳児と0歳児も殺害〕）のほか、強盗犯人が逃走の際、被害者や警察官等による追跡を免れようとして殺傷した場合（最判昭和24・5・28刑集3巻6号873頁、最判昭和26・3・27刑集5巻4号686頁）、犯人が被害者を支配下に置き続ける中で殺傷した場合（最近の裁判例として、東京高判平成23・1・25高刑集64巻1号1頁〔強取から約6時間後に50km離れた場所で、当初からの計画に従い、罪跡隠滅目的で覚醒剤を注射〕、名古屋高判平成27・12・7LEX/DB25541867〔恨んでいた元上司夫妻を拘束して金品を奪い、その状態のまま6時間半後

ないし8時間後に殺害〕）などについて、本罪の成立が肯定されている。他方、強盗殺人の後、犯行発覚を防ぐため、顔を見知られている者の殺害を共謀し、約5時間後に自宅から誘い出して殺害した事案（最判昭和23・3・9刑集2巻3号140頁）、岡山で強取した物を舟で運搬し、約26時間後に神戸で陸揚げしようとした際に巡査に発見され、逮捕を免れるために傷害した事案（最判昭和32・7・18刑集11巻7号1861頁）では、強盗終了後の「別の機会」の犯行として、240条の適用が否定されている。判例実務は、強取との時間的・場所的近接性、被害者の同一性、被害者等との対立状況や反抗抑圧状態の継続といった客観的事情、強盗の犯意の継続、死傷行為の動機・目的の強盗との関わりや連続性といった主観的事情を考慮しつつ、強盗の遂行に伴い生じる、人身の安全が脅かされる状況が継続する中での行為を「強盗の機会の行為」と評価していると理解することができる。

　学説に目を向けると、純粋な手段説は、窃盗犯人による窃盗の機会の殺傷に事後強盗経由で240条が適用されることと均衡を失することから、ほぼ支持を失っている。他方で機会説を無限定に適用すれば、強盗犯人らが仲間割れで殺し合ったような場合にも240条が適用されかねないなどとして、強盗と密接に関連する行為に限る密接関連性説、事後強盗類似状況での暴行・脅迫に限る拡張手段説なども主張されている。

(2) 脅迫行為からの致傷

　かつては、本罪の行為は、少なくとも傷害罪にあたるもの、つまり傷害の故意を欠く場合には（故意の）暴行（→18頁）であることを要するとの理解が有力であった。犯人が突きつけた刀を被害者が掴むなどして負傷した事案で、暴行による致傷として強盗致傷罪を適用した判例（最決昭和28・2・19刑集7巻2号280頁）などはそうした理解に配慮したものといえる。

　しかし、その後の裁判例・学説では、脅迫（の故意しかない）行為であっても、致傷の危険がある限り、本罪の行為から除外する理由はないと解されている（大阪高判昭和60・2・6高刑集38巻1号50頁〔転倒を命じる脅迫に従った被害者が負傷。ただし暴行の間接正犯とする余地もあった〕、東京地判平成15・3・6判タ1152号296頁〔脅迫に恐怖した被害者が窓から飛び降り負傷〕など）。ただし、次にみるよう

に、当該行為と致傷結果との因果関係は当然必要である。

(3) 犯人の（積極的）行為と死傷結果の因果関係

本罪が成立するには、強盗の機会になされた犯人の行為と死傷結果との間に刑法上の因果関係（→総論13頁）がなければならない。

逃走しようとした被害者が転倒するなどして負傷する事例では、強盗の手段としての暴行・脅迫（ないし強盗の機会に犯人が被害者を追いかけるなどした行為）との因果関係が肯定され、強盗致傷罪の成立が認められるのが通例である。これに対し、逃走する犯人を追跡しようとした被害者が転倒し負傷するなどの事例では、強盗の機会に傷害の結果が生じていても、「致傷と因果関係が認められる犯人の被害者に対する積極的行為がない」といった理由で、本罪の成立が否定される傾向がある（たとえば、横浜地判平成21・6・25判タ1308号213頁）ので注意したい。

VI 強盗・不同意性交等、同致死罪

（強盗・不同意性交等及び同致死）
241条1項 強盗の罪若しくはその未遂罪を犯した者が第177条の罪若しくはその未遂罪をも犯したとき、又は同条の罪若しくはその未遂罪を犯した者が強盗の罪若しくはその未遂罪をも犯したときは、無期又は7年以上の懲役に処する。
2項 前項の場合のうち、その犯した罪がいずれも未遂罪であるときは、人を死傷させたときを除き、その刑を減軽することができる。ただし、自己の意思によりいずれかの犯罪を中止したときは、その刑を減軽し、又は免除する。
3項 第1項の罪に当たる行為により人を死亡させた者は、死刑又は無期懲役に処する。

3項のみ未遂罪（243条）

---

1 強盗・不同意性交等罪

強盗・不同意性交等罪（241条1項）は、複数の重大犯罪を同一の機会に行う悪質さに着目した加重類型である。その成立要件は、強盗罪（またはその未遂）

と不同意性交等罪（またはその未遂）の双方の要件を充足し、かつ、それらを同一の機会に行うことである。強盗と不同意性交等の先後関係は問わない。

　強盗と不同意性交等がそれぞれ未遂でも、強盗・不同意性交等罪は既遂として成立し、本罪に未遂は観念されない（243条は241条1項を指示しない）。もっとも、強盗と不同意性交等がいずれも未遂で、死傷結果も生じていない場合は、刑が任意的に減軽される（241条2項本文）。この場合に、少なくとも一方の犯罪を任意に中止していれば、刑が必要的に減軽または免除される（同項但書）。

2　強盗・不同意性交等致死罪

　241条3項は、強盗・不同意性交等罪にあたる行為により人を死亡させた場合の加重類型である。①結果的加重犯の場合（強盗・不同意性交等致死罪）に加えて、②殺意がある場合（強盗・不同意性交等殺人罪）を含む（243条が予定する241条3項の未遂は、②の未遂に限られる）。

　なお、強盗・不同意性交等致「傷」の類型は存在しない。その場合には、強盗・不同意性交等罪（241条1項）のみが成立すると解される（傷害結果は量刑事情として考慮される）。

Ⅶ　強盗予備罪

　強盗の重大性に鑑み、予備罪処罰が定められている（237条）。殺人予備（201条）や放火予備（113条）と異なり、情状による刑の免除の定めはない。

　本罪の成立には、「強盗の罪を犯す目的」をもって、「予備」すなわち実行の着手に至らない準備行為をすることを要する。

　「強盗の罪を犯す目的」は、通常の強盗や昏酔強盗のほか、判例（最決昭和54・11・19刑集33巻7号710頁）によれば、事後強盗の目的をも含む。したがって、窃盗を行おうとする者が、もし発見されたら暴行・脅迫を加えて逃走するつもりで、凶器を携え侵入先を探して徘徊するなどすれば、（事後）強盗予備罪である。学説上は、反対の立場も有力である。

　強盗の実行に至れば、予備罪はこれに吸収される。

第9章

詐欺罪・恐喝罪

詐欺罪（246条）と恐喝罪（249条）は、相手方の瑕疵ある意思に基づく交付行為を通じて財物・財産上の利益を取得し、または第三者に取得させる犯罪である。窃盗罪（235条）や強盗罪（236条）とは異なり、財物・財産上の利益の移転は、相手方の意思により生じている。しかし、「だまし」や「おどし」によって相手方の意思決定に対し不法な影響を与えているところに特徴がある。電子計算機使用詐欺罪（246条の2）は、246条2項の補充規定である。同項は、「人を欺いて……財産上不法の利益を得、又は他人にこれを得させた者」と規定しているが、機械は錯誤に陥らないことから、機械に対する「だまし」は同項に該当しない。そのため、246条の2が設けられ、処罰の空隙が埋められた。人を欺く行為に至らない誘惑などの手段を用いた場合であっても、未成年者の知慮浅薄または人の心神耗弱に乗じて財物・財産上の利益を交付させ、これを通じて財物・財産上の利益を取得し、または第三者に取得させたときは、準詐欺罪（248条）が成立する。

I 基本構造

詐欺罪と恐喝罪は、共通の基本構造を持つ。詐欺罪の場合、①財物・財産上の利益の取得の手段となる「だまし」があり、②それにより相手方が錯誤に陥り、③その錯誤に基づいて財物・財産上の利益の交付が行われ、④その結果、財物・財産上の利益が行為者または第三者に移転するという経過をたどる。恐喝においても同様に、①財物・財産上の利益の取得の手段となる「おどし」が

あり、②それにより相手方が畏怖状態に陥り、③その畏怖状態に基づいて財物・財産上の利益の交付が行われ、④その結果、財物・財産上の利益が行為者または第三者に移転するという経過をたどる。そのため、たとえば、人を欺いて金銭を得ようとしたが、相手方が嘘を見抜いて錯誤に陥らず、同情心から金銭を交付した場合は、詐欺罪の既遂は成立せず、未遂にとどまる。また、「だまし」・「おどし」が相手方に交付行為をさせることに向けられていない場合（→135頁）には、人を欺く行為（以下、「欺罔行為」という）・人を恐喝する行為とはいえず、上記のような経過をたどって財物・財産上の利益の移転を受けるという因果経過の認識がない以上、詐欺罪・恐喝罪の故意も認められない。したがって、このような場合、詐欺罪・恐喝罪の未遂すら成立しない。

　両罪ともに、窃盗罪と同様に、書かれざる構成要件要素として、不法領得の意思（→100頁）が必要である。

II　個別財産に対する罪

　詐欺罪・恐喝罪は、個別財産に対する罪（→85頁）に位置づけられる。そのため、被害者が反対給付として相当対価を得たとしても、両罪は否定されない（詐欺罪について、最決昭和34・9・28刑集13巻11号2993頁）。人を欺き、または恐喝した結果として、相手方が財物・財産上の利益を失ったことそれ自体を損害ととらえるのである。

　もっとも、学説では、詐欺罪に関し、同罪は財産犯である以上、246条の書かれざる構成要件要素として、実質的な財産損害が必要だとする見解が有力である（実質的個別財産説。これに対して、「だまされなければ交付しなかったであろう」という関係さえあれば詐欺罪の成立が認められるとする見解を形式的個別財産説という）。たとえば、18歳未満の者が、書店の店員に対し、年齢を詐称して、「18禁本」を購入した事例では、仮に、店員が18歳未満の者には絶対に売らないという方針だったとしても、書店側は書籍を売ることにより代金を得るという取引目的を達成していることから実質的な財産損害は認められず、詐欺罪の成立を否定すべきだとするのである。大審院判例でも、医師免許を有しない者が、医師だと詐称し、患者に対して適切な薬品を適正価格で売ったという事例につい

て、患者は財産上の損害を被っていないとして詐欺罪を否定したもの（大決昭和3・12・21刑集7巻772頁）がある。また、最判平成13・7・19刑集55巻5号371頁は、請負人が、工事の完成検査を受ける際に、内容虚偽の汚泥処理券を提出して請負代金を受領したという事例について、請負人が本来受領する権利を有する請負代金を欺罔手段を用いて不当に早く受領した場合にその代金全額について詐欺罪を認めるためには、「欺罔手段を用いなかった場合に得られたであろう請負代金の支払とは社会通念上別個の支払に当たるといい得る程度の期間支払時期を早めたものであることを要する」としたが、これも実質的な財産損害を要求したものと説明されることがある。しかし、実質的個別財産説には、246条の文言上、財産上の損害の要件は読み取れないという難点がある。

　そのため、最近では、財産上の損害を独立の要件として設定するのではなく、欺罔行為の要件で詐欺罪の処罰範囲を制限しようとする見解が有力化している。判例も、欺罔行為を認定する際に、交付の判断の基礎となる重要な事項に関する「だまし」があったこと（以下、「重要事項性」という）に言及している。重要事項性の判断を専ら経済的な観点から行う場合、本見解は、実質的個別財産説と事例の解決において差は生じない。しかし、詐欺罪を肯定した判例の中には、経済的観点からは重要事項性が説明し難い事項に関する「だまし」があった事例も存在する（→137頁）。

Ⅲ　1項詐欺罪

（詐欺）
246条1項　人を欺いて財物を交付させた者は、10年以下の懲役に処する。

未遂罪（250条）

1　客体——財物

　246条1項の客体は、財物である。「人」とは他人を指すから、「財物」とは

他人の財物を指す。自己の財物であっても、他人が占有し、又は公務所の命令により他人が看守するものであるときは、他人の財物とみなされる（251条、242条。財物の定義および242条の解釈については、86頁および92頁）。電気は財物とみなされる（251条、245条）。窃盗罪とは異なり、不動産も財物に含まれる（大判大正11・12・15刑集1巻763頁）。不動産を客体とする1項詐欺罪が認められる典型として、欺罔行為を用いて不動産の登記名義を取得する例があげられる。これに対し、虚偽の事実を申し向けて賃貸借契約を締結し、居宅の引き渡しを受けた例については、不動産を客体とする1項詐欺罪ではなく、賃借権を客体とする2項詐欺罪が認められている（たとえば、神戸地判平成20・5・28LEX/DB 25421253）。

2　欺罔行為

(1)　概説

欺罔行為とは、財物を交付させる手段として、相手方に錯誤を生じさせる行為をいう。手段・方法に制限はない。作為だけでなく、不作為による欺罔もありうる。ただし、「だまし」があれば常に欺罔行為にあたるわけではない。相手方の交付行為に向けられたものであり、かつ、相手方による交付判断の基礎となる重要な事項を偽るものであることが必要である（→135頁）。

欺罔行為の要件は、客体が財産上の利益の場合（2項の場合）でも内容に違いはないため、以下では2項に関する事例も含めて説明することにする。

(2)　欺罔行為の態様

(a)　作為による欺罔

作為による欺罔には、積極的に嘘を言うといった形態もあるが、虚言がなくても行為者の態度を欺罔行為と評価できることもある（挙動による欺罔）。たとえば、代金を払う意思がないのにレストランで食事を注文する事例では、「代金を支払うつもりがある」と積極的に嘘を言わなくても、注文行為を欺罔行為と評価できる。なぜなら、社会通念にしたがえば、食事を注文するという行動には支払意思が伴うことが当然だといえるからである。このように、行為の文

脈から行為者の態度を欺罔と評価できる場合には、行為者に真実告知義務（後述(b)）があるかどうかを問うまでもなく、作為による欺罔を認めることができる。

挙動による欺罔が争点となった例として、最判平成26・3・28刑集68巻3号582頁がある。この事件では、暴力団関係者の利用を拒絶しているゴルフ場で、暴力団関係者であるビジター利用客が、そのことを申告せずに施設利用を申し込んだ行為について、挙動による欺罔にあたるか否かが争われた。最高裁は、ゴルフ場側による十分な確認措置が取られていなかったことや、当時その地域では暴力団関係者排除を掲げながらも暴力団関係者による施設利用を黙認していたゴルフ場が多かったことなどの事情から、施設利用を申し込む行為自体は、「申込者が当該ゴルフ場の施設を通常の方法で利用し、利用後に所定の料金を支払う旨の意思を表すものではあるが、それ以上に申込者が当然に暴力団関係者でないことまで表しているとは認められない」として、挙動による欺罔を否定した。これに対し、最決平成26・3・28刑集68巻3号646頁は、暴力団関係者の利用を拒絶し、会員に対して暴力団関係者を同伴、紹介しない旨の誓約をさせるなどの措置をとっていたゴルフ場において、会員である者が、同伴者が暴力団関係者であることを告げずに施設利用を申し込んだという事例について、申込み行為が挙動による欺罔にあたるとした。両者は類似した事件であるが、挙動による欺罔が認められた後者の事件では、会員が入会時に暴力団関係者を同伴、紹介しない旨の宣誓をしていたことから、施設利用の申込みは、当然、同伴者が暴力団関係者ではないことを含意するものだと評価できたのであろう。これに対し、前者の事件ではそのような事情はみられなかったという点に大きな違いがある。

(b) 不作為による欺罔

相手方が錯誤に陥っている状態にあることを知りながら真実を告知しない場合には、不作為による欺罔が問題となる。不作為による欺罔を理由に処罰するためには、真実を告知しなかった者に作為義務（→総論126頁。詐欺罪との関係では「告知義務」と呼ばれる）が認められることが必要である。裁判例では、取引上の信義則を理由に告知義務を認めたものがみられる。たとえば、自己の口座に誤振込による入金があったことを知りながら、そのことを銀行窓口の係員に

告げずに誤振込金額相当分の払戻を受けた者について、普通預金取引契約に基づき継続的な預金取引を行っている者として、誤振込があったことを銀行に告知すべき信義則上の義務があるとした例（最決平成15・3・12刑集57巻3号322頁→149頁）、販売した分譲マンションの安全性に重大な瑕疵があることを知りながら、残代金の支払を受けた者について、「民法及び売買契約上の信義誠実の原則」を理由に告知義務を認めた例（東京高判平成21・3・6高刑集62巻1号23頁）がある。

　よく授業で用いられる例としては、売店の店員が客に釣り銭を間違えて多く渡し、客はその場ですぐに気づいたのに、店員に告げずに釣り銭を財布に入れて持って帰ってしまったというものがある。客に告知義務を認める見解もあるが、継続的な取引関係があるわけでもなく、また、客が告知しなければ店員が釣り銭の渡し間違いにおよそ気づき得ないわけでもないから、告知義務を認めるのは酷だというべきであろう。

(3)　交付行為に向けられたものであること

　前述の通り、欺罔行為と認められるためには、交付行為に向けられた「だまし」がなければならない。そのため、財物の占有者の気を逸らすために嘘をつき、相手が気を逸らした隙に財物を取り去ったという事例では、詐欺未遂罪すら成立しない。

(4)　重要事項性

　欺罔行為は、相手方の「交付の判断の基礎となる重要な事項」（最決平22・7・29刑集64巻5号829頁）を偽るものでなければならない。重要事項性の判断は、相手方の個人的な価値尺度だけを基準にするのではなく、合理的・客観的な見地から行われなければならない。そうしなければ、形式的個別財産説との差がなくなってしまうからである。具体的には、①相手方がその事項に重要な関心を寄せる目的・理由の客観的合理性が認められるか否か、②重大な関心を寄せていることを端的に示す客観的事実があったか否か（たとえば、交付の判断をするにあたり、その事項に関する確認措置を行っていたか）、③「だまされなければ交付しなかったであろう」という関係が認められるか否かといった事情が、

重要事項性の判断の手がかりとなる。

最決平成22・7・29刑集64巻5号829頁は、他の者を搭乗させる意図であるのにこれを秘し、航空会社の搭乗業務を担当する係員に自己に対する搭乗券の交付を請求してその交付を受けたという事例について、搭乗券を客体とする1項詐欺罪を認めた。その理由として、同決定は、「本件係員らは、搭乗券の交付を請求する者に対して旅券と航空券の呈示を求め、旅券の氏名及び写真と航空券記載の乗客の氏名及び当該請求者の容ぼうとを対照して、当該請求者が当該乗客本人であることを確認した上で、搭乗券を交付することとされていた」こと（上記②に対応）、そのような厳重な本人確認が行われていたのは、「航空券に氏名が記載されている乗客以外の者の航空機への搭乗が航空機の運航の安全上重大な弊害をもたらす危険性を含むものであったことや、本件航空会社がカナダ政府から同国への不法入国を防止するために搭乗券の発券を適切に行うことを義務付けられていたこと等の点において、当該乗客以外の者を航空機に搭乗させないことが本件航空会社の航空運送事業の経営上重要性を有していたから」であったこと（上記①に対応）、そして、その結果として、「本件係員らは、上記確認ができない場合には搭乗券を交付することはなかった」こと、また、「搭乗券の交付を請求する者がこれを更に他の者に渡して当該乗客以外の者を搭乗させる意図を有していることが分かっていれば、その交付に応じることはなかった」こと（上記③に対応）を指摘し、「搭乗券の交付を請求する者自身が航空機に搭乗するかどうかは、本件係員らにおいてその交付の判断の基礎となる重要な事項である」とした。

暴力団員によるゴルフ場利用に関する前掲最決平成26・3・28では、ゴルフ場が暴力団員およびこれと交友関係のある者の入会を認めておらず、入会の際には暴力団等とは一切関係ないと記載された誓約書にサインさせていたこと、さらには暴力団排除情報をデータベース化して利用客が暴力団関係者かどうかの確認措置をとっていたこと（上記②に対応）、「ゴルフ場が暴力団関係者の施設利用を拒絶するのは、利用客の中に暴力団関係者が混在することにより、一般利用客が畏怖するなどして安全、快適なプレー環境が確保できなくなり、利用客の減少につながることや、ゴルフ倶楽部としての信用、格付け等が損なわれることを未然に防止する意図によるものであって、ゴルフ倶楽部の経営上の

観点からとられている措置である」こと（上記①に対応）、そのため、ゴルフ場の従業員は、被告人が暴力団員だと知っていれば施設利用に応じることはなかったこと（上記③に対応）を指摘し、重要事項性を肯定している。

　暴力団員による銀行口座の開設に関する事案として、最決平成26・4・7刑集68巻4号715頁がある。この事件では、暴力団員であるにもかかわらず、反社会的勢力でないことを表明・確約したうえで申し込む旨の記載のある申込書に氏名を記入するなどして暴力団員でないものと装い、銀行口座の開設と、これに伴う通帳等の交付を申し込み、その交付を受けたという行為について、1項詐欺罪が認められた。最高裁は、政府が、本件に先立ち、「企業が反社会的勢力による被害を防止するための指針」等を策定しており、本件銀行はこの指針を踏まえて反社会的勢力排除のための対策を講じていたこと（上記①に対応）、そのため通常、預金等の新規申込時に、申込者が反社会的でないこと等の表明、確約を求めることにしており（上記②に対応）、反社会的勢力であることがわかれば預金通帳を交付しなかったこと（上記③に対応）を指摘し、「総合口座の開設並びにこれに伴う総合口座通帳及びキャッシュカードの交付を申し込む者が暴力団員を含む反社会的勢力であるかどうかは、本件局員らにおいてその交付の判断の基礎となる重要な事項であるというべきである」とした。

　本決定では、前掲最決平22・7・29、前掲最決平26・3・28とは異なり、「経営上」という文言がみられない。反社会的勢力に口座を開設されたからといって、他の利用客が当該銀行を安全、快適に利用できなくなるといった状況が生じるとは必ずしもいえないことからすれば、経済的観点よりも企業の社会的責任という観点から重要事項性が判断されているという理解も可能である。

　預金通帳に関しては、過去の判例でも、他人になりすまして他人名義の銀行口座開設の申込みをし、預金通帳の交付を受ける行為（最決平成14・10・21刑集56巻8号670頁）、後に第三者に譲渡する意図を秘して自己名義の銀行口座開設の申込みをし、預金通帳の交付を受ける行為（最決平成19・7・17刑集61巻5号521頁）について、それぞれ1項詐欺罪が認められている。これに対しては、実質的個別財産説の主張者から、口座開設によって銀行には預貯金を受け入れることができるという経済的メリットがあり、経済的損失はないはずだという批判もなされている。しかし、他人名義で、または譲渡目的で開設された口座

は、マネーロンダリングや特殊詐欺などの犯罪のために悪用されることが多いことから、銀行の社会的責任に鑑みれば、口座開設の申込者が本人であるかどうか、また第三者に譲渡する意思がないかどうかは、「交付の判断の基礎となる重要な事項」にあたるといえるであろう。

証明文書の不正取得

　無断で他人名義を用いるなど申請書に虚偽の内容を記載して証明文書の交付を受ける行為は、詐欺罪になるであろうか。裁判例では、建物所有証明書（大判大正 3・6・11刑録20輯1171頁）、印鑑証明書（大判大正12・7・14刑集 2 巻650頁）、旅券（最判昭和27・12・25刑集 6 巻12号1387頁）について、それぞれ詐欺罪を否定したものがある。

　公務員に対し虚偽の申立てをして、「免状、鑑札又は旅券」に不実の記載をさせる行為は、免状等不実記載罪（157条 2 項）に該当する。同罪の法定刑は、1 年以下の懲役または20万円以下の罰金であるが、仮に、申請書に虚偽の内容を記載し（その結果として不実の記載がなされた）免状等の交付を受ける場合に詐欺罪を認めると、157条 2 項が軽い法定刑を定めた意味がなくなる。旅券のような証明文書の不正取得について詐欺罪が認められないとされる背後には、同条項との均衡論がある（前掲最判昭和27・12・25参照）。

　これに対し、同様の方法で簡易生命保険証書（最決平成12・3・27刑集54巻 3 号402頁）、国民健康保険証（最決平成18・8・21判タ1227号184頁）、住民基本台帳カード（東京高判平成27・1・29東高刑時報66巻 1 ～12号 1 頁）の交付を受けた事例については、詐欺罪が肯定されている。これらの書面は、一定の財貨やサービスの給付を受けるのに必要な文書であることから、157条 2 項に列挙されている書面との類似性は認められず、同項との均衡論の観点から詐欺罪を否定する理由はない。預金通帳についても、「これを利用して預金の預け入れ、払戻しを受けられるなどの財産的な価値を有する」から、この部類に入る書面だということができる（前掲最決平成14・10・21参照）。

3　交付行為

(1)　概説

1項詐欺罪が成立するためには、相手方の交付行為により、財物が行為者または第三者に移転したという関係があることが必要である。交付行為がない場合、相手方の意思に反して財物を取得したことになるから、交付行為の要件は、客体が財物の場合、窃盗罪と詐欺罪を区別する機能を有する。交付行為は、法律行為である必要はなく事実行為で足り、必ずしも作為である必要はなく、不作為も含む。交付行為の要件については、(3)で説明する。

(2)　三角詐欺

「欺罔行為→錯誤→交付行為→財物の移転」という因果経過をたどらなくてはならないこととの関係で、被欺罔者と交付行為者は一致していることが必要である。これに対し、被欺罔者＝交付行為者と被害者（財物の占有を失う者）は必ずしも一致する必要はない。「被欺罔者において被害者のためその財産を処分しうる権能または地位」があれば、両者は別人格であってもよい（最判昭和45・3・26刑集24巻3号55頁）。このような権能・地位があれば、交付行為を通じて財物の占有を移転させることが可能だからである。このように欺罔者、被欺罔者＝交付行為者、被害者の三者が登場する詐欺を「三角詐欺」と呼ぶ。

三角詐欺の典型例として、訴訟詐欺が挙げられる。訴訟詐欺とは、民事裁判において、裁判所に対し虚偽の主張や証拠を提出して裁判所をだまし、有利な判決を得て訴訟の相手方から財物または財産上の利益を取得する行為をいう。通説は、裁判所には判決によって敗訴者の財産を交付する権限があるとして、被欺罔者・交付行為者を裁判所、訴訟の相手方を被害者とする三角詐欺が認められるとする。ただし、裁判所に対する申立てには訴訟の提起以外にも様々なものが存在する。行為者が悪用しようとした制度との関係で、裁判所に被害者の財産を交付する権限がなければ、詐欺罪は成立しない（最決昭和42・12・21刑集21巻10号1453頁参照）。

(3) 交付行為の要件

　1項詐欺罪における交付行為が認められるためには、財物の占有の移転が被欺罔者の意思に基づいていることが必要である。たとえば、衣料品店の店員に対し、洋服を試着したいと嘘を言って試着室に持っていくことを許諾させ、隙をみて店外に逃走したという事例では、行為者が洋服を持って店外に出た時点で占有移転があるといえるが、店員の意思は洋服の占有を行為者に移転させることにまでは及んでおらず、占有移転を直接にもたらしたのは行為者自身の行為である。そのため、1項詐欺罪ではなく、窃盗罪が認められる。

　被欺罔者の意思に基づく占有の終局的な移転があったかどうかが争われた事例として、東京地八王子支判平成3・8・28判タ768号249頁がある。この事件は、被告人が、自動車販売店の営業員に対して公道上での単独試乗の許可をさせ、そのまま乗り逃げしたというものであった。単独試乗の場合には、試乗者はガソリンを補給して試乗予定区間を外れて長時間にわたり長距離を走行することが可能であること、自動車は移動性が高く、殊に大都市においては多数の車両に紛れてその発見が容易でないことなどから、単独試乗をさせた時点で自動車販売店の試乗車に対する事実上の支配は失われたとして、詐欺罪が認められた。また、東京高判平成12・8・29判タ1057号263頁は、店員が店舗内の販売ケースの上に商品（テレホンカード）を置いて枚数の確認を求めた際に、被告人が、「今若い衆が外で待っているから、これを渡してくる。お金は今払うから、先に渡してくる」と言って店外に出ることを店員に容認させ、そのまま逃走した事例について、詐欺罪を認めた。これに対し、窃盗罪が認められた例として、東京高判昭和49・10・23判時765号111頁がある。この事件は、被告人が、高齢者が銀行窓口で生活扶助金を受け取る際に付添いを装って窓口まで赴き、窓口係員がカウンター上に置いた現金を持ち去ったというものであったが、係員が現金を被告人に受け取らせたことは交付行為にはあたらず、現金の占有は銀行の外に出たことによりはじめて移転したといえるとしたものである。

　なお、被告人の虚言によって錯誤に陥った者が、自ら持参するつもりで現金を入れた風呂敷包みを玄関の上り口に置き、被告人だけを玄関に残したまま便所に赴いたため、被告人がその風呂敷包みを取って逃走したという事例につい

て、詐欺罪を認めた原判決を是認した最高裁判例があるが（最判昭和26・12・14刑集 5 巻13号2518頁）、自宅の玄関の上り口に風呂敷を置いて被告人を残して家の中に戻っただけでは占有の移転があったとはいえないという評価が一般的である。警察官を装って被害者宅を訪れ、玄関内において、被害者に対し、封筒にキャッシュカードを入れさせたうえ、厳封が必要だと言ってのりを取りに行かせ、被害者がキャッシュカード入りの封筒を置いたまま家の奥に入った隙に、事前に用意しておいたダミーの封筒とすり替えた行為について、窃盗罪を認めた裁判例がある（京都地判令和元・ 5 ・ 7 LEX/DB 25563868。このような手口の犯行を「すり替え窃盗」と呼ぶことがある→総論55頁）。

IV 2 項詐欺罪

> 246条 2 項　前項の方法により、財産上不法の利益を得、又は他人にこれを得させた者も、同項と同様とする。
>
> 　　　　　　　　　　　　　　　　　　　　　　　　　　　　未遂罪（250条）

1 客体――財産上の利益

　財産上の利益の意義については、 2 項強盗罪の説明を参照（→112頁）。

　強盗罪と同様、 1 項犯罪と同等の当罰性を担保すべく、財産上の利益には財物に比肩しうる具体性・現実性が必要と解される。欺罔行為により債務の弁済の一時猶予を得た場合にも 2 項詐欺罪が成立しうるが、単にその場しのぎで一時的に債権者による督促を免れただけでは、同罪は成立しない。最判昭和30・ 4 ・ 8 刑集 9 巻 4 号827頁は、「債権者がもし欺罔されなかったとすれば、その督促、要求により、債務の全部または一部の履行、あるいは、これに代りまたはこれを担保すべき何らかの具体的措置が、ぜひとも行われざるをえなかったであろうといえるような、特段の情況が存在したのに、債権者が、債務者によって欺罔されたため、右のような何らか具体的措置を伴う督促、要求を行うことをしなかったような場合にはじめて、債務者は一時的にせよ右のような結果

を免れたものとして、財産上の利益を得たものということができる」としている。

2 欺罔行為

欺罔行為の内容は、取得しようとする客体が財物ではなく財産上の利益になる点を除けば、1項詐欺罪の場合と同様である。

3 交付行為

(1) 概説

欺罔行為により錯誤に陥った被欺罔者の交付行為（2項との関係では処分行為と呼ばれることがあるが、1項とあわせて交付行為と呼ぶことにする）があり、これにより行為者または第三者が財産上の利益を得たという関係が必要である。窃盗罪の客体には財産上の利益は含まれないから、交付行為の要件は、詐欺罪となる行為と不可罰の行為とを分ける機能を有する。そのため、交付行為の有無は、1項のとき以上に重要となる。交付行為は、1項と同様に、法律行為である必要はなく事実行為で足り、必ずしも作為である必要はなく、不作為も含む。

(2) 三角詐欺

被欺罔者と交付行為者は一致していることが必要だが、被欺罔者＝交付行為者に被害者の財産を処分しうる権能または地位があれば、1項と同様に、被欺罔者＝交付行為者と被害者は異なってもよい。

(3) 交付行為の要件

(a) 財産上の利益の移転が被欺罔者の意思に基づくものであること

交付行為が認められるためには、財産上の利益の移転が被欺罔者の意思に基づいていることが必要である。たとえば、Xがレストランで食事をした後に財布を忘れたことに気づき、とっさに食い逃げをしようと考え、店員Aに店内にあるトイレの場所を聞いて席を立った後に、隙をみて店外に逃走し、飲食代

金の支払を事実上免れた事例を考えてみよう。この事例では、AはXが店内のトイレに行くことは容認しているが、店外に出ることまでは認めていない。そのため、Xを代金の支払を事実上免れうる状態に置くという意思はなく、財産上の利益の移転はレストラン側の意思に基づいていたとはいえず、2項詐欺罪は成立しない。これに対し、同様の事例設定でYが店員Bに対して「銀行のATMでお金を下ろしてきたい」と言い、Bがこれを認めたため、店外に出てそのまま逃走したとしよう。この事例では、Bは、Yがお金を下ろしたらすぐに戻ってくると思っている。しかし、店外に出れば、Yは逃走して代金の支払を事実上免れることができる。つまり、店外に出ることを認めることにより、外形的には、財産上の利益の移転があったといえる。そのため、レストラン側の意思に基づいて、財産上の利益が移転したと評価することが可能である。

　問題は、Bの認識（Yに銀行に行くことを認める）とBの行為がもたらした結果（代金の支払を事実上免れさせる）が対応していないことをどのように評価するかである。

(b) 交付内容の認識の要否

　交付した財産上の利益の存在・内容について被欺罔者が認識していることが必要か否かについては争いがある。これを必要だとする見解（意識的処分行為説）からは、上記の事例のBにはYに代金の支払を免れさせる意思はないため、交付行為は認められない。これに対し、これを不要とする見解（無意識的処分行為説）からは、Yに代金の支払を免れさせる意思がなくとも、交付行為は認められる。

　判例では、「自動車で帰宅する知人を見送る」と欺いて料亭の店先に出てそのまま逃走したという事例につき、「詐欺罪で得た財産上不法の利益が、債務の支払を免れたことであるとするには、相手方たる債権者を欺罔して債務免除の意思表示をなさしめることを要するものであって、単に逃走して事実上支払をしなかっただけで足りるものではないと解すべきである」としたものがある（最決昭和30・7・7刑集9巻9号1856頁）。また、これにしたがって無銭宿泊の事例について詐欺罪を否定した裁判例（東京高判昭和31・12・5東高刑時報7巻12号460頁）もある。そのため、判例は意識的処分行為説を採用しているとされることがある。しかし、「今晩必ず帰ってくるから」と嘘を言って旅館を立ち去

って逃走した事例について、2項詐欺罪を認めた例（東京高判昭和33・7・7裁特5巻8号313頁）もある。この事件では、旅館側には支払の一時猶予の意思しかなく、「債務免除の意思表示」まではあったとはいえないから、意識的処分行為説からは説明が困難であろう。

前掲最決昭和30・7・7は、被告人は当初から支払意思なく飲食・宿泊していたため、逃走した部分について詐欺罪を認めなくても、飲食・宿泊サービスの提供を受けた時点で詐欺罪を肯定できる事例であった。そのため、上記の判示は傍論にすぎず、先例としての価値は低いといわれている。また、被告人は店先にしか出ていないことから、料亭側に外形的な利益移転の認識すら存在しないため、無意識的処分行為説からも交付行為を否定する結論を導くことが可能だった事例だといえる。

学説では、相手方に交付の内容を認識させないという最も典型的な類型（たとえば、債権者に対し、「債務は既に弁済した」と嘘を言って債務の支払を免れる）を詐欺罪から除外するのは妥当ではないという理由から、無意識的処分行為説が通説となっている。裁判例でも、同説をとらなければ説明できないものが存在する。たとえば、電気計量器に工作を加えて検針員に実際よりも少ない電気使用量を読み取らせ、本来支払うべき電気料金との差額の支払を免れた事例について2項詐欺罪を認めたものがあるが（大判昭和9・3・29刑集13巻335頁）、検針員は当該差額についての請求権の存在を認識していないから、無意識的処分行為説に立たなければ、その結論を説明できない。

キセル乗車

キセル乗車とは、A駅（以下、乗車駅）からD駅（以下、下車駅）まで鉄道に乗ろうとする者が、A－B間の乗車券を用いてA駅係員による改札を受けて乗車し、下車駅ではC－D間の乗車券をD駅係員に提示して出場することにより、B－C間の運賃の支払いを免れることをいう。これが2項詐欺罪に該当するかどうかをめぐって、見解の対立がある（自動改札を通過する場合には、電子計算機使用詐欺罪の成否が問題となる→149頁）。

まず、乗車駅において、D駅まで乗車する意思を持ちつつ、途中のB駅までしか乗らないかのように装って入場するところに欺罔行為があり、輸送という

有償役務の提供を受けた点に財産上の利益の取得があるとする見解がある（乗車駅基準説。大阪高判昭和44・8・7刑月1巻8号795頁）。この見解に対しては、Ａ－Ｂ間の乗車券は正規のものであり、この部分について犯罪の成立を認めることはできないとする批判がある。これに対し、下車駅において、Ｃ駅から乗車したように装って出場するところに欺罔行為があり、Ｂ－Ｃ間の運賃精算義務を事実上免れたことをもって財産上の利益の取得があったとする見解もある（下車駅基準説。高速道路のキセル利用の事例ではあるが、福井地判昭和56・8・31判時1022号144頁）。下車駅の改札係員による交付行為が認められるかが問題となるが、改札係員が通過を認めることにより、客は精算義務を事実上免れうる状態に置かれるため、無意識的処分行為説からは、交付行為を肯定できる。一方、意識的処分行為説からは、改札係員はＢ－Ｃ間の運賃の請求権の存在を認識しておらず、自分の行為が同区間の運賃精算義務を免れさせるものだということを理解していないため、交付行為は認められないことになる。

V　クレジットカードの不正使用

この問題は、自己名義の有効なクレジットカードの使用の場合と、他人名義のクレジットカードの使用の場合に分けることができる。

1　自己名義のクレジットカードの使用

支払意思も能力もないのに、加盟店の店員に対して自己名義の有効なクレジットカードを提示し、買い物等をする行為は詐欺罪にあたるか。加盟店の店員は、カードが提示された際、カードの有効性およびカードの名義人と利用者の同一性の確認はするが、利用者の支払意思・能力の確認までは義務づけられていない。また、売上票をカード会社に送付すれば、商品・サービスの価格に相当する金額について確実に立替払いを受けることができる。このことから、学説では、利用者の支払意思・能力は、加盟店の関心事ではないとして、詐欺罪を否定すべきだとする見解もある。しかし、裁判例では、「利用客に代金を支払う意思や能力のないことを加盟店が知れば、クレジットカードによる取引を

拒絶しなければならないことは信義則上当然のこと」であるとして、詐欺罪を肯定したものがある（福岡高判昭和56・9・21刑月13巻8=9号527頁）。これを最近の判例の表現を用いて表現し直せば、「利用客に代金を支払う意思や能力のないことを加盟店が知れば、クレジットカードによる取引を拒絶しなければならないことは信義則上当然のことであるから、支払意思・能力の有無は、交付の判断の基礎となる重要な事項」だということになろう。

　これに対し、学説では、実質的個別財産説の立場から、加盟的には実質的な財産的損害は生じていないとして、カード会社を被害者ととらえ、加盟店を被欺罔者とする三角詐欺が成立するとする見解も主張されている。

2　他人名義のクレジットカードの使用

　他人名義のクレジットカードを無断で使用して加盟店で買い物等をする行為が詐欺罪にあたるのは当然である。①カード名義人本人ではなく、また、②クレジットカードシステム所定の方法により代金を支払う意思もないのに、これがあるように装っているからである。問題は、名義人の承諾を得て他人名義のクレジットカードを使用する場合である。この場合、利用者はカード名義人が代金を支払ってくれると思っており、そのため②についてのだましがないことがありうることから、詐欺罪の成否が問題となるのである。この点について、最決平成16・2・9刑集58巻2号89頁は、他人のクレジットカードを使用した被告人が、カードの名義人から使用を許されていたと誤信していたと弁解した事案について、「仮に、被告人が、本件クレジットカードの名義人から同カードの使用を許されており、かつ、自らの使用に係る同カードの利用代金が会員規約に従い名義人において決済されるものと誤信していたという事情があったとしても」詐欺罪は成立するとした。カード名義人の個別的な信用を基礎にして担保的措置を講ずることなく一定限度内の信用を供与することがクレジットカードシステムの根幹であることから、カードの名義人と利用者の同一性は、加盟店にとって商品・サービスの交付の判断の基礎となる重要な事項にあたる。そのため、上記①に関するだましのみで欺罔行為が認められるとされたのであろう。もっとも、生計を共にする者（たとえば、配偶者）からカードの使用

許諾を得ていた場合には、実質的違法性（→総論193頁）の観点から例外的に詐欺罪を否定すべきだという議論もある。

VI 電子計算機使用詐欺罪

（電子計算機使用詐欺）
246条の2　前条に規定するもののほか、人の事務処理に使用する電子計算機に虚偽の情報若しくは不正な指令を与えて財産権の得喪若しくは変更に係る不実の電磁的記録を作り、又は財産権の得喪若しくは変更に係る虚偽の電磁的記録を人の事務処理の用に供して、財産上不法の利益を得、又は他人にこれを得させた者は、10年以下の懲役に処する。

未遂罪（250条）

1　概説

本罪は、コンピュータ犯罪への対応をはかった昭和62年改正によって導入された。導入の趣旨は、本章の冒頭で述べた通りである。客体は財産上の利益に限られる。財物を客体とする場合は、窃盗罪の問題となる。たとえば、拾得した他人のキャッシュカードと暗証番号を用いて銀行の ATM で現金を払い戻す行為は、銀行を被害者とする窃盗罪に該当し（→96頁）、本罪は成立しない。これに対し、同様の方法を用いて銀行の ATM で振込送金を行う場合は、客体として財物が存在しないため窃盗罪には該当せず、また人を欺いていないため詐欺罪にも該当しないことから、本罪が成立する。

本条は、実行行為として二つの態様のものを規定している。第一の態様は、「人の事務処理に使用する電子計算機に虚偽の情報若しくは不正な指令を与えて財産権の得喪若しくは変更に係る不実の電磁的記録を作」るものである（本条前段）。第二の態様は、「財産権の得喪若しくは変更に係る虚偽の電磁的記録を人の事務処理の用に供」するものである（本条後段）。

2 前段の罪

「人の事務処理に使用する電子計算機」とは、財産権の得喪、変更に関する事務処理に使用されるものに限定される。

「虚偽の情報」とは、「電子計算機を使用する当該事務処理システムにおいて予定されている事務処理の目的に照らし、その内容が真実に反する情報をいう」（東京高判平成 5・6・29高刑集46巻 2 号189頁）。たとえば、銀行口座への架空入金の例では、銀行の入金システムにおいては経済的・資本的実体を伴う入金処理が予定されていることから、そのような実体を伴わない入金情報は虚偽にあたる。また、他人のクレジットカードの番号等を使用して電子マネーを購入する例では、クレジットカードの名義人による電子マネーの購入の申込みがないにもかかわらず、電子計算機にカード番号等を入力送信して名義人本人が電子マネーの購入を申し込んだとする情報が虚偽にあたる（最決平成18・2・14刑集60巻 2 号165頁）。電子計算機を利用したクレジットカード取引においては、カードの名義人本人以外の者が取引を行うことは、原則として予定されていないからである。

「財産権の得喪若しくは変更に係る……電磁的記録」（電磁的記録の意義については 7 条の 2 を参照）とは、記録の作出・変更が直接に財産権の得喪・変更を事実上生じさせるものをいい、預金残高を記録した銀行の元帳ファイルや、金銭的利益に相当する記録がなされたプリペイドカードの磁気部分などがこれにあたる。「不実」とは、真実に反することをいう。前述の銀行口座への架空入金の例では、架空入金された額が加算された預金残高が記録された元帳ファイルが「不実」の電磁的記録にあたる。

3 後段の罪

「財産権の得喪若しくは変更に係る……電磁的記録」の意義は、前段と同様である。また、「虚偽」の意味も前段と同様であり、「電子計算機を使用する当該事務処理システムにおいて予定されている事務処理の目的に照らし、その内容が真実に反するものをいう」（東京地判平成24・6・25判タ1384号363頁）。虚偽

の電磁的記録にあたる例としては、残度数を改変したテレホンカードの磁気ストライプ部分が挙げられる。また、実際の乗車駅とは異なる駅での入場情報がエンコードされた乗車券は、実際に乗車した駅を確認して下車駅との間の乗車区間を把握し出場の可否または精算の要否を判定するという自動改札機・自動精算機の目的に照らせば、虚偽の電磁的記録にあたる（前掲東京地判平成24・6・25参照。なお、下車駅の自動改札機が入場情報を判定対象としていなかった場合についても、虚偽の電磁的記録を供用したといえるとしたものとして、名古屋高判令和2・11・5判時2529号111頁）。したがって、上記のようなテレホンカードを公衆電話に挿入して架電する行為や、上記のような乗車券を自動精算機に投入して出場する行為は、それぞれ後段の罪に該当する。

誤振込をめぐる問題

　誤振込の場合に、受取人口座の名義人（以下、受取人）が銀行に対して預金債権を取得するかについては、これを肯定した民事判例がある（最判平成8・4・26民集50巻5号1267頁）。それにもかかわらず、前掲最決平成15・3・12は、窓口職員に誤振込の事実を秘して預金の払戻を受けた受取人に1項詐欺罪を認めた（被害者は銀行であり、誤振込をした者ではないことに注意）。

　銀行実務では、誤振込をしたとの申出が振込依頼人からあれば、受取人の預金口座への入金処理が完了している場合であっても、受取人の承諾を得て振込依頼前の状態に戻す「組戻し」という手続がとられている。また、受取人から誤振込の指摘があった場合にも、自行の入金処理に誤りがなかったかどうかを確認する一方、振込依頼人に対し、当該振込の過誤の有無に関する照会を行うなどの措置が講じられている。最高裁は、これらの措置は、①安全な振込送金制度の維持のために有益であり、②銀行が振込依頼人と受取人との紛争に巻き込まれることを回避するために必要であり、また、③振込依頼人、受取人等関係者間での無用な紛争の発生を防止するという観点から社会的にも有意義であるとした。そして、このことから、銀行にとって、払戻請求を受けた預金が誤振込によるものか否かは、「直ちにその支払に応ずるか否かを決する上で重要な事柄」であるという評価を導いた。

　銀行としては、払戻請求の際に誤振込の事実を知っていれば、受取人に対して「組戻し」に応じるよう説得などをする機会が得られたはずである。そのた

め、払戻請求を受けた預金が誤振込によるものか否かは「重要な事柄」にあたるとされたのであろう。

　本件では、作為ではなく、不作為による欺罔という構成がとられた。正当な払戻権限がないにもかかわらず払戻請求をする場合、社会通念上、正当な払戻権限がないのにこれがあるように振舞う行為（挙動による欺罔）と評価しうる。これに対し、誤振込の場合には受取人が銀行に対して預金債権を取得するため、受取人に正当な払戻権限がないとはいえず、挙動による欺罔という構成が難しかったのだと思われる。

　なお、窓口ではなく ATM で預金の払戻しをした場合は窃盗罪（→97頁も参照）、ATM を用いて第三者の口座に振込送金した場合は電子計算機使用詐欺罪が問題となる（電子計算機詐欺罪を認めたものとして、山口地判令和 5・2・28 LEX/DB25594479）。

Ⅶ　恐喝罪

（恐喝）
249条1項　人を恐喝して財物を交付させた者は、10年以下の懲役に処する。
　2項　前項の方法により、財産上不法の利益を得、又は他人にこれを得させた者も、同項と同様とする。

未遂罪（250条）

1　客体──財物、財産上の利益

財物および財産上の利益の意義は、詐欺罪の場合と同様である。

2　恐喝行為

　恐喝とは、暴行または脅迫を用いて相手方をその反抗を抑圧するに至らない程度に畏怖させ、財物・財産上の利益の交付を要求することをいう。反抗を抑

圧する程度に至る場合は、強盗罪の問題となる。脅迫とは害悪の告知をいう。脅迫罪（222条）や強要罪（223条）とは異なり、相手方またはその親族の生命、身体、自由、名誉もしくは財産に対するものに限られない。

3　交付行為

　詐欺罪と同様に、恐喝罪においても、相手方の交付行為を通じて財物・財産上の利益の移転を受けることが必要であるが、裁判例では、交付行為は詐欺罪よりも広く解されている。恐喝罪は、反抗を抑圧する程度にまでは至らないとはいえ、強盗類似の手段を用いる犯罪だからであろう。たとえば、恐喝行為を開始し、被害者が畏怖してその財布から現金を出そうとした瞬間、行為者がその財布を奪って持ち逃げしたという事例で恐喝罪を認めた例がある（名古屋高判昭和30・2・16高刑集8巻1号82頁）。これが仮に欺罔を手段とした場合であったとすれば、詐欺未遂罪と窃盗罪が認められる事例であったと思われる。

4　権利行使と恐喝

　自己の権利を回復するために恐喝を手段として用いた場合、行為者はどのような罪責を負うであろうか。以下の二つの類型に分けて考える必要がある。

(1)　自己の財物の取戻しと恐喝

　一つ目の類型は、恐喝を用いた自己所有物の取戻しである。この類型については、251条が準用する242条の解釈の問題であり、財物罪の保護法益の議論（→92頁）がそのままあてはまる。すなわち、本権説からは、財物の所有者が、その財物を適法な権原に基づかずに占有している者から恐喝を用いて取り戻す場合は、脅迫罪または暴行罪の限度で処罰されることとなる。これに対し、占有説からは、恐喝罪の構成要件該当性が認められることになる。

(2)　債務の取り立てと恐喝

　もう一つの類型は、債権者が恐喝を用いて債務者から弁済を受ける場合であ

る。自己所有物の取戻しの場合とは異なり、金銭の所有者は債務者である。そのため、他人の財物を喝取したことになり、恐喝罪の構成要件に該当するが、適法な債権を有していたことを理由に違法性が阻却されないかが問題となる。大審院は債権を有する範囲については、恐喝罪は成立しないとしていた（大連判大正2・12・23刑録19輯1502頁）。しかし、最高裁はこれを変更し、たとえ債権の範囲内でも、「その方法が社会通念上一般に忍容すべきものと認められる程度を逸脱したとき」には恐喝罪が成立するとし、また、債権をこえる額を喝取した場合、債権額を控除せず、受領した全額について恐喝罪が認められるとした（最判昭和30・10・14刑集9巻11号2173頁）。具体的には、暴行や、相手方の身体に危害を加える旨の告知を伴う脅迫を用いた場合には、社会通念上一般に忍容すべきものと認められる程度を逸脱すると評価できるであろう。これに対し、たとえば債務者が債務の返済について不誠実な態度をとり続けている状況で、債権者が上記のような内容にまでは至らない不穏当な脅迫的言辞を用いたにすぎない場合には、社会通念上一般に忍容すべき程度のものとして違法性が阻却されうる。

第10章
横領罪・背任罪

　横領罪は、物の占有奪取を伴わない財産犯である。行為者が物を所有者や公務所の委託に基づいて占有していたか否かによって、委託物横領罪（252条。単純横領罪と呼ばれることもある）と遺失物等横領罪（254条。占有離脱物横領罪と呼ばれることもある）に分かれる。業務上横領罪（253条）は、委託物横領罪の加重類型である。

　一方、背任罪（247条）は、他人から事務処理を委託された者が、その任務に反した行為を行い、委託者に財産的損害を与える罪である。会社の取締役等による背任については、会社法上に加重類型がある（会社法960条、特別背任罪）。背任罪は、信任関係を破るという点で委託物横領罪と共通する。他方で、行為が物の領得に限定されておらず、委託物横領罪と比較して成立要件が緩やかである。そのため、背任罪は、信任関係に反して他人の財産を侵害する行為のうち、委託物横領罪の処罰範囲から漏れ落ちる部分を捕捉する機能を有する。

I　横領罪

1　総説

(1)　保護法益

　横領罪（252条〜254条）の保護法益は、物に対する他人の所有権である（ただし、252条2項は、公務所から保管を命じられた物については、自己の物であっても客体となるという例外を定めている）。委託物横領罪および業務上横領罪については、

これに加え、物の占有の基礎となる委託信任関係も保護法益となる。

(2) 客体——物

窃盗罪とは異なり、「物」には、不動産も含まれる。電気に関するみなし規定（245条）は、横領罪には準用されない。

2 委託物横領罪・業務上横領罪

（横領）
252条1項 自己の占有する他人の物を横領した者は、5年以下の懲役に処する。
2項 自己の物であっても、公務所から保管を命ぜられた場合において、これを横領した者も、前項と同様とする。

（業務上横領）
253条 業務上自己の占有する他人の物を横領した者は、10年以下の懲役に処する。

---

(1) 主体

委託物横領罪の主体は、委託に基づき他人の物を占有する者（252条1項）、または公務所から命じられて自己の物を占有する者（同条2項）である。本罪は真正身分犯（構成的身分犯）である。

一方、業務上横領罪の主体は、業務上他人の物を占有する者である。業務者としての地位は、委託物横領罪との関係では不真正身分（加減的身分）である。学説は、本罪を真正身分犯と不真正身分犯の複合的身分犯だとする。

本罪における「業務」とは、人がその社会生活上の地位に基づき反復継続して行う事務であり、その事務の内容が、委託を受けて金銭その他の財物を保管することを内容とする職業または職務であるものを指す。たとえば質屋、倉庫業者、職務上金銭を保管する者、団体の代表権を有する役職員などがこれにあたる。

> **業務上横領罪の共犯**
>
> 　A村の村長のXは、収入役のYと共謀のうえ、Yが業務上保管していたA村の学校建設に関する寄付金を飲食費として支出した。Xはどのような罪責を負うか。Xは、A村の所有物である本件寄付金を業務上占有する地位にはないことから、共犯と身分の問題（→総論118頁）が生じる。
>
> 　判例は、真正身分犯に非身分者が関与した場合については65条1項を適用し、不真正身分犯に非身分者が関与した場合については65条2項を適用するという立場をとっているが（大判大正2・3・18刑録19輯353頁、最判昭和31・5・24刑集10巻5号734頁）、業務上横領罪に非身分者（いずれの身分も有しない者）が関与した場合については、まず65条1項を適用して身分者・非身分者に同一罪名の共犯の成立を認めたうえで、非身分者については同条2項を適用して「通常の刑」を科すという処理をしている。上記の事例では、まず65条1項を適用してX・Yに業務上横領罪の共同正犯を認めたうえで、Xには同条2項を適用して委託物横領罪の刑を科すことになる（最判昭和32・11・19刑集11巻12号3073頁。最判令和4・6・9刑集76巻5号613頁も同様の処理をしつつ、公訴時効期間は委託物横領罪を基準にすべきだとする）。
>
> 　これに対しては、罪名と科刑を分離することは不当だという批判がある。学説上は、65条1項は真正身分の連帯的作用を定めた規定であり、同条2項は不真正身分の個別的作用を定めた規定だという理解を前提に、複合的身分のうち真正身分の部分は65条1項により連帯的に作用し、不真正身分の部分は同条2項により個別的に作用するとして、上記事例のXには委託物横領罪の共同正犯を認め、Yには業務上横領罪の共同正犯を認めるべきだとする見解が強い。

(2)　客体──「自己の占有する他人の物」

(a)　「自己の占有する」

　252条および253条における占有は、窃盗罪などの占有移転罪における占有概念（→88頁）よりも広い。すなわち、物に対する事実的支配に限らず、法律上の支配も含むとされる。占有移転罪では被害者側の物に対する支配力が問題になっているのに対し、横領罪では行為者側の視点が問題になっている。委託者を裏切って物を横取りすることを禁ずるのが委託物横領罪の趣旨だとすれば、

事実的支配下にある場合に限らず、委託信任関係に基づいて処分可能な状態に置かれている（つまり、法律上の支配下にある）物も客体に含まれると解釈すべきなのである。横領罪における占有は濫用のおそれのある支配力であるといわれるのは、そうした理由からである。

法律上の支配が認められる例としては、登記を通じた不動産の支配（最判昭和30・12・26刑集9巻14号3053頁）、物権的証券を通じた動産の支配（大判大正7・10・19刑録24輯1274頁）、銀行預金に対する支配（大判大正元・10・8刑録18輯1231頁）などが挙げられる。

預金の占有が問題となるのは、次のような事例である。すなわち、部活の会計係であったXは、部員から合宿の宿泊費として預かっていた金銭を銀行に預金して保管していたが、自宅の家賃の支払に窮したため、ATMを操作して、合宿費を預金していた口座から家主の口座宛に家賃相当額を振込送金したという事例である。

この事例では、銀行口座内の預金がXの占有する物といえるかが問題となる（Xが預かっていた金銭は使途が定められているため、所有権は部員に属する→158頁）。預金契約は消費寄託契約（民法666条）であるから、預けた現金そのものが銀行の金庫内にそのまま保管され続けるわけではない。銀行は預けられた金銭を運用し、払戻の際には、請求された額の金銭（これは預けた現金とは別のものである）を返却する。このことから、学説では、預金者には特定の物に対する占有が認められないため横領罪は成立せず、背任罪のみが成立するという見解もある。しかし、手元に置いて保管していた金銭を不正に処分した場合には横領罪が認められるのに、預金して保管していた金銭を不正に処分した場合には背任罪にしかならないのは不当である。そのため、通説は、Xのような正当な払戻権限を有する預金者との関係では、預金に対する占有を認める。ここでは、「物」に対する法律上の支配が、「金額」に対する法律上の支配にまで拡張されている。預金の占有を認める場合、預金を現金化したうえで不正に処分しようとする事例では、預金の払戻を受けた時点で横領罪が成立する（前掲大判大正元・10・8）。これに対し、預金の占有を認めない場合、払い戻した現金を不正に処分する時点まで横領罪は成立しないことになろう。

なお、通説によれば、正当な払戻権限がない者については、たとえ印鑑・通

帳やキャッシュカード・暗証番号を所持しており、事実上預金を払い戻すことができる状態にあったとしても、預金の占有は認められない。このような者が現金を銀行窓口で引き出した場合には、現金に対する銀行（支店長等）の占有を侵害したものとして1項詐欺罪が、ATMで引き出した場合には窃盗罪が成立する（→96頁）。

(b) 委託信任関係

委託物横領罪および業務上横領罪では、以上のような内容の占有が委託に基づくものであることが必要である。252条にも253条にも、「委託に基づいて」という文言はないが、254条の文言との関係から解釈上導かれる「書かれざる構成要件要素」である。委託信任関係は、物の保管を内容とする契約（委任、寄託、賃貸借、使用貸借など）のほか、売買契約における売主として地位などからも発生する。

所有者その他の権限者から委託された場合に委託信任関係が発生するのは当然だが、窃盗犯人のように物に対する正当な権利を有しない者から預かった場合にも委託信任関係を認めるべきかどうかについては争いがある（後述(c)(v)参照。農地の保管委託の成立過程に農地法違反があった事案について、同法に違反することが直ちに公序良俗に反するとまではいえない等の理由により委託信任関係を認めたものとして、最判令和4・4・18刑集76巻4号191頁）。

(c) 「他人の物」

横領罪の客体は他人の所有物であることが必要である。所有権の所在については、民法上の制度との関係で問題となることがあるほか、民法と刑法とで判断が異なる場合もある。

(i) 売買

特定物の売買の場合、取引慣行や特約に別段の定めがある場合を除き、売買契約の成立と同時に買主に所有権が移転する（民法176条）。割賦販売契約の場合のように、売買代金の完済まで売主に所有権を留保するという条件がついている場合には、代金完済前までは売買の目的物は買主にとって「他人の物」にあたる。そのため、無断でこれを処分する行為は横領にあたる（最決昭和55・7・15判時972号129頁）。

(ii) 譲渡担保

譲渡担保とは、債務の担保の手段として、債務者の所有物を債権者に譲渡するという形をとり、債務の完済があった場合には、その物の所有権を債務者に戻す方法のことをいう。債務の完済前に債務者または債権者が無断で目的物を処分した場合に、「他人の物」の横領といえるのかが問題となる。古い判例は、所有権を移転するという外形だけをとる形態（外部移転型）と、所有権を完全に移転させる形態（内外共移転型）に分けて処理を区別していたとされるが、現在ではこのような考え方はとられていない。学説では様々な見解が主張されているが、いったん所有権を移転させている以上、目的物は債務者にとっては「他人の物」である一方、債権者にとっては「自己の物」であり、したがって債権者による無断処分は背任罪の問題にしかならない（大阪高判昭和55・7・29判時992号131頁参照）と考えるのが最も簡明であろう。

　(iii)　金銭の所有権

　民法上は、金銭の占有と所有は一致するとされている。これに対し、刑法では以下のように考えられている。

　第一に、封金のような形で特定物として預けられた場合は、その金銭の所有権は委託者に残る（封金の場合、封筒を含む封金全体の占有は受託者に移るが、中身の金銭の占有は委託者に残るから、流用する意思で中身を取りだした場合は窃盗罪になることに注意。→92頁）。また、費消・流用を禁じて金銭を委託した場合も同様である。第二に、預けた金銭の費消を禁止せず、それに相当する金額の金銭が返却されればよいという趣旨で委託した場合には、金銭の所有権は受託者に移る（たとえば、貸与型奨学金は使途を定めて預けられた金銭ではないため、その所有権は借手に移る）。第三に、民法との違いが鮮明に現れるのが、委託者が使途を定めて金銭を預けた場合である。判例では、製茶の買い付けの依頼を受けた者が預かった金銭を費消してしまった事例について、「他人の物」を横領したとして委託物横領罪を認めたものがある（最判昭和26・5・25刑集5巻6号1186頁）。このほか、債権の取り立ての委託を受けて取り立てた金銭や、物の売却の委託を受けた者が得た売却代金についても、委託者に所有権が帰属するとされている（大判昭和8・9・11刑集12巻1599頁、最決昭和28・4・16刑集7巻5号915頁）。静的な財産保護に重点が置かれる刑法では、金銭に関する実質的な権利者は誰かという視点から所有権の帰属の判断がされているといえよう。

⒤　不法原因給付と横領

　Ｘが、Ａから贈賄資金として預かった金銭を遊興費として費消した場合、委託物横領罪は成立するだろうか。使途を定めて預けた金銭であるから、その所有権はＡにあり、Ｘにとっては「他人の物」にあたるようにも思える。しかし、Ａは贈賄目的で預けているから、民法708条の「不法な原因のために給付をした者」に該当し、金銭の返還を請求することができない。これが横領罪の成否に影響を与えるのかが問題となるのである。この点について、最判昭和23・6・25刑集2巻7号641頁は、252条1項は単に行為者の占有する他人の物の横領を要件としているのであり、必ずしも物の給付者が民法上その返還を請求しうることを必要としないとして委託物横領罪の成立を認めた。しかし、その後、民事判例において、民法708条により給付した物の返還を請求できないことの反射的な効果として、物の所有権が給付を受けた者に帰属するとしたものが現れた（最判昭和45・10・21民集24巻11号1560頁）。そのため、民法上は、贈賄資金として預けられた金銭の所有権はＸに帰属することになる。このことから、学説では、前掲最判昭和23・6・25の先例性は失われたとして、委託物横領罪の成立を認めない見解が有力である。これに対し、刑法的な観点からは所有権はＡにあると考えるべきだとして、同罪の成立を認める見解もある。

　なお、詐欺罪との関係でも不法原因給付が問題になることがある（不法原因給付と詐欺）。たとえば、大学職員のＸが、Ａに対し、実際にはできないにもかかわらず、現金200万円と引き換えにＡの子を裏口入学させてやると持ちかけ、これを信じたＡがＸに200万円を交付したという事例である。横領の場合とは異なり、被害者による財物の交付が不法原因給付にあたるとしても、詐欺罪を肯定する見解が多い。交付行為前の時点での財物に対する被害者の占有は法的保護に値すること、また、欺罔行為がなければ被害者は財物を交付しなかったであろうといえることが、詐欺罪を肯定する理由として挙げられる。

⒱　盗品処分あっせん者による売却代金の費消

　Ａは、Ｂから窃取した盗品の売却のあっせんをＸに依頼し、これをＸに引き渡した。Ｘは、盗品を売却して得た金銭をＡには渡さずに遊興費として費消した。この場合、Ｘに委託物横領罪が成立するだろうか。判例は、ここでもＡは金銭の返還を請求しえないとしても、Ｘが「自己以外の者のためにこ

れを占有している」として、委託物横領罪を認めた（最判昭和36・10・10刑集15巻9号1580頁）。しかし、この判例に対しては批判が強い。盗品の所有権も、盗品を売却して得られた代金も、Aではなく本来の持ち主であるBに属するはずだからである。また、窃盗犯人のような無権限者からの委託は刑法上の保護に値しないともいわれる。この立場からは、Xには金銭の所有者であるBとの関係で遺失物等横領罪が成立するが、売却のあっせんにより成立する盗品有償処分あっせん罪（→181頁）に吸収されることになる。判例が誰を金銭の所有者とみているのかは判然としないが、判例の結論を支持する学説の中には、窃盗犯人との間の委託信任関係も刑法上の保護に値するとしたうえで、Bの所有権およびAとの間の委託信任関係の侵害を理由として委託物横領罪を認めるという理論構成を提示するものもある。これに対し、端的にAを金銭の所有者とみる考え方もあるが、実質的に何の権限もない窃盗犯人は盗品売却代金の所有者とはいえないという指摘もある。

(3) 実行行為——横領

(a) 定義

横領とは、不法領得の意思を発現する一切の行為をいう。判例は、横領罪との関係では、不法領得の意思を、他人の物の占有者が委託の任務に背いて、その物につき権限がないのに所有者でなければできないような処分をする意思（最判昭和24・3・8刑集3巻3号276頁）と定義している。窃盗罪等における不法領得の意思（→100頁）とは異なり、利用処分意思に言及していない。そのため、たとえば、物の隠匿も横領行為にあたりうることになる（大判大正2・12・16刑録19輯1440頁参照）。

具体的に横領行為にあたる例としては、物の売却、贈与、交換、質入れ、費消、着服、訴訟における所有権の主張などのほか、抵当権を設定する行為（最判昭和34・3・13刑集13巻3号310頁。抵当権設定契約があったかのように仮装して建物に抵当権設定の仮登記をしたことが横領行為にあたるとしたものとして、最決平成21・3・26刑集63巻3号291頁）も含まれる。抵当権が設定されれば、それだけで目的物の価値が減少することに加え、将来抵当権の実行を通じて物の所有権が失われる危険性があることから、所有者でなければできないような処分をする意

思を発現する行為にあたると考えられているのであろう。抵当権設定後にさらに同一の不動産を売却した場合、売却行為についても横領が認められる（横領後の横領）。抵当権設定による横領後も、委託に基づいて他人の不動産を占有していることに変わりないからである（最大判平成15・4・23刑集57巻4号467頁）。この場合、両横領は、包括一罪の関係になろう（→総論223頁）。

委託物横領罪と2項詐欺罪

借金の取り立ての依頼を受けた者が、債務者から金銭を受領したにもかかわらず、その金銭は取立費用として支出したと依頼者に嘘を言い、これを自己の用途に費消したという事例では、事実上返還請求を免れるという財産上の利益を客体とする2項詐欺罪が成立するようにも思える。しかし、大判明治43・2・7刑録16輯175頁は、横領の一態様として欺罔手段を用いる形態もあるとしたうえで、このような場合、欺罔の結果として財産上の利益を得たとしても横領の当然の結果にほかならず、委託物横領罪のほかに2項詐欺罪は成立しないとした。

他人から売却依頼を受けた物の売却代金を費消した場合において、その者が費消の前または後に依頼者を欺罔したとしても、委託物横領罪とは別に2項詐欺罪は成立しない（売却の目的物が盗品である場合において、盗品有償処分あっせん罪のほかに委託物横領罪の成立を認める見解に立ったとき〔→成否に関する議論については、159頁〕も同様である）。

他人からの委託物を不法に売却した後、欺罔して返還請求を免れた事例についても2項詐欺罪が成立するように思えるが、同罪は委託物横領罪の不可罰的事後行為にあたると解されている。

(b) 不法領得の意思の有無が問題となる例

(i) 委託の趣旨に反して物を一時使用した場合

委託の趣旨に反して物を無断使用した場合であっても、それが一時的なものにとどまるときは、物の所有者がおよそ許容できないような行為とはいえず、不法領得の意思の発現行為と認められない場合もありうる。これに対し、物の性質・価値、使用時間・態様等から物の所有者がおよそ許容できないような行

為といえる場合には、一時使用の場合であっても、委託物横領罪の成立が認められる。たとえば、短時間のみの使用を許諾された自動車を長時間乗りまわす行為（大阪高判昭和46・11・26高刑集24巻4号741頁）や、会社からの委託に基づいて保管している秘密資料を社外でコピーする目的で持ちだす行為（東京地判昭和60・2・13判タ552号137頁）などは、物の所有者がおよそ許容できない行為といえるから、委託物横領罪が認められる（遺失物等横領罪の事例ではあるが、他人所有の盗難自転車を1時間程度は戻らない意思で持ち出し、結果的に約12時間乗り回した事案について、「当初から、自己の所有物として振る舞ったといえない程度の短時間の限定的な利用にとどめようとの意思がなかったことは明らか」として横領を肯定したものとして、福岡高判令和3・3・29高刑速（令3）号524頁）。

　なお、一時使用目的で財物の占有を侵害する場合に窃盗罪における不法領得の意思が問題となることについては、100頁を参照。

　(ii)　補てんの意思がある場合

　特定物として預けられた金銭を費消した場合には、後日補てんする意思があったとしても横領罪になるのは当然である。問題となるのは、使途を定めて委託された金銭を一時流用した場合である。後日補てんする意思があったとしても、補てんが確実に行われる見込みがなければ、所有者としては許容できないから、横領にあたることになろう（東京高判昭和31・8・9裁特3巻17号826頁）。

　(iii)　委託者本人のためにする意思の場合

　委託物の処分が専ら委託者のために行われた場合には、不法領得の意思がないから、横領にはあたらない。判例では、農業協同組合の組合長が、総会や理事会の議決を経ることなく、定款に違反して、自己の管理する組合資金を貨物自動車営業のために支出したという事案につき、本件支出は専ら組合のためになされたとして、横領罪の成立を否定したものがある（最判昭和28・12・25刑集7巻13号2721頁）。これに対し、会社の経理部長が、仕手集団による株式の買占めに対抗するため、会社のために保管していた裏金を支出して第三者に裏工作を依頼したという事案につき、支出した金額の大きさや、相手方の素性や裏工作の具体的な内容についての調査等が不十分であったことを理由に、専ら会社のためになされたものとは認められないとして、横領罪を認めたものがある（最決平成13・11・5刑集55巻6号546頁）。

(c) 既遂時期

　横領罪は、不法領得の意思が外部的行為となって確定的に現れた時点で既遂に達するとされている。動産の場合、売却の意思表示を行えば既遂となり、物の引き渡しは既遂の要件とはならない（大判大正2・6・12刑録19輯714頁）。そのためこの意思表示を受けて動産を買い受ける行為は、横領罪の共犯ではなく、盗品等譲受罪（256条2項）に該当する。

　これに対し、不動産については、登記が完了するまでは所有権侵害が確定しないとして、その段階になってはじめて既遂に達するとされている。

不動産の二重譲渡

　XとAは、X所有の土地についての売買契約を締結し（所有権移転時期に関する特約はなかったものとする）、Aは代金を支払ったが、移転登記は完了していなかった。Xは、本件土地の登記名義が自分のままであることを利用して、Bとの間でも売買契約を締結し、B名義の移転登記をした。この事例におけるXの罪責を考えてみよう。

　まず、Xは、Aとの間で売買契約を締結したことにより、土地の所有権をAに移転させている（民法176条。なお、代金未払いの場合については、第一譲受人には保護すべき実質的利益がないとして、刑法上の所有権の移転を認めない見解がある）。したがって、Bとの間の売買契約締結の時点では、本件土地は、Xにとって「他人の物」であったといえる。

　次に、登記名義はXのままであったから、Xは本件土地に対して法律上の占有を有していたといえる。さらに、Xには、売主として、本件土地をAに引き渡し、移転登記を完了するまでの間、Aのためにこれを管理する義務が売買契約の締結によって生じている。つまり、XとAの間には、本件土地の占有について、委託信任関係が認められる。

　最後に、Xは、Bとの間で本件土地についての売買契約を締結し、移転登記を完了していることから、横領行為の要件も満たす。以上のことから、Xには委託物横領罪が認められる。

　なお、Bは、第二譲受人となることについて悪意であるだけでは委託物横領罪の共犯としての罪責は負わず（最判昭和31・6・26刑集10巻6号874頁）、背信的悪意者に該当する場合には共犯としての罪責を負うと解されている（福岡高

判昭和47・11・22刑月 4 巻11号1803頁参照）。

3 遺失物等横領罪

> （遺失物等横領）
> 254条 遺失物、漂流物その他占有を離れた他人の物を横領した者は、 1 年以下の懲役又は10万円以下の罰金若しくは科料に処する。

本罪は、占有および委託信任関係の侵害を伴わない最も純粋な領得罪である。委託物横領罪と比較しても法定刑が著しく軽い理由については、委託信任関係の侵害がないことに加え、本罪にあたる行為が極めて誘惑的だからだと説明されている。その趣旨は、遺失物や漂流物を領得したいという誘惑が生ずるのは理解できないわけではなく、刑法的にも強く非難できないということであろう。

本罪の客体は、「占有を離れた他人の物」である。すなわち、占有者の意思に基づかずにその占有を離れ、誰の占有にも属していない物、および委託に基づかずに行為者の占有に属した物をいう。前者の例としては、自転車泥棒に乗り捨てられた自転車や、電車内に乗客が置き忘れた携帯品などがある。一見、放置されたようにみえるものであっても、いまだ占有者の事実的支配下にあると刑法上評価される物を持ち去った場合には、窃盗罪となる（→89頁）。後者の典型例としては、誤配達された郵便物が挙げられる。

横領の意義については、委託物横領罪・業務上横領罪で述べたのと同様である。

4 親族間の特例

横領罪にも、244条の親族間の犯罪に関する特例（→105頁）が準用される（255条）。委託物横領罪および業務上横領罪においては、本特例の適用が認め

られるためには、同条所定の身分が、行為者と物の所有者との間だけでなく、委託者との関係でも認められる必要がある。両罪においては、所有権だけでなく、委託信任関係も保護法益となるからである（→153頁）。

　本特例の趣旨については、「法は家庭に入らず」という政策的な観点から説明するのが判例・通説である。すなわち、親族間の一定の財産犯罪については、国家が刑罰を用いて介入することはふさわしくなく、親族間の自律的な解決に委ねるのが妥当だというのである（最決平成20・2・18刑集62巻2号37頁）。このような趣旨から、翻って、行為者と所有者・委託者との間に244条所定の親族関係がある場合でも、既に国家が親族関係の問題に介入しており、親族内での自律的な解決に委ねられない事情がある場合には、本特例を適用すべきではないということになる。したがって、家庭裁判所から選任された後見人が、244条1項所定の親族関係にある被後見人の財産を横領した場合、後見人の事務（具体的には、家庭裁判所の監督のもとに被後見人の財産を誠実に管理するという事務）は公的性格を有するから、同項に基づく刑の免除は認められない（前掲最決平成20・2・18、最決平成24・10・9刑集66巻10号981頁）。

II　背任罪

（背任）
247条　他人のためにその事務を処理する者が、自己若しくは第三者の利益を図り又は本人に損害を加える目的で、その任務に背く行為をし、本人に財産上の損害を加えたときは、5年以下の懲役又は50万円以下の罰金に処する。

未遂罪（250条）

1　条文の読み方

　247条には「他人」と「本人」という語が出てくるが、両者の関係が条文からは少々わかりにくいので、背任の典型例である不良貸付を例に簡単に説明したい。A銀行の融資担当役員であったXが、融資に関するA銀行の内規に違

反して、十分な担保を取らずに B 社のために融資をしたという事例を考えてみよう。この事例では、X は、A 銀行（＝「他人」。法人もこれに該当しうる）のために融資業務という A 銀行の事務（＝「その事務」）を処理する者にあたる。つまり、ここでは、行為者視点からみた事務委託者が「他人」と表現されている。次に、X は、任務に背いて、B 社（＝「第三者」）の利益を図る目的で、返済が見込めないような融資を行い、A 銀行（＝「本人」）に財産上の損害を加えている。ここでは、損害を受ける側の視点から、事務委託者が「本人」と表現されており、事務委託＝受託関係とは無関係の者が「第三者」と表現されている。「他人」と「本人」は同一の者のことを指すが、視点の置きどころの違いから、言葉の使い分けがなされているのである。

2　背任罪の保護法益

行為者に事務処理を委ねた者の全体財産が保護法益である。特定の財物・財産上の利益といった個別財産を保護法益とする詐欺罪などの他の財産犯とは異なる。犯行によって被害者に生じた経済的得失の差引勘定を行ったうえでの財産上の損害を要件としているのは、背任罪のみである。

3　主体——「他人のためにその事務を処理する者」

⑴　「自己の事務」と「他人の事務」

本罪は、「他人のためにその事務を処理する者」のみを主体とする真正身分犯である。「その事務」とは「他人の事務」と読むのが自然であるから、自己の事務は除外される。したがって、たとえば売買契約における買主の代金支払義務、消費貸借契約における借主の返済義務などは、他人のために行うものであっても「自己の事務」であるから、背任罪にいう「その事務」にはあたらない。

しかし、判例は、自己の物に設定した他人の担保権を侵害する事例については、「他人の事務」の要件を緩やかに解している。たとえば、判例は、A に対する債務の担保として不動産に抵当権を設定したが、A の抵当権がまだ登記

されていないことを利用して、同じ不動産にBを第一順位とする抵当権を設定・登記したという二重抵当の事案について、「抵当権設定者はその登記に関し、これを完了するまでは、抵当権者に協力する任務を有することはいうまでもないところであり、右任務は主として他人である抵当権者のために負うもの」として、背任罪の成立を認めている（最判昭和31・12・7刑集10巻12号1592頁）。また、A株式会社の代表取締役が、B社から融資を受け、その担保としてA社の株式に質権を設定し、株券をB社に交付した後、裁判所に質入れした株券を紛失したとの虚偽の申立てを行い、除権判決（現在は、法改正により「除権決定」という名称になっている）を得て株券を失効させたという事案についても、「株式を目的とする質権の設定者は、株券を質権者に交付した後であっても、融資金の返済があるまでは、当該株式の担保価値を保全すべき任務を負い、これには、除権判決を得て当該株券を失効させてはならないという不作為を内容とする任務も当然含まれる。そして、この担保価値の保全の任務は、他人である質権者のために負うものと解される」として背任罪を肯定している（最決平成15・3・18刑集57巻3号356頁）。

　学説では、これらの事例における事務は担保権設定者としての「自己の事務」にあたるとして、背任罪を否定すべきだという見解も根強い。

(2) 事務の性質

　委託された事務の性質は、本罪の財産犯としての性格から、財産上の事務に限られる。かつては、ある程度の裁量を伴う事務であることが必要であり、機械的な事務は含まれないとする見解が一般的であった。しかし、前述のように、二重抵当の事例で判例は背任罪を認めており、学説の多くも支持しているが、抵当権設定者の登記協力義務は裁量の余地のないものである。そのため、裁量性を事務の要件とするのはこれと一貫しない。裁量性のない事務の処理を委託された者も本罪の主体に含まれると解するべきであろう。

4　実行行為——任務に背く行為（任務違背行為）

　任務違背行為とは、本人からの信任委託の趣旨に反する行為である。かつて

は、任務違背行為を委託者から与えられた法的代理権の濫用に限定する見解も主張されたが、処罰範囲が狭すぎるため、支持されていない。

　委託の趣旨に反するかどうかは、事務の内容、事務処理者の地位や権限、行為当時の具体的状況に照らして実質的に判断される。もっとも、判断の際には、法令や通達、組織の内規や定款、本人と交わした契約などが重要な手がかりとなる。任務違背の典型例としては、不良貸付、粉飾決算（会計帳簿を不正操作して利益があるように見せかけ、株主に違法配当した例として、大判昭和7・9・12刑集11巻1317頁）が挙げられる。このほか、企業の秘密を管理する事務を担当する者による秘密漏示（東京地判昭和60・3・6判時1147号162頁参照。ただし、物の横領がある場合には、委託物横領罪が成立する〔→162頁〕）や、管理を委ねられていた質物を所有者に返却するような担保権侵害行為（大判明治44・10・13刑録17輯1698頁）も任務違背にあたる。

　株式等の金融商品への投資などにはリスクが伴うが、結果的に本人に損失を蒙らせたとしても、行為者に与えられた裁量や行為時の状況からみて、その判断が合理的であり、本人の利益にかなうものであった場合には、任務違背性が否定されることもある。

　金銭の貸付についても同様であり、十分な担保をとらない高リスクの救済的な貸し付けが、例外なく即座に任務違背にあたるわけではない。ただし、判例は、銀行の取締役については、銀行が預金者から広く資金を集めて企業等に融資する免許事業であることや、経営が破たんした場合の社会的な影響が大きいことを考慮して、その裁量を限定的に解している。すなわち、「銀行の取締役は、融資業務の実施に当たっては、元利金の回収不能という事態が生じないよう、債権保全のため、融資先の経営状況、資産状態等を調査し、その安全性を確認して貸付を決定し、原則として確実な担保を徴求する等、相当の措置をとるべき義務を有する。例外的に、実質倒産状態にある企業に対する支援策として無担保又は不十分な担保で追加融資をして再建又は整理を目指すこと等があり得るにしても、これが適法とされるためには客観性を持った再建・整理計画とこれを確実に実行する銀行本体の強い経営体質を必要とするなど、その融資判断が合理性のあるものでなければならず、手続的には銀行内部での明確な計画の策定とその正式な承認を欠かせない」としている（最決平成21・11・9刑集

63巻 9 号1117頁）。

5　財産上の損害

　背任罪は、財産上の損害が生じることによって既遂に達する。財産上の損害
は、任務違背行為によって生じた損害と、同行為によって得られた反対給付と
を差引勘定をした結果、本人の財産が減少したといえる場合に認められる。

　財産上の損害には、任務違背行為によって本人に生じた財産減少（積極損害）
に加え、本来であれば得られたはずの利益が得られなかったこと（消極損害）
も含まれる。損害があったかどうかの評価は、経済的な見地から行われる。し
たがって、たとえば、回収の見込みのない不良貸付の場合、法的な見地から
は、貸主はこれに対応する貸金債権を取得するため、返済期が到来して回収不
能になるまでは損害がないようにみえるが、経済的見地からは、そのような債
権には額面通りの価値はないから、貸付けの段階で既に財産上の損害が認めら
れる（最決昭和58・5・24刑集37巻 4 号437頁参照）。したがって、その後の経済的
事情から貸付金の回収ができたとしても、本罪の成否には影響しない。

6　図利加害目的

　背任罪は、「自己若しくは第三者の利益を図り又は本人に損害を加える目的」
を特別の主観的要件とする目的犯である。この目的要件が犯罪の成否との関係
でいかなる意味を持つのかについては、議論がある。背任罪の故意が認められ
るためには、任務違背および本人に財産上の損害を与えることについての認
識・認容が必要であるとすれば、少なくとも常に本人加害目的は認められるよ
うにも思われるからである。そこで、学説では、ここでいう目的とは、図利加
害の確定的認識または積極的認容（意欲）を指すとする見解もある。しかし、
背任罪にだけこのような主観的要件を求めるのには合理的な理由がないという
べきであろう。判例も、このような立場には否定的である（最決昭和63・11・21
刑集42巻 9 号1251頁）。判例と最も整合的だといわれているのは、図利加害目的
とは、本人の利益を図る目的（本人図利目的）がないことを裏返して表現した

ものだと解釈する見解（消極的動機説）である。

　自己図利目的には、経済的な利益を得る目的に限らず、地位・面目を保つといった自己保身の目的も含まれる（大判大正3・10・16刑録20輯1867頁）。任務違背を行う際には、行為者の心理として、自己図利または第三者図利の目的と本人図利の目的が併存することがある。そのような場合、これらの間の主従関係を判断し、本人の利益を図る目的が主たる動機だったといえる場合のみ、図利加害目的は否定される（最決平成10・11・25刑集52巻8号570頁参照）。

不正融資の相手方の責任

　経営が悪化した企業の経営者Xが、資金を得るために、無理を承知でA銀行B支店の支店長Yに融資を懇願したところ、Yは融資を決定したが、それはA銀行に対する背任罪に該当する行為であったという事例において、Xに背任罪の共同正犯が成立するであろうか。XはYの背任罪に加功しており、65条1項により、共同正犯としての責任を負うことになりそうである。しかし、企業の経営者が資金繰りに奔走するのは珍しくなく、融資決定を行うか否かは金融機関側の経営判断によるものだから、上記のような事例をすべて背任罪の共同正犯にするというのは酷なのではないかという議論がある。

　近年、この問題に関する判例がいくつか現れている。その傾向としては、①借り手側と貸し手側の対向的な関係が失われ、背任行為に関して両者の利害が一致している場合や、②借り手側が積極的な働きかけを行っている場合に、借り手側に背任罪の共同正犯が認められている。①の具体例としては、貸し手側が過去の不適切な融資が発覚することをおそれて保身のために融資を継続せざるを得ない状況に置かれていることを利用した事例（最決平成15・2・18刑集57巻2号161頁）がある。②の例としては、借り手側が、不正融資のためのスキームを提案したり、担保となる物件の担保価値を大幅に水増しした不動産鑑定書を用意するなどした事例（最決平成20・5・19刑集62巻6号1623頁）がある。

III　横領と背任の関係

1　考え方

　委託物横領罪と背任罪は、委託者に対する背信的行為という点で類似している。そのため、事例解決の際にどちらを認めるべきか悩ましいときもあるが、以下の手順で考えるべきであろう。

　まず、押さえておかなければならないは、委託物横領罪と背任罪は排他的な関係にあるのではなく、重なり合う部分があるということである。つまり両罪の構成要件が同時に満たされる場合がある。このような場合、両罪は法条競合（→総論219頁）の関係に立ち、法定刑の重い委託物横領罪のみが成立する（選択刑として罰金がある背任罪よりも、委託物横領罪の方が重い）。これに対し、両罪が重なり合わない部分については、当然、法条競合などといった難しい話をするまでもなく、どちらかの罪が成立するにすぎない。

　思考経済的には、まず、どちらかの罪が明白に排除される事例にあたらないかを確認することが有益である。確認すべきポイントは、以下の通りである。第一に、客体として物が存在するかが挙げられる。客体となるような物が見当たらない場合には、委託物横領罪は成立し得ない（2項横領は存在しない）。たとえば、会社のために秘密資料を管理する者が、資料の内容を写真に収めて社外に漏らした場合、物の横領がないから、委託物横領罪は成立しない。第二に、横領罪の保護法益である所有権の侵害があるかどうかが挙げられる。たとえば、質屋の経営者から質物の保管・管理を任された者が、無断で質物を所有者に返却した場合、質屋の経営者の質権は侵害しているが、物の所有者への返却である以上、所有権侵害はないため、委託物横領罪は成立し得ない（前掲大判明治44・10・13）。二重抵当（→167頁）も、所有権侵害はなく、担保権侵害しかないから、委託物横領罪は問題にならないのである。第三に、「他人のためにその事務を処理する者」が存在するかが挙げられる。たとえば、売買契約の売主が契約成立後・引渡し前に目的物を不正に処分した事例では、売主が目的物を買主に契約の趣旨にしたがって引き渡すことは「自己の事務」であるため、背任罪は成立し得ない。したがって、委託物横領罪の成否のみが問題とな

る。

　以上のフィルターを通過した事例については、委託物横領罪と背任罪の両方の要件を充足する可能性があるが、前述した通り、両罪の要件を充足する場合には、委託物横領罪のみが成立することになるから、同罪の成否を優先的に検討するのが効率的である。同罪が否定された場合にはじめて、背任罪の要件の検討をすればよい。上記のフィルターを通過した時点で、物の存在およびその物に対する他人の所有権の侵害は確認済であるから、その物の横領があったといえるかを検討することになる。前述した通り、横領とは、不法領得の意思を発現する一切の行為のことであり、横領罪における不法領得の意思とは、他人の物の占有者が委託の任務に背いて、その物につき権限がないのに所有者でなければできないような処分をする意思のことを指す。したがって、このような意思の発現行為の有無が結論を分けるポイントとなる。

2　横領の判断方法

　他人の物を占有する者が、自分自身でその物を費消等した場合、横領があったと認めやすい。これに対し、第三者に物を交付する場合には、横領の有無の判断が難しくなることがある。

　判例は、基本的には、物の処分が自己の名義・計算で行われたか、本人の名義・計算で行われたかによって、横領の有無を判断しているといわれている。「計算」とは、実質的な利害関係のことをいう。背任罪が認められた例としては、村長が、村の基本財産を村会の決議を経ることなく第三者の経営する無尽株式会社に村の預金として預け入れた事例がある（大判昭和9・7・19刑集13巻983頁）。村名義での預入れであり、実質的な利害関係も村と第三者の会社との間で発生していたということであろう。これに対し、委託物横領罪が認められた例として、信用組合の支店長が預金成績の向上を装うため、預金者に対して正規の利息のほかに預金謝礼金を支払い、また、融資を受ける資格のない者に対し、正規の貸付であるかのように手続を偽装して、組合の金を高利で貸し付けた事例がある（最判昭和33・10・10刑集12巻14号3246頁）。本件では支払・貸付が誰の名義で行われたか不明であったが、被告人は、それぞれ仮払伝票等によ

り組合から金銭を支出させたうえで、利息を超えた謝礼金の支払や融資を受ける資格のない者に対する貸付を行っており、また被告人が「回収不能の場合は組合は責任を負わず、被告人等が責任を負うことになる」という趣旨の供述をしていたことから、実質的な利害関係が被告人と第三者との間で生じていたと評価されたのであろう。

　自己名義で物の処分を行った場合や、形式的には本人名義であっても物の処分に伴う実質的な利害関係が自己との間で生じる場合には、行為者が物をいったん領得したうえで第三者に交付したものと評価することができるから、名義・計算基準は領得行為の判断の手がかりとして有用である。他方で、名義・計算基準では解決が困難だといわれているのが、本人名義で実質的な利害関係も本人と第三者との間で生じているが、そのような物の処分が法的には本人もなし得ない性格のものだった場合である。判例で問題となった事案では、A町の森林組合の組合長らが、法令により目的外の流用支出が禁じられていた政府貸付金をその規制に違反して組合名義でA町に貸し付けた事例がこれにあたる。この事例について、最高裁は、「貸付が組合名義をもつて処理されているとしても、…（中略）…保管方法と使途の限定された他人所有の金員につき、その他人の所有権そのものを侵奪する行為に外ならない」として業務上横領罪を認めたが（最判昭和34・2・13刑集13巻2号101頁）、その結論は妥当であろう。なぜなら、本人（＝A町森林組合）が行い得ない処分を行うということは、それがたとえ本人の業務執行機関によるものであったとしても、本人から物をいったん領得して第三者（＝A町）に交付したものと評価しうるからである。

　学説では、物の処分が権限の逸脱にあたるか、権限の濫用にとどまるかという基準で横領と背任を区別すべきだという見解が主張されているが、この基準は、事案の性質によっては、横領の有無の判断の下位基準として役に立つ。与えられた権限を逸脱した物の処分は、その横領にほかならないからである。森林組合の事件は、まさにそのような例にあたるといえよう。本説の基準と判例の名義・計算基準は必ずしも対立するものではなく、横領の有無の判断の下位基準として、両者を柔軟に使い分けることが有効であろう。

第11章

盗品等に関する罪・毀棄及び隠匿の罪

　本章では、「盗品等に関する罪」(刑法典2編39章) と「毀棄及び隠匿の罪」(同40章) を学習する。これらの罪について、具体例や前章までに学習した窃盗罪や詐欺罪などの財産犯との相違点等をあらかじめ示すと次のとおりである。

　「盗品等に関する罪」(以下「盗品等関与罪」という) は、窃盗罪などの領得罪に事後的に関与する罪である。たとえば、AがBの腕時計を盗み、Xがそのことを知りながらAからBの腕時計を買い受けた場合、Xの行為は盗品有償譲受け罪 (256条2項) に該当する。この例におけるAによる窃盗罪のように盗品等関与罪の前提となる領得罪のことを「本犯」(あるいは「前提犯罪」) といい、Aのことを「本犯者」という。盗品等の有償譲受けのほかに、無償譲受け、保管、運搬、有償処分のあっせんが盗品等関与罪として規定されているが、いずれも本犯である領得罪に事後的に関与する行為であり、本犯の共犯としては処罰することができない行為である。

　「毀棄及び隠匿の罪」(以下「毀棄・隠匿罪」という) の代表例は器物損壊罪 (261条) である。たとえば、Xが職場でAの机上に置かれたAの腕時計を叩き壊した場合、Xの行為は器物損壊罪に該当する。同罪は、窃盗罪などの領得罪が他人の物を何らかの用途に利用・処分する意思で領得する罪であるのとは異なり、利用・処分の意思なく他人の物の効用を侵害する罪である (「不法領得の意思」のうち特に「利用処分意思」について→101頁)。

I　盗品等関与罪

> （盗品譲受け等）
> 256条1項　盗品その他財産に対する罪に当たる行為によって領得された物を無償
> 　で譲り受けた者は、3年以下の懲役に処する。
> 　2項　前項に規定する物を運搬し、保管し、若しくは有償で譲り受け、又はその有
> 　償の処分のあっせんをした者は、10年以下の懲役及び50万円以下の罰金に処す
> 　る。

1　保護法益・罪質

　盗品等関与罪の保護法益・罪質に関しては、同罪を⑦本犯の被害者が盗品等
に対して有する追求権を侵害するとともに④本犯を助長する性格（本犯助長性）
を有する犯罪であると理解するのが判例・通説といえる。

(1)　追求権
　判例・通説は、盗品等関与罪の保護法益について、本犯の被害者が盗品等に
対して有する法律上の回復請求権（追求権）であると理解している（最決昭和
34・2・9刑集13巻1号76頁など）。たとえば、Bが自己の所有する腕時計をAに
盗まれた場合、Bは所有権に基づいて腕時計の返還を求める権利を有してい
る。しかし、Xが事情を知りつつAからBの腕時計を買い受けると、腕時計が
Bから「遠く」なり、あるいは、事件が複雑化して、取り戻すことが難しくな
りうる（追求権の侵害）。判例・通説は、このような事態を回避して被害者の追
求権を保護するのが盗品等関与罪であると考えている。

(2)　本犯助長性（事後従犯的性格）
　しかし、追求権の侵害という観点だけでは、次の2点を説明することが難し
い。1点目は、盗品等無償譲受け罪（256条1項。法定刑は「3年以下の懲役」）と
盗品等有償譲受け罪（256条2項。「10年以下の懲役及び50万円以下の罰金」）とで
は、対価の有無が異なるだけで追求権の侵害という点では違いがないにもかか

わらず、法定刑は後者の方が重くなっている点である。2点目は、盗品等の有償譲受けなどの256条2項所定の各行為は、いったん領得された被害物件の処分等に事後的に関わるだけであるにもかかわらず、被害者の占有・所有を侵害して領得する窃盗罪（235条。「10年以下の懲役又は50万円以下の罰金」）などよりも実質的に重い刑が規定されている点である。

　判例・通説は、盗品関与罪には、本犯者に事後的に協力して盗品等の処分等を援助することにより財産犯を一般的・類型的に誘発・助長する性格（本犯助長性ないし事後従犯的性格）もあると理解している（最判昭和26・1・30刑集5巻1号117頁、最決平成14・7・1刑集56巻6号265頁）。たとえば、盗品を買い取ってくれる人（有償譲受け）や盗品の売却先を見つけてくれる人（有償処分のあっせん）がいれば、犯人自身は魅力を感じない物だが高く売れるので盗むという事態も生じかねない。また、事後的に盗品を預かってくれる人（保管）や運んでくれる人（運搬）がいれば、安心して窃盗を行うことができる。

　上述の2点は、財産犯を一般的・類型的に誘発・助長する行為を阻止する必要性の有無・程度が考慮されたものと理解することができる。

2　本犯の正犯者・共犯者と盗品等関与罪

　盗品等関与罪については、本犯である領得罪の存在を前提とする点が構造的な特徴の1つであり、本犯と無関係の者が盗品等に関与する場合のほか、本犯の正犯者や共犯者が後に当該盗品等に関与する場合もある。後者の場合には盗品関与罪の成否ないし本犯と盗品等関与罪との関係が問題となる。

(1)　本犯の正犯者（共同正犯者を含む）

　本犯である領得罪の正犯者には盗品等関与罪は成立しない（最判昭和24・10・1刑集3巻10号1629頁参照）。この理由については、本犯の正犯者自身による盗品等の運搬や保管などは本犯の正犯としての評価にすでに含まれているためと説明されている。このような説明は本犯の正犯者による盗品等の運搬等を本犯の共罰的事後行為と理解するものといえる。本犯の正犯者と共同して盗品等を運搬した者については、盗品等運搬罪が成立する（最判昭和30・7・12刑集9巻

9号1866頁は、本犯の正犯者が運搬した物についても盗品等関与罪の成立を肯定している）。

(2) 本犯の教唆犯・幇助犯

　これに対して、本犯者を教唆ないし幇助した者には盗品等関与罪が成立する。本犯の教唆者や幇助者による盗品等の譲受けや保管、運搬などは、本犯の正犯者による場合とは異なり、本犯の教唆犯・幇助犯としての評価には含まれていないと考えられているためである。たとえば、AがBの窃盗を幇助し、その後、Bから盗品を買い取った場合には、Aは窃盗幇助罪と盗品等有償譲受け罪の罪責を負う。このように本犯者たる窃盗犯人を教唆・幇助した者が盗品等関与罪を犯した場合の罪数関係については、窃盗の教唆罪・幇助罪と盗品等関与罪とが併合罪になるとするのが判例である（最判昭和24・7・30刑集3巻8号1418頁など）。

3　客体

　本罪の客体は、「盗品」、「その他財産に対する罪に当たる行為によって領得された物」である（両者をあわせて「盗品等」という。平成7年の刑法改正以前は「贓物（賍物）」と規定されていた）。なお、「盗品」も「財産に対する罪に当たる行為によって領得された物」としての性格を有する。

(1) 「盗品その他財産に対する罪に当たる行為によって領得された物」

　まず、盗品等関与罪の前提となる本犯は「財産に対する罪」（そのうちの領得罪）に限られる。したがって、賭博罪（185条以下）や収賄罪（197条以下）により取得したもの、漁業法に違反して取得したもの（大判大正11・11・3刑集1巻622頁）などは本罪の客体にならない。

　次に、財産犯に「当たる」行為によって領得された物であれば、本罪の客体となる。すなわち、本犯者の行為が構成要件に該当し違法な行為であれば足り、本犯が犯罪として成立していることなどは必要ない。たとえば、14歳未満の者（41条参照）が窃取した時計を事情を知って買い受けた場合も盗品等有償

譲受け罪が成立する（大判明治44・12・18刑録17輯2208頁）。また、本犯について、親族相盗例（244条1項）により刑が免除される場合（大判大正5・7・13刑録22輯1267頁）や、公訴時効が完成した場合（大判明治42・4・15刑録15輯435頁）にも盗品等関与罪は成立する。

　また、本罪の客体は、本犯たる財産犯により「領得された物」それ自体であることが必要である（同一性）。同一性が認められない物は本罪の客体とはならない。たとえば、会社の機密書類を窃取した本犯者から、当該書類を買い受ければ盗品等有償譲受け罪が成立するが、当該書類のコピーを買い受けたとしても盗品等有償譲受け罪は成立しない。また、窃取した現金で購入した物や窃取した盗品の売却代金も本罪の客体ではない。もっとも、判例は、横領した紙幣を両替して得た金銭（大判大正2・3・25刑録19輯374頁）や、詐取した小切手で支払いを受けた金銭（大判大正11・2・28刑集1巻82頁）は本罪の客体であるとする。金銭や小切手の高度の代替性を根拠に判例に賛成する見解も多い。このほかに、小切手については、小切手を提示して換金した行為に詐欺罪の成立を認め、それを知って当該金銭を譲り受けたりする行為に盗品等関与罪の成立を肯定する見解もある。

　さらに、本罪の客体は、すでに「領得された」物であることが必要である。たとえば、将来窃取すべき物の有償処分をあっせんする行為は、窃盗罪の幇助には該当しうるが、盗品等の有償処分あっせん罪には該当しない。

(2) 追求権の存在

　盗品等関与罪の保護法益は、本犯の被害者が盗品等に対して有する追求権である。ここにいう追求権としては、所有権に基づく物権的返還請求権などが典型例である。しかし、それに限られず、債権的権利も含まれる（前掲最決昭和34・2・9）。また、詐欺の被害者が取消権を行使する前であっても追求権は存在するとされている（大判大正12・4・14刑集2巻336頁）。

　形式的には「盗品その他財産犯に対する罪に当たる行為によって領得された物」に該当する物であっても、被害者が本罪の保護法益である追求権を有しないものや失ったものは本罪の客体ではない（盗品性が失われる）。たとえば、①盗品等が即時取得（民法192条）された場合には盗品性が失われる（大判大正6・

5・23刑録23輯517頁）。ただし、民法193条は、盗品・遺失物について、被害者・遺失者に盗難・遺失の時から2年間、その物の回復を請求する権利を認めていることから、この期間はなお盗品性が失われない（前掲最決昭和34・2・9）。このほかに、②加工（民法246条）や付合（民法243条）の規定により盗品等の所有権を被害者以外の者が取得するときも盗品性は失われる。もっとも、判例が加工・付合を認めて盗品等関与罪の成立を否定した例は見当たらない。たとえば、窃取した貴金属を併せて一つの金塊とした事案ではその金塊が客体であるとされている（大判大正4・6・2刑録21輯721頁）。また、盗品である自転車Aの車輪とサドルを別の自転車Bに付け替え、その事情を知る者に自転車Bの売却をあっせんしたという事案では、自転車Aの車輪とサドルについて加工・付合は認められず、車輪とサドルを客体とする盗品等有償処分あっせん罪の成立が肯定されている（最判昭和24・10・20刑集3巻10号1660頁）。

4　実行行為

盗品等関与罪の実行行為は、①無償譲受け（256条1項）、②運搬、③保管、④有償譲受け、⑤有償処分のあっせん（以上、256条2項）の5種類である（平成7年の刑法改正以前は、それぞれ①収受、②運搬、③寄蔵、④故買、⑤牙保と規定されていた）。未遂は処罰されていない。

各行為は本犯者と意思を通じて行われる必要があると理解されている。これは、本犯者と意思を通じて行われることにより、各行為に本犯助長性が認められるためである。したがって、たとえば、本犯者の占有を離れた盗品等を領得したとしても、盗品等無償譲受け罪にはあたらず、占有離脱物横領罪の成否が問題となる（最判昭和23・12・24刑集2巻14号1877頁）。

(1)　無償譲受け

無償譲受けとは、無償で盗品等の交付を受け、その事実上の処分権を取得することをいう。盗品等の事実上の処分権を取得する点で保管と区別される。

無償譲受け罪の法定刑は2項の法定刑に比べて低くなっている。これは、無償譲受けが本犯の利益に与かる形で消極的に関与するだけで本犯助長性が低いの

に対して、2項の各行為は盗品等の利用や処分を積極的に助ける行為であり、本犯助長性が高いためと理解されている（盗品をもらうという行為は、買い取ったり、保管したりする行為ほど、財産犯を誘発・助長しない）。

(2) 運搬

運搬とは、委託を受けて盗品等を場所的に移転させることをいう。有償・無償は問わない。移転させた距離がさほど長くない場合でも盗品の隠匿に加功し、被害者の盗品に対する権利の実行を困難にしたといえるとして盗品等運搬罪の成立を肯定した判例がある（最判昭和30・10・24刑集12巻14号3368頁。運搬先である家の付近から家の中の押入まで運んだ事案）。

(3) 保管

保管とは、委託を受けて盗品等を保存・管理することをいう（最判昭和34・7・3刑集13巻7号1099頁）。有償・無償は問わない。

盗品等保管罪について、判例は、盗品等であることを知らずに保管を始めた者が、保管開始後に盗品等であることを知るに至ったにもかかわらず保管を継続した場合について、事情を知った時点以降、盗品等保管罪が成立するとしている（最決昭和50・6・12刑集29巻6号365頁）。盗品等保管罪では保管を継続することが実行行為である（盗品等保管罪は継続犯である）と理解されているといえる。これに対して、盗品等の占有の移転が追求権の行使を困難にし、事情を知りつつ保管を引き受ける行為が本犯を助長するとの理解から、保管の開始時に故意が必要であるとする見解も主張されている。

(4) 有償譲受け

有償譲受けとは、有償で盗品等の交付を受け、その事実上の処分権を取得することをいう（大判大正2・12・19刑録19輯1472頁）。

有償譲受け罪の成立のためには、事情を知りつつ売買などの有償行為により盗品等を受領すること（占有の移転）が必要であり、単に売買契約が締結されただけでは足りないとされている（大判大正12・1・25刑集2巻19頁）。

(5) 有償処分のあっせん

有償処分のあっせんとは、盗品等の有償の処分を媒介・周旋することをいう。処分は有償である必要があるが、あっせん自体は有償か無償かを問わない（最判昭和25・8・9刑集4巻8号1556頁）。

有償処分あっせん罪の成立時期について、判例は、あっせん行為は「被害者の返還請求権の行使を困難ならしめるばかりでなく、一般に強窃盗の如き犯罪を助成し誘発せしめる危険がある」として、あっせん行為の時に（盗品の移転前や売買契約成立前であっても）本罪が成立するとしている（最判昭和23・11・9刑集2巻12号1504頁、最判昭和26・1・30刑集5巻1号117頁）。

盗品等を被害者（側）に返還する行為と盗品等関与罪の成否

被害者による対価の支払いと引き換えに、①盗品等を被害者の下に運搬する行為や、②被害者への有償処分をあっせんする行為は、盗品等運搬罪や盗品等有償処分あっせん罪を構成するだろうか。この問題は、盗品等関与罪の保護法益である追求権の内容をどのように理解するのかと関係する。

これらの行為は、盗品等を被害者の下に戻すもので追求権を侵害していない（「遠ざかる」のではなく「近づいて」おり、むしろ追求権は実現している）として盗品等関与罪の成立を否定し、被害者に対価を支払わせた点は別途、恐喝罪等の成否を検討すべきとする見解も有力である。

しかし、判例は、窃盗の被害者から盗品の取戻しを依頼された者が、盗品を買い戻して被害者宅へ運搬した事案において、当該「運搬は被害者のためになしたものではなく、窃盗犯人の利益のためにその領得を継受して贓物の所在を移転したものであつて、これによつて被害者をして該贓物の正常なる回復を全く困難ならしめた」として、盗品等運搬罪の成立を肯定している（最決昭和27・7・10刑集6巻7号876頁）。また、被害者の関係者に被害者が盗まれた手形の買取をあっせんした事案で、「盗品等の有償の処分のあっせんをする行為は、窃盗等の被害者を処分の相手方とする場合であっても、被害者による盗品等の正常な回復を困難にするばかりでなく、窃盗等の犯罪を助長し誘発するおそれのある行為である」として、盗品等有償処分あっせん罪の成立を肯定している（前掲最決平成14・7・1）。

いずれの判例も各行為が盗品等の「正常な」回復を困難にすることを理由に

盗品等関与罪の成立を認めており、追求権を単に物理的に盗品等を取り戻す権利としてではなく、被害者がいわれなき負担を負わずに（余計な対価の支払いなどをすることなく）取り戻す権利として理解しているといえる。

5　故意

　盗品等関与罪も故意犯であり、同罪の成立を認めるためには、客体が盗品等であることの認識（知情）が必要である。もっとも、その認識は未必的なもので足りる（最判昭和23・3・16刑集2巻3号227頁。この判例は、知情を認定する際の事情として、「物品の性質、数量、売渡人の属性、態度等諸般の事情」を挙げている）。また、なんらかの財産犯にあたる行為により領得されたものであることの認識があれば足り、本犯である財産犯が具体的にどのような犯罪なのかや、その犯人や被害者が誰なのかまで知る必要はない（最判昭和30・9・16裁判集刑108号485頁）。

6　罪数、他罪との関係

(1)　盗品等関与罪の各行為の関係

　判例では、あっせんのために無償で盗品等の引き渡しを受けた場合は盗品等有償処分あっせん罪のみを構成する旨判示したもの（大判明治44・5・23刑録17輯948頁）や、盗品等を有償で譲受けた者が盗品等を運搬しても、盗品等有償譲受罪のほかに、盗品等運搬罪は成立しない旨判示したもの（最判昭和24・10・1刑集3巻10号1629頁）がある一方、盗品等を保管したがそれを返却した後、改めて依頼を受けて当該盗品の有償処分あっせんをした場合について、盗品等保管罪と盗品等有償処分あっせん罪が成立し、両者は併合罪となる旨判示したものもある（最判昭和25・3・24刑集4巻3号407頁）。

(2)　盗品等有償処分あっせん罪と詐欺罪との関係

　盗品等の有償処分のあっせんの相手方（買主）が事情を知らない場合に、事

情を告げないまま盗品等を売却して金銭を受け取る行為が1項詐欺罪に該当するかが問題となる。

　判例は、あっせんの当然の結果であることを理由に、盗品等有償処分あっせん罪のみの成立を肯定している（大判大正8・11・19刑録25輯1133頁）。これに対して、本犯の被害者とは別の者に法益侵害が生じており、それは有償処分あっせん罪で包括して評価することはできないものであるとして、1項詐欺罪の成立も認めて、両者を観念的競合とすべきとする見解が有力である。

(3)　盗品等有償処分あっせん罪と横領罪との関係

　盗品等の有償処分のあっせん者が売却代金を着服した場合の罪責については、横領罪の該当箇所を改めて確認してほしい（→159頁）。

7　親族等の間の犯罪に関する特例

（親族等の間の犯罪に関する特例）
257条1項　配偶者との間又は直系血族、同居の親族若しくはこれらの者の配偶者との間で前条の罪を犯した者は、その刑を免除する。
2項　前項の規定は、親族でない共犯については、適用しない。

　本条は、所定の親族との間で盗品等関与罪（「前条の罪」）を犯した者については刑を免除すると規定する。本条については、所定の親族関係が、盗品等関与罪の犯人といかなる者との間に要求されるのかが、同条の趣旨とも関連して、議論されている。

　かりに本条が親族相盗例（244条）と同じく「法は家庭に入らず」という趣旨で刑を免除する規定なのであれば、本犯の被害者との間に（も）所定の親族関係が必要となるはずである（→親族相盗例については105頁）。

　しかし、判例は、本犯の犯人と盗品等関与罪の犯人との間に所定の親族関係が必要であると理解する（最決昭38・11・8刑集17巻11号2357頁）。これは、本条の趣旨を、親族間においては関与・協力の依頼を拒否しがたく、適法行為の期待可能性が減少することに基づく規定と理解するものといえる。

本条に関しては、このほかに、盗品等関与罪の犯人相互に親族関係がある場合に適用が可能かについても議論がある。期待可能性の減少はこの場合にも肯定できるとして適用を認める見解も有力であるが、判例は適用を否定している（前掲最決昭38・11・8）。

II　毀棄・隠匿罪

1　総説

「毀棄及び隠匿の罪」（刑法典2編40章）には、公用文書毀棄罪（258条）、私用文書毀棄罪（259条）、建造物等損壊罪（260条）、器物損壊罪（261条）、境界損壊罪（261条の2）および信書隠匿罪（263条）が規定されている。

毀棄・隠匿罪の中心的な規定は器物損壊罪である。公用文書等毀棄罪や私用文書等毀棄罪、建造物等損壊罪は、客体の性質・重要性などに基づく加重類型である。信書隠匿罪は、通説によれば、器物損壊罪の減軽類型である。

器物損壊罪の法定刑（上限は3年以下の懲役）は、窃盗罪などの領得罪の法定刑（窃盗罪の上限は10年以下の懲役）よりも軽い。盗まれた物は取り戻せるかもしれないが、壊された物は元には戻らない。この意味では被害者にとっての損害は器物損壊罪の方が大きいともいえる。しかし、器物損壊罪等の毀棄・隠匿罪よりも、窃盗罪等の領得罪の方が「魅力的」な犯罪であり、強く禁圧する必要があるため、窃盗罪等の法定刑の方が重くなっている（→101頁）。

毀棄・隠匿罪の保護法益は所有権である。しかし、私用文書毀棄罪、建造物損壊罪、器物損壊罪については、自己の物に関する特例（262条）があり、「自己の物であっても、差押えを受け、物権を負担し、又は賃貸したもの」であるときは器物損壊罪等の客体となる。この場合には所有権以外の権利も保護法益となっている。

なお、境界損壊罪は、土地の権利関係の明確性を保護法益とする犯罪であり、器物損壊罪等とは性格を異にしている。

2　器物損壊罪

（器物損壊等）
261条　前3条に規定するもののほか、他人の物を損壊し、又は傷害した者は、3
　年以下の懲役又は30万円以下の罰金若しくは科料に処する。

(1)　客体

　本罪の客体は、公用文書毀棄罪、私用文書毀棄罪および建造物損壊罪の客体
以外のすべての他人の所有物である。動産のほか不動産も含まれる（不動産につ
き、最決昭和35・12・27刑集14巻14号2229頁は校庭に杭を打ち込んだ事案で本罪の成立を
肯定）。後述の私用文書等毀棄罪や公用文書等毀棄罪とは異なり、電磁的記録
（7条の2参照）それ自体は本罪の客体ではないが、電磁的記録が保存された媒体
（パソコン内蔵のハードディスクなど）は客体となる。

　客体にはペットなどの他人が所有する動物も含まれる。他人が所有する動物
を傷つけたり、殺したりする場合を特に動物傷害罪と呼ぶことがある。

(2)　行為

　損壊とは、物を物質的に毀損する行為に限らず、物の効用を侵害する一切の
行為をいうと理解するのが、判例・通説である（効用侵害説。「傷害」（本条）、「毀
棄」（258条、259条）、「損壊」（260条）も意義は同様であり、客体に応じて使い分けられ
ている）。したがって、料亭の食器に放尿して使用できなくする行為（大判明治
42・4・16刑録15輯452頁）なども損壊にあたる。また、このような判例・通説
の理解からは、隠匿も損壊に含まれる。

　これに対して、物を物質的に毀損することを要するとする見解（物質的毀損
説）からは、効用を侵害するのみでは損壊に当たらない。

　傷害は、客体が動物の場合に用いられる。動物を傷つける行為のほか、殺す
行為も含まれる。養魚地から魚を逃がすことも傷害にあたるとした判例（大判
明治44・2・27刑録17輯197頁）がある。

3　公用文書等毀棄罪

> （公用文書等毀棄）
> 258条　公務所の用に供する文書又は電磁的記録を毀棄した者は、3月以上7年以
> 　下の懲役に処する。

　本罪は、財産を侵害する側面だけではなく、公務を妨害するという側面も有
している。後者の公務を妨害するという側面が、器物損壊罪よりも重い処罰を
基礎づけている。

　公用文書とは、公務所が使用し、または使用のために保管中の文書のことで
ある（大判明治44・8・15刑録17輯1488頁。文書の意義について→211頁）。公文書偽
造罪（155条）における「公文書」（公務所または公務員が作成すべき文書）とは異
なり、文書の作成者や作成名義を問わない（公文書、文書の作成者・作成名義人の
意義について→212頁以下）。他の毀棄罪とは異なり、本罪の客体は「他人の」文
書である必要はなく、公務所の用に供するものであれば足りる。

　公務所の用に供する電磁的記録（7条の2参照）とは、公務所が使用し、ま
たは使用のために保管中の電磁的記録をいう。現に公務所に保管されているも
のばかりではなく、場所的には公務所外に存在していても、公務所が供用目的
で管理するものはこれに含まれる（たとえば、自動車登録ファイルや住民登録ファ
イル、不動産登記ファイルなど）。

　毀棄とは、公用文書等の物質的毀損のみならず、その効用を侵害する一切の
行為を含む。たとえば、文書を丸めてしわくちゃにして投げ捨てる行為（最決
昭和32・1・29刑集11巻1号325頁）、記載事項を部分的に抹消する行為（大判大正
11・1・27刑集1巻16頁）などがこれに該当する。また、公立高校の入試答案を
改ざんする行為（神戸地判平成3・9・19判タ797号269頁）も毀棄にあたる（なお、
改ざんにより答案用紙の本質的部分を変更し、新たな証明力を有する文書を作り出す点
については文書偽造罪の問題となる）。

4　私用文書等毀棄罪

（私用文書等毀棄）
259条　権利又は義務に関する他人の文書又は電磁的記録を毀棄した者は、5年以
　　下の懲役に処する。

　本罪は、文書の財産的価値のほかに、権利義務関係の明確性も保護している。後者が、器物損壊罪よりも重い処罰を基礎づけている。

　私用文書とは、権利または義務の存否・得喪・変更を証明するための文書のことである。私文書偽造罪（159条）とは異なり、事実証明に関する文書は本罪の客体に含まれておらず、事実証明に関する文書を毀損する行為は器物損壊罪に当たる。権利または義務に関する文書であればよく、私文書だけでなく公文書も客体となる。債務証書などのほか、小切手などの有価証券も本罪の客体である（最決昭和44・5・1刑集23巻6号907頁）。権利または義務に関する他人の電磁的記録の例としては、銀行の口座残高ファイルやプリペイドカードの磁気情報部分などがある。

　毀棄とは、私用文書等の物質的毀損のみならず、その効用を害する一切の行為をいう（前掲最決昭和44・5・1は、本条にいう「文書を毀棄したというためには、必ずしもこれを有形的に毀損することを要せず、隠匿その他の方法によつて、その文書を利用することができない状態におくこと」で足りるとしている）。

5　建造物等損壊罪・同致死傷罪

（建造物等損壊及び同致死傷）
260条　他人の建造物又は艦船を損壊した者は、5年以下の懲役に処する。よって
　　人を死傷させた者は、傷害の罪と比較して、重い刑により処断する。

(1) 総説

本罪は、客体（建造物および艦船）の財産的価値の高さおよび当該行為の持つ生命・身体への危険性を考慮して、器物損壊罪よりも法定刑が重くなっている。

(2) 客体

建造物とは、家屋その他これに類似する建築物をいい、屋根があり、壁または柱により支持されて土地に定着し、少なくとも内部に人が出入りすることができるものをいう（大判大正3・6・20刑録20輯1300頁）。

建造物に取り付けられた物については、それが建造物の一部として建造物損壊罪の客体となるのか、建造物の一部ではなく器物損壊罪の客体となるのかが問題となる。雨戸や窓ガラスなどのように損壊しなくても取り外すことのできる物は、建造物の構成部分ではなく、器物損壊罪の客体であると考えられてきた（大判大正8・5・13刑録25輯632頁）。もっとも、比較的最近、最高裁は、この問題について、「当該物と建造物との接合の程度のほか、当該物の建造物における機能上の重要性をも総合考慮して決すべき」とし、事案において問題となった住宅の金属製の玄関ドアについて、「本件ドアは、住居の玄関ドアとして外壁と接続し、外界とのしゃ断、防犯、防風、防音等の重要な役割を果たしているから、建造物損壊罪の客体にあたるものと認められ、適切な工具を使用すれば損壊せずに同ドアの取り外しが可能であるとしても、この結論は左右されない」と判示している（最決平成19・3・20刑集61巻2号66頁）。

艦船とは、軍艦または船舶のことである。自力または他力による航行能力を消失した廃船や解体中の船舶は含まれないとされている。

建造物や艦船は、他人の所有物である必要がある。所有権の帰属は原則的には民法によって定まる。もっとも、判例は、他人の建造物というためには、「他人の所有権が将来民事訴訟調において否定される可能性がないということまでは要しない」とする（最決昭和61・7・18刑集40巻5号438頁）。所有権の帰属が争われており、将来、民事裁判において他人の所有権が否定され、自己の所有権が肯定される可能性があるという場合であっても、刑法上は「他人の」建造物と認めうる。

(3) 行為

損壊とは、建造物や艦船の物質的毀損のみならず、その効用を侵害する一切の行為をいう。ただし、建造物等の使用を不能にする必要はなく、一部損壊でも当たりうる（大判明治43・4・19刑録16輯657頁）。

建造物にビラを貼る行為が損壊に当たるかについて議論がある（軽犯罪法1条33号も参照）。損壊と認めるためには物を物質的に毀損しなければならないとする見解（物質的毀損説）からはビラ貼りは損壊には該当しない。これに対して、判例・通説である効用侵害説からは、㋐当該建造物の効用の内容と㋑侵害の程度いかんでは損壊にあたりうる。文化財や寺社仏閣のように外観・威容も効用に当然含まれると考えられる建造物の場合は、効用侵害を認めやすい。それとは異なる一般の建造物であっても通常は外観・威容は重要な効用の1つであるといえ、原状回復が容易ではない形でそれを侵害する行為は建造物損壊罪にあたる（原状回復の難易のほか、ビラの枚数や貼付方法、貼付の範囲などが考慮要素となる。本罪の成立を肯定した例として、最決昭和41・6・10刑集20巻5号374頁など）。

また、落書きに関して、判例は、公園内の公衆便所の白色外壁にラッカースプレーで赤色や黒色のペンキを吹き付け、すでに落書きされていた一部の箇所を除き、ほとんどを埋め尽くすような形で「反戦」「スペクタクル社会」などと大書した事案で、「文字の大きさ、形状、色彩等に照らせば、本件建物は、従前と比べて不体裁かつ異様な外観となり、美観が著しく損なわれ、その利用についても抵抗感ないし不快感を与えかねない状態となり、管理者としても、そのままの状態で一般の利用に供し続けるのは困難と判断せざるを得なかった」こと、落書きが「水道水や液性洗剤では消去することが不可能であり、ラッカーシンナーによっても完全に消去することはできず、壁面の再塗装により完全に消去するためには約7万円の費用を要するものであった」ことを指摘し、当該落書きが「本件建物の外観ないし美観を著しく汚損し、原状回復に相当の困難を生じさせたものであって、その効用を減損させた」として建造物損壊罪の成立を肯定している（最決平成18・1・17刑集60巻1号29頁）。

(4) 建造物等損壊致死傷罪

本罪は、建造物等損壊罪の結果的加重犯である。法定刑は、致傷の場合は1

月以上15年以下、致死の場合は3年以上20年以下となる（「傷害の罪と比較して、重い刑により処断」の意義については→12頁のコラム）。

6　信書隠匿罪

（信書隠匿）
263条　他人の信書を隠匿した者は、6月以下の懲役若しくは禁錮又は10万円以下の罰金若しくは科料に処する。

本罪は、他人の信書を隠匿した場合に成立する。

他人の信書とは、特定人から特定人に宛てた意思・観念・事実を伝達する文書で、他人が所有するもののことをいう。信書開封罪（133条）の客体とは異なり、封がされていることは要件ではない。また、葉書も含まれる。

毀棄（258条、259条）や損壊（261条）の意義に関する効用侵害説によれば、信書を隠匿する行為も文書毀棄罪や器物損壊罪に該当しうるが、本罪は信書の隠匿行為を特に軽く処罰する減軽類型と位置づけられる。これに対して、物質的毀損説によれば、隠匿行為は毀棄や損壊に含まれないため、信書隠匿罪は、信書の隠匿行為を特に処罰の対象とするための処罰拡張規定として位置づけられる。

7　境界損壊罪

（境界損壊）
262条の2　境界標を損壊し、移動し、若しくは除去し、又はその他の方法により、土地の境界を認識することができないようにした者は、5年以下の懲役又は50万円以下の罰金に処する。

境界損壊罪は、昭和35年の刑法改正で不動産侵奪罪（→103頁）とともに新設された罪である。境界標を損壊するなどの方法により、土地の権利関係の明確

性を侵害することを処罰の対象とする。境界標を損壊しても土地の境界が不明にならなければ本罪は成立しないと解されており、また、境界標が自己所有物である場合にも本罪は成立すると解されていることから、本罪の保護法益は土地の権利関係の明確性である（もっとも、他人が設置した境界標を損壊するケースでは財産犯としての性質も有する）。

　境界標とは、権利者を異にする土地の境界を確定するため、その土地に設定された標識や工作物、立木などの物件のことをいう。境界標は他人の所有するものである必要はなく、自己の所有物でもよい。

　損壊・移動・除去は例示であり、境界を不明にする一切の行為が対象となる。たとえば、境界標を打ち込んだり、埋没させたりする行為も含まれる。本罪が成立するためには、境界を認識することができなくなるという結果の発生が必要である（最判昭和43・6・28刑集22巻6号569頁）。この結果が発生しなかった場合については、器物損壊罪の成否が問題となる。

第12章

公共危険犯

　本章では、公共危険犯の諸類型を扱う。最も重要なのは放火罪であるが、出水罪、往来妨害罪および騒乱罪もこれに該当する。これら公共危険犯は、大きなエネルギー（火の熱エネルギー、水の位置エネルギー、交通機関の運動エネルギー、群衆の力）がコントロール不能になるおそれのある状態をつくることにより、不特定または多数の人の生命・身体・財産に対する危険を生じさせる点が共通している。つまり、公共危険犯の保護法益は不特定・多数人の生命・身体・財産であり、これは社会的法益に対する罪である。

I　放火罪

（現住建造物等放火）

108条　放火して、現に人が住居に使用し又は現に人がいる建造物、汽車、電車、艦船又は鉱坑を焼損した者は、死刑又は無期若しくは 5 年以上の懲役に処する。

（非現住建造物等放火）

109条 1 項　放火して、現に人が住居に使用せず、かつ、現に人がいない建造物、艦船又は鉱坑を焼損した者は、 2 年以上の有期懲役に処する。

2 項　前項の物が自己の所有に係るときは、 6 月以上 7 年以下の懲役に処する。ただし、公共の危険を生じなかったときは、罰しない。

（建造物等以外放火）

110条 1 項　放火して、前 2 条に規定する物以外の物を焼損し、よって公共の危険を生じさせた者は、 1 年以上10年以下の懲役に処する。

2 項　前項の物が自己の所有に係るときは、 1 年以下の懲役又は10万円以下の罰金に処する。

1　法益・罪質

　放火罪は、火によって不特定または多数の人の生命・身体・財産に対する危険を生じさせる犯罪である。法益主体は、不特定または多数の人、であって、不特定かつ多数の人、ではないから、特定されていても多数の人が危険にさらされる場合や、少人数であっても不特定の者の利益が危殆化される場合にも、放火罪は成立することになる。また、個人の法益を個別に守るのではなく、不特定または多数の人の利益をまとめて社会的法益として守る犯罪類型であるから、近接した区域で複数の放火行為を行っても、ひとつの社会的法益を危殆化したものとして、全体が一罪となる。

　放火罪には、客体により区別される次の５つの下位類型があり、それぞれの類型ごとに法益および罪質が微妙に異なる。

類型	条文	客体	結果	法定刑
①	108条	現住建造物等 または現在建造物等	焼損	５年〜無期の懲役 死刑
②	109条１項	他人所有の 非現住・非現在建造物等	焼損	２年〜20年の懲役
③	109条２項	自己所有の 非現住・非現在建造物等	焼損＋ 公共の危険	６月〜７年の懲役
④	110条１項	他人所有の 建造物等以外の物	焼損＋ 公共の危険	１年〜10年の懲役
⑤	110条２項	自己所有の 建造物等以外の物	焼損＋ 公共の危険	10万円以下の罰金 １年以下の懲役

　まず、法定刑は、基本的にはこの順に重い。次に、罪質をみると、類型①および②は、客体の「焼損」の結果が生じるだけで既遂となる抽象的危険犯である（条文上、具体的に危険の発生が要求されていない）のに対して、類型③〜⑤は、「焼損」に加えて「公共の危険」の発生を個別の事案ごとに認定する必要がある具体的危険犯として定められている。以上を前提にして各類型の法益を整理

すると、次のようになる。

　最も軽い類型⑤は、対象物が大きく燃焼したり、燃え広がったりすることにより、放火罪の基本的な法益である不特定または多数の人の生命・身体・財産が危殆化されるものである。これと比較すると、類型④は、他人の所有物に対する侵害が加わるため、犯罪性が加重され、刑が重くなる。

　類型②も、不特定または多数の人の生命・身体・財産に対する危険と、他人の所有物に対する侵害から構成される点で類型④と同じであるが、対象物が建造物であることにより、類型的に火が大きくなることが想定されて高い危険性が認められるとともに、単なる物よりも重要な建造物に対する侵害を含むため、刑が格段に重く定められている。そのうち他人所有の建造物に対する侵害の要素が欠けるのが、類型③である。

　最後に、最も重い類型①は、建造物の外部に対する危険だけでなく、建造物の内部の人の生命・身体・財産を保護することにも焦点を合わせたものである。内部に現に人が居る現在建造物の場合は、内部に居る当該特定人を正面から保護する。これに対して、人が居住している現住建造物については、放火行為の時点では現に人が居ない場合でも、住居であれば人が居る類型的可能性が認められること、人が居る場合は就寝しているなど無防備な状態である可能性が高いこと、そして、住居が失われると単なる財産侵害を超えた重大な生活被害が生じることが、罪の重さを基礎づけている（類型①のうち建造物以外を客体とするものについては、閉鎖性が高く内部の危険が大きいため、外部に燃え広がる危険がなくても重罪性が認められるものと解される）。

2　客体

　放火罪の客体としての性質を決定づけるのは、①建造物、汽車、電車、艦船、鉱坑、その他の物のいずれの種類にあたるかという要素と、②他人所有か自己所有かという要素、そして、③現住性（現に人が住居に使用していること）または現在性（現に人が居ること）が認められるかという要素である。

(1) 物の種類

建造物は、建造物損壊罪（260条）における建造物と同義である（→188頁）。毀損せずに取り外せることなどにより建造物の一部とはされない建具・布団・畳・雨戸などを焼損しても、建造物放火罪は既遂にならない。

汽車と電車は、レール上を運行する交通機関の車両（編成の全体）をいう。現住性または現在性が認められる場合は建造物と同じ扱いを受けるが（108条）、現住性も現在性もない場合は、その他の物として扱われる（109条ではなく110条が適用される）。

艦船は、軍艦および船舶をいい、鉱坑は、地下の鉱物を採取するための施設（炭鉱など）をいう。

航空機やバスは、類型的に内部に不特定・多数の人が居るものではあるが、108条や109条に列挙されていないので、つねに110条の客体として扱われる。

110条の客体は、以上に挙げた物以外の有体物である。それを焼損させると直接的に公共の危険を生じさせることにつながるような物に限定するという見解もあるが、後述するように放火行為に対する故意を厳格に認定すれば、客体におけるそのような限定は必要ない。

(2) 他人所有・自己所有

客体が他人所有か自己所有かは、民法に従い、放火行為者（共犯者を含む）に所有権が認められる場合に、自己所有物として扱われる。他人の所有物に対する違法な侵害がないことが刑を軽くする根拠となっているから、放火行為者に所有権があっても他人との共有物である場合は他人所有として扱われ、また、他人に所有権があってもその同意がある場合や、無主物の場合は、自己所有として扱われると解される。

なお、自己所有であっても、差押えを受け、物権を負担し、賃貸し、配偶者居住権が設定され、または保険に付したものである場合には、他人所有の物として扱うという特例がある（115条）。

(3) 現住性・現在性

現住性や現在性は、行為者（共犯者を含む）以外の人に着目して判断する。

すなわち、「現に人が住居に使用する」、あるいは「現に人がいる」というときの「人」は、行為者および共犯者以外の人を指す。したがって、行為者が一人暮らしをする建造物は、現住建造物にはあたらず（大判昭和4・6・13刑集8巻338頁）、また、居住者や滞在者を全員殺害した後に放火する場合も、放火行為の時点での現住性・現在性は否定される（大判大正6・4・13刑録23輯312頁）。

　現住性における「住居」とは、人の起臥寝食の場所として日常使用されるものをいう。これは現在性とは別に規定されていることから、放火行為の時点で現に人が居なくてもよいことはもちろんであるが、昼夜間断なく人が出入りすることも要しないので、学校の宿直室なども住居にあたる（大判大正2・12・24刑録19輯1517頁）。ただし、行為の時点で「現に」住居として使用されていなければならないから、たとえば夏の間だけ人が滞在する別荘は、閉鎖されている期間においては住居にあたらなくなるとする見解が有力である。長期不在のため住居を閉鎖することで現住性が失われる場合と、長期にわたり外出するものの住居を維持しており現住性が肯定される場合との、いずれにあたるかの判断は微妙であるが、判例には、競売妨害目的で自社の従業員を約1か月半にわたり交代で泊まり込ませていた福岡県内の家屋に、その経営者が放火するにあたって、犯行前に従業員らを沖縄旅行に連れ出していたが、家屋内に日常生活に必要な設備等が残され、従業員らは旅行後にまたそこに泊まると認識していたという事案で、現住性を肯定したものがある（最決平成9・10・21刑集51巻9号755頁）。

(4)　複合建造物及び不燃性・難燃性建造物の現住性

　現住性の判断は、建造物等の客体ごとになされるのが原則である。特別の考慮が必要になるものとして、複合建造物と不燃性・難燃性建造物とがある。

(a)　複合建造物

　複合建造物は、1個の建造物といいうる構造物が複数接合されて、全体としても1個の建造物といえるものである。ここでは、複合建造物を構成する一部の構造物について現住性が肯定できる場合に、接合された全体に現住性を認めてよいかが問題となる。複合建造物の全体に現住性が肯定できるのであれば、それ自体には現住性が認められない構造物の部分に放火しても、そこが焼損し

た時点で現住建造物放火罪の既遂を認めることができる。これに対して、複合建造物を構成する構造物ごとに現住性を判断するのだとすると、現住性が認められない構造物の部分に放火した場合、現住性が認められる構造物の部分にまで延焼することを認識していなければ、現住建造物放火罪の故意が認められないことになるし、また、その故意がある場合でも、現住性が認められる構造物の部分にまで現に延焼してはじめて、現住建造物放火罪は既遂に達することになる。

　この問題は、非現住建造物等放火罪よりも現住建造物等放火罪の方が重く処罰されることの根拠から考えるべきである。建造物内部で人が火に接触することにより生命・身体に対する危険が認められることに加重根拠を求める立場からは、建物内部で人と火が出会う危険の有無を判断すべきことになる。

　この問題に関連する用語・概念を、ここでは次のように整理しておきたい。

　まず、そもそも客体が1個の建造物といえるときに、構造的一体性があるという。構造的一体性が認められない複数の建造物の現住性は、建造物ごとに判断しなければならない。

　構造的一体性が認められる範囲内でさらに判断されるべきものとして、物理的一体性と機能的一体性がある。物理的一体性は、火から人への接近可能性、すなわち、放火行為により生じた火が、現住性の認められる区画に延焼する危険があるときに肯定されるものである（なお、建造物内部の危険を炎による危険に限定せず、現住性の認められる区画に有毒ガスが流れる危険だけが認められる場合も物理的一体性が肯定されると解する余地がある）。これに対して、機能的一体性は、人から火への接近可能性、すなわち、現に火の存在する区画に人の方から近づいて立ち入ってしまう危険があるときに認められるものである。

　夜間誰もいない裁判所の本館に放火したが、敷地内の別棟に宿直室があったという事案で、宿直員による巡視可能性を根拠に、本館も現住建造物であるとした古い判例がある（大判大正3・6・9刑録20輯247頁）。しかし、本館と宿直室がある別棟とが構造的一体性を有していないのであれば、機能的一体性を根拠にして宿直室の現住性を本館にまで拡張すべきではなく、本館それ自体の現住性を判断して、それは非現住建造物と解するべきであった。

　平安神宮事件では、本殿や複数の社殿、社務所等が廻廊等で接続していた平

安神宮の人が居ない社殿部分に夜間放火し、本殿等が焼損したが、放火場所から約230メートル離れた宿直員のいる社務所・守衛詰所には延焼しなかったという事案で、「社殿は、物理的に見ても、機能的に見ても、その全体が1個の現住建造物であったと認めるのが相当である」とされた（最決平成元・7・14刑集43巻7号641頁）。これは、構造的一体性があることを前提に、物理的一体性と機能的一体性の両方が肯定されたものと解される。ここでは、物理的一体性と機能的一体性のいずれか一方で足りるかどうかは語られていないが、理論的にはいずれか一方のみでも建造物内部の危険は肯定できるから、十分だと解される。別の判例として、マンションのエレベーターのかご（通常、人が乗るところ）の内部に放火して、壁面の一部のみを焼損させた事案で、エレベーターとマンション各室との機能的一体性のみを根拠に現住建造物放火罪が肯定されていると解されるものがある（最決平成元・7・7判時1326号157頁）。

　なお、構造的一体性が、どの程度の接続によって認められるかは難しい問題である。上の説明では、構造的一体性は、物理的一体性および機能的一体性を検討する前提であるという理解をとったが、物理的一体性が構造的一体性を補充する関係がある、すなわち、より高い延焼可能性が認められるほど、構造上の接続がより弱くても構造的一体性が肯定され、逆に、一応接続していても、延焼可能性が低い場合は構造的一体性が否定されるという関係があるとも指摘される。判例にも、それ自体として現住性のある建物とない建物の2棟が渡り廊下で連結されたホテルについて、延焼可能性の低さも根拠の一つとして、1個の現住建造物であることを否定したものがある（福岡地判平成14・1・17判タ1097号305頁）。一般的には、「物理的に1個の建造物である」という表現のなかで、上で説明した構造的一体性と延焼可能性としての物理的一体性とが総合的に判断されることが多い。

(b) 不燃性・難燃性建造物

　複合建造物と逆の考慮がはたらくのが、不燃性または難燃性の建造物である。たとえば、10階建てマンションの1階にある無人の外科医院に、深夜、侵入して放火したところ、同医院は、すぐれた防火構造を備え、マンションのほかの区画へは容易に延焼しない構造となっており、また、2階以上の住居部分とは効用上区別された独立性があり、深夜は人の訪問が考えられなかったとい

う事例で考えてみよう。1個のマンションであるから構造的一体性を前提としつつも、医院の区画とマンションの居住区画との間には、延焼可能性としての物理的一体性も効用上の機能的一体性も認められないので、医院の区画のみを対象に判断して、その現住性は否定されることになる（仙台地判昭和58・3・28刑月15巻3号279頁）。

このような不燃性・難燃性の建造物の場合は、どの程度の延焼可能性をもって物理的一体性を認めるかが問題である。判例をみると、①耐火構造といっても、各室間の延焼が容易ではないというだけで、状況によっては、火勢が他の部屋へ及ぶおそれが絶対にないとはいえない構造のものであるとして、物理的一体性を肯定したもの（東京高判昭和58・6・20刑月15巻4〜6号299頁）がある一方で、②延焼が考えられるのは、1区画で発生した火災の火勢が強くなって炎が窓ガラスを溶かし建物の外部に吹き出し、風などの状態によって炎が上階あるいは隣りの区画の窓に直接当たり、さらにその窓ガラスが熱で溶けるような悪条件の重なったごく例外的な場合に限られるとして、延焼する蓋然性がなく一体性は肯定できないとしたものもある（前掲・仙台地判昭和58・3・28）。

3 実行行為

実行行為は放火行為である。これは、火をコントロール不能になるおそれのある状態に置くことを意味する。客体に直接着火する行為や燃えやすい媒介物に着火する行為が典型であるが、すでに生じている火に油を注ぎ火勢を強める行為もこれにあたると解されている。日常的に火花等が生じうる場所にガソリンを撒く行為について、後で点火する行為を留保していても、すでにその時点で放火未遂罪が成立することを認めた判例があり（横浜地判昭和58・7・20判時1108号138頁）、ここでは、火があるところに油を注いだのと同様にみて、ガソリンを撒く行為それ自体が「放火して」にあたると解しうる。そのような理解からは、撒いたものが揮発性と引火性がさほど高くない灯油であるような場合は、別論となり、実行の着手時期については慎重な判断が求められる（→総論51頁参照）。

4 結果

(1) 焼損

　焼損の概念について、判例は、①火が媒介物を離れ客体が独立して燃焼することを指すとする独立燃焼説をとっている（大判明治43・3・4刑録16輯384頁、最判昭和23・11・2刑集2巻12号1443頁）。燃焼とは、可燃物が酸素を含む気体中で熱を伴いながら激しく酸化する化学反応をいい、より急激な酸化反応である爆発や、逆に、熱さを感じないほど遅い酸化反応とは区別される概念である。学説においても、独立燃焼説が多数説である（独立燃焼説の中にも、通常、公共の危険が肯定できる段階に至ったときにはじめて既遂を認めるべきだとして、ある程度の燃焼継続可能性を要求する見解もある）。しかし、それでは既遂時期が早すぎるという価値判断に基づき、②客体の重要部分が燃焼を開始して燃え上がったことを要求する重要部分燃焼開始説や、③毀棄罪の既遂を基礎づける損壊が建造物に生じることを要求する一部毀棄説、さらに、④目的物の重要部分の効用が失われるまで待つべきで、建造物であれば半焼以上が必要だとする効用喪失説が主張されている。

　不燃性建造物については、建造物の独立燃焼状態が生じないが、その代わりに有毒ガスの発生や壁の剥落などの危険に着目した処罰を目指すべきだという理解から、客体が不燃性建造物の場合に限っては、火力による毀損により焼損を認めるべきだとする新効用喪失説も主張される。しかし、建造物の一部に可燃性の素材が使われ、それが独立して燃焼する限り、独立燃焼説からも焼損結果を見出すことができるとして、判例は同説を維持している（東京高判昭和49・10・22東高刑時報25巻10号90頁など）。そこでは、放火罪を基礎づけるのは炎や熱による直接的な危険であるという理解が徹底されているのである。

(2) 公共の危険

　建造物等以外および自己所有の非現住建造物に対する放火罪では、焼損結果に加えて公共の危険の発生が要件とされている。

　判例では、市街地の駐車場に停車中の他人所有の自動車に放火し、付近の2台の自動車等に延焼の危険が及んだという事案で、「刑法110条1項にいう『公

共の危険』は、同法108条及び109条１項に規定する建造物等に対する延焼の危険に限られるものではなく、不特定又は多数の人の生命、身体又は前記建造物等以外の財産に対する危険も含まれる」として公共の危険が肯定され、110条１項の建造物等以外放火罪の成立が認められた（最決平成15・４・14刑集57巻４号445頁）。ここでは、どのような理屈で公共の危険が認められるのだろうか。

　古い判例には、公共の危険とは、108条または109条１項の客体（現住建造物・現在建造物、他人所有の非現住・非現在建造物）に延焼する危険をいうとしたものがあった（大判明治44・４・24刑録17輯655頁）。学説においても、公共の危険が危険にとどまらず結果に実現した場合を処罰するのが延焼罪（111条）であり、延焼罪で規定されている結果は108条または109条１項に規定された建造物への延焼であることから、公共の危険をそれらの建造物への延焼の危険として理解する見解が有力に主張された。

　しかし、放火罪の法益を不特定または多数の人の生命・身体・財産と解することとの関係が問題になる。108条・109条１項の客体たる建造物に対する延焼の危険が認められるとき、その建造物が法益としての財産にあたり、その財産に対する危険を生じさせたことが法益の危殆化に該当するという理由で放火罪が認められるわけではない。なぜなら、通常、延焼の対象となる建造物は、放火行為の時点ですでにそこに存在する特定の者の財産だからであり、それを放火罪の法益と解することはできないからである。

　そこで、108条・109条１項に規定された建造物への延焼の危険が認められれば、それ自体は特定・少数の者の財産であっても、それが現に独立燃焼してさらに燃え広がるなどすることにより、不特定または多数の人の生命・身体・財産が侵害される危険が認められるのであり、それが公共の危険を基礎づけると理解する必要がある。

　しかし、そうであれば直接の延焼の対象が建造物以外の物である場合も同様で、その物件自体が法益としての不特定または多数の人の財産である必要はなく、その物件に延焼した先に、不特定または多数人の生命・身体・財産に対する侵害の危険が認められれば、公共の危険を肯定することができる。つまり、建造物以外の物件に延焼の危険が及んだ場合は、ⓐ当該物件を不特定者の財産と位置づけて公共の危険を肯定する直接的方法のほかに、ⓑ当該物件への延焼

の危険が認められるほどに火力が大規模になること等により不特定または多数の人の生命・身体・財産への危険が認められるということに基づき公共の危険を肯定する間接的方法がありうるのである。

上の最高裁決定は、付近に停めてあった2台の自動車を不特定者の財産と位置づけて、それに対する延焼の危険により公共の危険を直接肯定したとみるのがおそらく多数の理解である。しかし、現場が市街地であることに重要性があると考えられることや、財産的価値のないゴミが大量に置かれたゴミ集積場への延焼可能性にも言及があることなども考えると、2台の自動車への延焼は、そこから先で生じうる不特定・多数人の生命・身体・財産の侵害に至るルートの通過点とみるのが妥当である。つまり、2台の自動車は、法益を担う不特定者の物である必要はなく、それへの延焼可能性は、火力が十分な規模になり得たことの証拠として位置づけられる。

以上の理解からは、「公共の危険」の判断においては、場所の性質および見込まれる火力の大きさ等が重要だということになる。

5　故意

放火罪には故意が必要である。

まず、焼損する客体についての認識が要求される。客体が客観的には現住建造物または現在建造物でも、現住性・現在性の認識を欠く場合は、現住建造物等放火罪の故意が否定され、抽象的事実の錯誤により、非現住建造物等放火罪が成立する。直接の着火対象が非現住建造物であっても、それを媒介物として、その隣にある現住建造物を燃やす意思があるのであれば、現住建造物等放火罪の故意が肯定され、媒介物としての非現住建造物に着火した時点で、同罪の未遂が成立する。

公共の危険が要件となる類型については、故意の一要素として公共の危険の認識が必要かどうかが問題となる。判例は認識不要説をとっている（大判昭和6・7・2刑集10巻303頁、最判昭和60・3・28刑集39巻2号75頁）が、学説上は認識必要説も有力である。

認識不要説の根拠は、公共の危険を108条・109条1項所定の建造物への延焼

の危険と解することを前提に、そのような延焼の危険の認識を要求してしまうと、延焼先の建造物に対する放火の故意が必ず肯定されてしまい、108条や109条１項の放火罪の未遂が必然的に成立してしまって、公共の危険を要件とする軽い放火罪の類型（109条２項・110条）を規定した意味がなくなるという点にある。しかし、延焼の危険の認識はあるが現に延焼するという認識はないという心理状態（「危ないが、今回は大丈夫だろう」と考えるような場合）はありうる。また、すでにみたように新しい判例（前掲最決平成15・4・14）では、公共の危険は108条・109条１項所定の建造物への延焼の危険に限らないとされたから、認識不要説の前提は崩れている。むしろ、自己所有物への放火は、焼損結果が財産侵害としては違法性を基礎づけない以上、公共の危険こそが犯罪の本質を担っていることを考えると、それに対する認識がある場合に限って処罰することには相当の合理性がある。

　もっとも、判例のように認識不要説をとったとしても、処罰範囲が無制限に広がることにはならない。寝たばこから火事になったような場合、一般に、成立するのは失火罪（116条）であるとされるが、認識不要説からも、自己所有物であるたばこに放火した後、公共の危険が生じたものとして、建造物以外放火罪が成立するということにはならない。

　その結論を導くものとして、まず、建造物等以外放火罪の客体を限定する見解がある。それが焼損したときに、そこから直接的に公共の危険が生じうるような物だけが、建造物等以外放火罪の客体になるというのである。たばこはこれに該当しないので、寝たばこからの火災は失火罪にとどまることになる。

　次いで、放火行為に対する故意を厳密に要求することでも、同じ結論を導くことができる。たばこへの着火は故意に基づくものの、コントロールできないおそれのある状態に火を置くことに対する故意がなく、つまり、故意の放火行為ではないからであると説明しうる。ここでは、公共の危険の認識が必要であるとしつつ、それが否定されるとしているのではないことに注意が必要である。火に対するコントロールを終局的に放棄して公共の危険を生じさせるという認識がなくても、そのおそれがある状態にする認識があれば、故意の放火行為は肯定できる。公共の危険の認識不要説をとったとしても、放火行為についての故意は必要であり、寝たばこの事例ではそれが否定されると解しうるので

ある。このように解する場合、「失火」とは、火がないところで過失により火を生じさせる行為ではなく、コントロールできないおそれのある火を過失により生じさせる行為である。

なお、業務上の過失の場合は業務上失火罪（117条の2）が適用され、重大な過失の場合は重失火罪（同条）が適用される。

6 その他の関連規定

非現住・非現在建造物や建造物以外の物を客体とする放火罪（109条2項・110条2項）については、客体が自己所有である場合に、公共の危険の発生を超えて、現住建造物・現在建造物や他人所有の物に延焼したとき、結果的加重犯として延焼罪が成立する（111条）。

さらに周辺的な犯罪として、火災という構成要件的状況において、消火用の物を隠匿・損壊するなどして消火を妨害すると成立する消火妨害罪が規定されている（114条）。

II 往来妨害罪

1 法益・罪質

往来を妨害する罪は、交通機関や交通施設を攻撃して交通の安全を害することを通じて、交通機関の利用者をはじめとする不特定または多数の人の生命・身体に対する危険を生じさせる犯罪である。刑法が規定するのは、一般的な道路交通、鉄道交通および船舶交通についてのみであり、それらにおける高速度の交通やその他の種類の交通については、特別法（高速自動車国道法、新幹線鉄道における列車運行の安全を妨げる行為の処罰に関する特例法、航空の危険を生じさせる行為等の処罰に関する法律等）による対応がなされている。

2 往来妨害罪

（往来妨害及び同致死傷）
第124条　陸路、水路又は橋を損壊し、又は閉塞して往来の妨害を生じさせた者は、
　　2年以下の懲役又は20万円以下の罰金に処する。

未遂罪（128条）

　往来妨害罪は、陸上交通または水上交通における往来を妨害する犯罪である。往来の妨害とは、交通路の損壊・閉塞により、通行が不可能または著しく困難になることをいう。往来を妨害するだけで足り、往来の危険の発生は要件となっていない。その一方で、結果的加重犯として、往来妨害致死傷罪（124条2項）が規定されている。

　陸上交通には鉄道を含みうるが、鉄道を妨害する場合は通常、往来の危険が生じる（道路交通における自動車と異なり、レール上しか走行できないため、障害物に対する左右への回避能力がなく、また、摩擦係数が低く急停止の能力も低い）ので、次にみる往来危険罪が成立し、本罪は排除される。

3 往来危険罪

（往来危険）
125条1項　鉄道若しくはその標識を損壊し、又はその他の方法により、汽車又は
　　電車の往来の危険を生じさせた者は、2年以上の有期懲役に処する。
　2項　灯台若しくは浮標を損壊し、又はその他の方法により、艦船の往来の危険を
　　生じさせた者も、前項と同様とする。

未遂罪（128条）

　往来危険罪は、鉄道交通および水上交通につき、汽車・電車や艦船の往来の危険を生じさせる行為を、単に往来を妨害する行為よりも重く処罰するものである。

　汽車・電車とは、鉄道交通においてレール上を走行する車両（複数車両が連

結している場合は編成の全体）をいう。動力が蒸気機関によるものが汽車の典型であり、電力によるものが電車である。

　判例によれば、ガソリンエンジンを直接の動力源とするガソリンカー（外観はバスのようでありながら、レール上を走行する鉄道車両。事故時にガソリンに引火して危険であるため、現在、わが国では旅客営業用のものは走行していない）は汽車にあたり（大判昭和15・8・22刑集19巻540頁）、また、ディーゼルエンジンを直接の動力源とするディーゼルカーも汽車に含まれると解される。最近は、典型的な電車のように架線から電気を受けるのではなく、また、典型的なディーゼルカーのようにディーゼルエンジンで生じた回転力を直接車輪に伝えるのでもなく、自車に搭載したディーゼルエンジン等で発電した電力により走行する電気式気動車も開発されているが、汽車と電車の少なくともいずれかにあたることは明らかであるから、どちらであるかを特定する意義は乏しい。

　素材を問わず硬性のレール（軌条）があればよく、モノレール（跨座式だけでなく懸垂式も含む）やケーブルカーは電車であり、磁気浮上式鉄道も同様である。これに対して、ロープウェーやリフトのような索道交通は客体に含まれないと解されている。トロリーバス（架線から電気を受けて道路上を走る車両）も、レール上を走行しないので電車にはあたらないと解するのが多数である。しかし、鉄道事業法系では無軌条電車と呼ばれており、左右への障害回避能力がない点はレール上を走行する車両と同等であるから、本罪との関係でも電車として扱う余地がある。もっとも、ロープウェー等と区別する理由がさらに求められよう。

　艦船とは、軍艦および船舶をいう。小型の船舶も排除されないが、汽車・電車との均衡上、障害をただちに回避できない速度まで加速して航行できないようなものは除かれると解すべきであろう。

　往来の危険とは、汽車・電車・艦船の衝突・脱線・転覆・沈没・破壊など、交通の安全が害されるおそれのある状態をいい、単に交通の妨害を生じさせただけでは足りないが、上記衝突・脱線等の実害の発生が必然的ないし蓋然的であることまで必要とするものではなく、上記実害の発生する可能性があれば足りるとされる（最判昭和35・2・18刑集14巻2号138頁）。

　往来の危険を生じさせる方法には限定がない。線路その他汽車・電車が物理

的に走行するのに必要な設備・施設（「鉄道」と総称される）または標識の損壊や、艦船の航行に必要な灯台または浮標の損壊という条文上例示列挙された方法のほか、線路上に障害物を置く行為、無人電車を暴走させる行為（最判昭和30・6・22刑集9巻8号1189頁）、正規の列車運行計画に反する電車を走行させる行為（最判昭和36・12・1刑集15巻11号1807頁）、線路沿いの土地を大規模に掘削する行為（最決平成15・6・2刑集57巻6号749頁）などがこれに該当する。

　本罪の保護法益は、交通機関の内部にいる者（運転者や利用客など）の生命・身体であるという理解から、客体である汽車・電車・艦船は有人のものに限られるとする見解が学説上は有力である。そのような見解によると、無人電車を暴走させる行為は、ほかの有人の電車に対する危険が肯定できる限度で、当該有人電車を客体とする本罪を構成することになる。しかし、外部に人がいることが稀な艦船とは異なり、汽車・電車については、無人電車の脱線・転覆により沿線住民が危険にさらされるおそれがあるような場合も捕捉すべきであり、125条の条文上も、126条とは異なり「現に人がいる」という文言は付されていないから、無人の電車等を客体とする場合が含まれると解しても不合理ではない。

4　汽車転覆等罪

（汽車転覆等及び同致死）

126条1項　現に人がいる汽車又は電車を転覆させ、又は破壊した者は、無期又は3年以上の懲役に処する。

2項　現に人がいる艦船を転覆させ、沈没させ、又は破壊した者も、前項と同様とする。

3項　前2項の罪を犯し、よって人を死亡させた者は、死刑又は無期懲役に処する。

（往来危険による汽車転覆等）

第127条　第125条の罪を犯し、よって汽車若しくは電車を転覆させ、若しくは破壊し、又は艦船を転覆させ、沈没させ、若しくは破壊した者も、前条の例による。

126条1項および2項について、未遂罪（128条）

汽車転覆等罪および艦船転覆等罪は、内部に現に人がいる汽車・電車・艦船を転覆させ、沈没させ、または、破壊した場合に成立する。電車を脱線させるだけでは足りない。

転覆・沈没・破壊の結果に対する故意が要求されるのが原則形態であるが、126条の適用は、往来危険罪（125条）を基本犯とし、転覆・沈没・破壊を加重結果とする結果的加重犯の場合にまで拡張されており（127条）、その場合は、加重結果につき故意は不要である。

純粋な故意犯としての汽車転覆等罪は、客体が有人の汽車等に限定されているのに対して、往来危険罪の客体にはそのような限定がないことから、往来危険罪の結果的加重犯としての汽車転覆等罪においては、客体を有人のものに限定すべきか否かが問題となる。判例（前掲最大判昭和30・6・22）は、無限定説をとっているが、学説上は、本罪の加重処罰の根拠を汽車等の内部の人に対する危険に求めて、客体を有人のものに限定する見解が有力である。

汽車転覆等罪・艦船転覆等罪には、さらにそれを基本犯とする結果的加重犯として、同致死罪が規定され、死刑または無期懲役という重い法定刑が用意されている（126条3項）。

無人電車を故意に暴走させ（往来危険罪）、そこから同車の脱線破壊結果が発生し（往来危険による汽車転覆等罪）、そこから周囲にいる人の死亡結果が発生した場合は、汽車転覆等致死罪が成立すると解するのが判例（前掲最大判昭和30・6・22）である。しかし、127条が参照する126条は、客体を「現に人がいる」電車等に限定しているから、そのような限定のない125条を基本犯とする二重の結果的加重犯としての汽車転覆等致死罪を、客体が無人の電車で、死亡結果が電車外の人に生じた場合にも認め、死刑を科しうるとすることには、批判も強い。ここでは、電車外の人に対する危険のみを生じさせた場合でも往来危険罪の要件を満たすか、そして、無人の電車の破壊等の結果が生じた場合でも汽車転覆等罪の要件を満たすか、さらに、電車外の人が死亡した場合でも汽車転覆等致死罪の成立を認めてよいかが問題となり、判例ではそのすべてが肯定されているのである。

Ⅲ　その他の公共危険犯

以上のほかにも、数種類の公共危険犯が規定されている。

激発物破裂罪（117条）は、放火罪に類似した構造をもつ犯罪である。客体や公共の危険の要件は共通であり、放火罪のうち放火行為を、火薬、ボイラーその他の激発すべき物の破裂行為に入れ替え、焼損結果を損壊結果に入れ替えたものとなっている。放火罪と同じ刑で処断される。過失の場合は、失火罪と同じ処断がなされる。

ガス漏出等罪（118条）は、ガス、電気または蒸気を漏出させ、流出させ、または遮断し、よって人の生命、身体または財産に危険を生じさせた場合に成立する。同じ行為によって人を死傷させた場合は、同致死傷罪として重く処断される。

出水罪（浸害罪〔119条・120条〕）は、水力による公共危険犯である。河川の堤防を決壊させて街中に洪水を生じさせるような行為に成立する。これも成立要件や法定刑が放火罪と類似しているが、放火罪は、焼損結果の先に、火が燃え広がることによる公共の危険を予定しているのに対して、出水罪では、建造物等の浸害結果が生じたときには、通常、すでに洪水等による公共の危険が生じているという違いがある。過失犯（122条）のほか、故意犯としても、堤防を決壊させるような行為にその時点で成立する出水危険罪（123条）も規定されている。

騒乱罪（106条）は、多衆で集合して暴行または脅迫をする犯罪である。判例は、公共の静謐・平穏が保護法益であるとする（最判昭和28・5・21刑集7巻5号1053頁）。しかし、それでは警察に対する集団的な暴行がただちに騒乱罪になりかねないことなどから、また、比較的小規模の集団暴行に対応する犯罪類型として凶器準備集合罪（208条の2）が新設されたことから、近年の学説では、騒乱罪を群衆の力に基づく公共危険犯と解し、不特定・多数人の生命・身体・財産に対する危険に着目して要件を解釈する見解が有力である。

騒乱罪では、首謀者、指揮者、率先助勢者、付和随行者という役割ごとに法定刑が用意されている。

騒乱罪に対応する真正不作為犯として、多衆不解散罪（107条）がある。

第13章

偽造罪

　刑法典2編16章から19章は、通貨、文書・電磁的記録、有価証券、支払用の
カードを構成する電磁的記録、印章・署名の偽造・不正作出、行使・供用等の
罪を定めている。これらの罪は、上記の各客体に対する公共の信用を保護する
ものである。また、電子計算機のプログラムに対する社会一般の人の信頼を保
護するものとして、19章の2に不正指令電磁的記録に関する罪が置かれてい
る。

　以下では、主として、発生件数のうえでも学習のうえでも最も重要な、17章
の文書偽造の罪を取り上げる（ただし、154条の詔書偽造等罪は除く）。その他の客
体に対する偽造等の罪については、本章の末尾でごく簡単に説明するにとどめ
る。

I　文書偽造の罪

1　総説

(1)　保護法益

　人が一定の意思や考え（観念）を口頭で表示する場合、録音などをしていな
ければ、表示内容は聞き手の記憶に残るにすぎない。これに対し、意思・観念
が文書で表示されれば、その内容は文書上に固定化される。そのため、文書
は、社会において、表示された意思・観念に関する証拠として重要な役割を果
たしている。逆に、偽造の横行により文書に対する信用が失われれば、社会生

活が円滑にまわらなくなる。このような意味で、文書に対する公共の信用は社会的法益の一つに位置づけられ、文書偽造の罪はこれを保護するものである。

(2) 規定の概観

154条から161条の2までが文書偽造の罪に関する規定であるが、さまざまな種類の文書・図画が登場するうえ、処罰対象となる行為も多様であるため、内容がきわめて複雑になっている。そのため、客体や実行行為に関する説明に入る前に、規定を表にして整理することにする（電磁的記録不正作出等罪は独特の構造を有するため、表からは除外してある。また、文書・図画をまとめて「文書」と表記してある）。

公文書	私文書
155条　公文書偽造等 　　（有形偽造・変造） 1項：有印公文書偽造　┐ 2項：有印公文書変造　┘法定刑は同じ 3項：無印公文書偽造・変造	159条　私文書偽造等 　　（有形偽造・変造） 1項：有印私文書偽造　┐ 2項：有印私文書変造　┘法定刑は同じ 3項：無印私文書偽造・変造
156条　虚偽公文書作成等 　　（無形偽造・変造） ※法定刑は155条と同じ。	160条　虚偽診断書等作成 　　（無形偽造・変造） ※無形偽造は原則不可罰。
157条　公正証書原本不実記載等 　　（間接無形偽造） 　　　　　　　　未遂罪（3項）	左に対応する条文なし
158条　偽造公文書行使等 　　　　　　　　未遂罪（2項）	161条　偽造私文書行使等 　　　　　　　　未遂罪（2項）

(3) 客体

(a) 文書・図画（155条〜161条）、電磁的記録（157条1項、161条の2）

文書とは、①文字などの可読的符号を用いて、②一定期間永続すべき状態において物体の上に記載した、③意思または観念の表示であって、④作成名義人を特定できるものをいう。可読的であれば文字である必要はなく、たとえば点字も①の要件を満たす。波打ち際の砂の上に書かれた文字のようにすぐに消滅

するものは②の要件を満たさないが、黒板にチョークで書いた文字はこれを満たすとされている。記載がごく簡潔なものであっても、社会通念上、意思・観念が読み取れるのであれば、③の要件を満たす。たとえば、差し出されたハガキに郵便局が押印する日付印は、当該局が当該日にそのハガキを受け取ったという観念を表示しているといえるから、この要件を満たす（大判昭3・10・9刑集7巻683号）。④の作成名義人（以下、「名義人」とする）とは、文書に示された意思・観念の表示主体として認識される者（かみ砕いていえば、読み手側がその文書の意思・観念の表示主体として思い浮かべる者）のことを指す。名義人が誰かは、付属物を含む文書全体から判断される。意思・観念の表示主体が不明な文書を日常用語では「怪文書」と呼ぶことがあるが、文書としての信用を欠くため、刑法上の文書にはあたらない。名義人は実在する必要はなく、一般人が実在すると誤信するようなものであれば、架空人でもよい（たとえば、最判昭和36・3・30刑集15巻3号667頁）。図画とは、地図や絵のように、象形的符号を用いて人の意思・観念を表示したものを指す。①～④の要件は、文書と共通である（以下では、文書と図画を区別せず、単に文書とする）。

　電磁的記録とは、「電子的方式、磁気的方式その他人の知覚によっては認識することができない方式で作られる記録であって、電子計算機による情報処理の用に供されるもの」をいう（7条の2）。電磁的記録それ自体は人の五感によって知覚することはできないが、電子計算機を用いることにより可読的となり、また、社会生活上、文書と同様に証拠としての機能を有することから、客体に加えられている。

(b)　公文書と私文書

　文書は、公務所または公務員が作成すべき文書（公文書）とそれ以外の文書（私文書）に分かれる。電磁的記録についても同様に公電磁的記録と私電磁的記録にわかれる。258条の「公務所の用に供する文書」と公文書を混同してはならない。公文書と私文書の区別にとって重要なのは、それが公的な手続に用いられるか否かではなく、公務所・公務員が名義人たるべき文書か否かである。

　公文書は、一般の私文書と比べて信用性が高いため、公文書を客体とする罪は、私文書を客体とする罪よりも法定刑が重くなっている。

(c) 有印文書と無印文書

また、文書は、印章または署名があるもの（有印文書）と印章および署名が
ないもの（無印文書）に分かれる。通説は、署名には記名（たとえば、ワープロ
で印字された氏名）も含まれるとする。偽造・変造の対象となる文書が有印か無
印かで法定刑が大きく異なるが（155条1項と3項、159条1項と3項を比較のこ
と）、記名すらないにもかかわらず名義人が特定可能な文書は限られているた
め、無印文書に該当する例はほとんどみられない。

(4) 実行行為

(a) 分類

155条から161条の2までのうち、電磁的記録に係る部分を除いた部分を観察
すると、実行行為は大きく以下の四つのタイプに分けることができる。

第一は、「偽造し」である（155条1項、3項、159条1項、3項）。

第二は、「虚偽の……を作成し」（156条）、「虚偽の記載をし」（160条）であ
る。さらに、他人である公務員を利用する特殊な形態ではあるが、「不実の記
載をさせ」（157条1項、2項）もここに分類可能である。

第三は、「変造し」である（155条2項、3項、156条、159条2項、3項）。

第四は、「行使し」である（161条1項）。

第一のタイプの行為と第二のタイプの行為を合わせて「偽造」と呼ぶことが
あるが（広義の偽造）、条文上は、偽造と虚偽作成・記載という表現の使い分け
がなされている。刑法上、第一のタイプの行為を有形偽造と呼ぶ（狭義の偽
造）。これに対し、第二のタイプの行為は、無形偽造と呼ばれる（157条1項、2
項の行為は、公務員を利用した無形偽造なので、間接無形偽造と呼ばれることがある）。
第三のタイプの行為については、(c)参照。第四のタイプの行為は、第一から第
三までのタイプの行為によって作成された文書を使用するものである。

(b) 有形偽造と無形偽造

有形偽造とは、伝統的には、権限なく他人名義の文書を作成すること（他人
の名義を勝手に使って文書を作成すること）と定義されてきた。しかし、権限に着
目した定義は私文書との関係では有効に機能しないことがあることから（後述
する通称名の使用の事例など）、判例は、私文書の有形偽造については、「文書の

名義人と作成者との間の人格の同一性を偽る」ことと定義している（最判昭和59・2・17刑集38巻3号336頁など）。有形偽造の本質は、簡単にいえば、他人になりすまして文書を作成することである。この観点からは、上記の二つの定義は、相互に矛盾するものではない。場面に応じて、使いやすい方の定義を使えばよいであろう。

　作成者とは、文書に意思・観念を表示した者（文書に示された意思・観念の表示主体）のことをいう。つまり、読み手側が想像する意思・観念の表示主体と実際の表示主体との間に齟齬を生じさせることが、有形偽造である。たとえば、A大学に所属する学生Xが、自分の成績をよく見せるために、「成績証明書」と題する書類を勝手に作り、そこに自分の全科目の成績を「S」として、末尾に「学校法人A大学学長B」と記載したという例を考えてみよう。この場合、同書類に書かれている内容の表示主体（＝作成者）はXだが、読み手側が表示主体と考える者（＝名義人）は「学校法人A大学学長B」である。そのため、作成者と名義人の間に齟齬が生じており、有形偽造に該当する。

作成者の概念

　作成者とは、実際に文書を書いた者やタイプした者と常に一致するわけではない。たとえば、社長Aが秘書Bに口述筆記させた場合、文書上に表示された意思・観念はAに由来するものであるから、作成者はAとなる。また、CがDに文書の作成権限を与えていたところ、Dがその権限を濫用してCの不利益になる内容の文書を作成した場合、たとえその内容がCの意に沿わないものであったとしても、Dに作成権限を与えている以上、Cは文書上に表示された意思・観念について、責任を負わなければならない。そのため、その文書の作成者はCとなる。

　本文中では作成者を「文書に示された意思・観念の表示主体」と簡潔に定義したが、より厳密には、「文書に示された意思・観念の帰属主体」であるといえよう。

　これに対し、無形偽造とは、名義人と作成者との間の同一性はあるが、表示された意思・観念の内容が真実に反する文書を作成することをいう。

211頁の表を見ればわかるように、日本の刑法は、公文書については有形偽造と無形偽造をともに処罰しているが、私文書については、有形偽造の処罰を原則とし、無形偽造の処罰は、医師が公務所に提出すべき診断書、検案書および死亡診断書の場合に限っている（ただし、特別法上、これら以外の私文書の無形偽造が処罰される場合がある。たとえば、政治資金規正法25条や所得税法242条の虚偽記載罪）。もっとも、後に述べる通り、判例は、名義人の人格を特定する際に、文書の記載内容を考慮するため、有形偽造と無形偽造の境界は不明確になっている。

(c) 偽造・虚偽作成と変造

変造とは、既存の文書の非本質的部分に改変を加えることをいう。名義人以外の者が、権限なく、文書に改変を加えることを有形変造と呼ぶ。これに対し、名義人または名義人から権限を与えられた者が、文書に不当な改変を加えて内容虚偽にすることを無形変造と呼ぶ（156条の変造がこれにあたる）。

文書の本質的部分を改変した場合には、別個に新たな文書を作成したのと同視できるため、変造ではなく偽造または虚偽作成にあたる。ただし、偽造・虚偽作成と変造との間には法定刑の差はない（以下では、必要がない限り、偽造と変造は区別せず、単に偽造とする）。

(d) 偽造の方法・程度

偽造といえるためには、作成された文書が一般人から見て真正な文書だと誤信させうる程度の外観を有することが必要である。しかし、そのような程度に達しているかどうかの判断は、当該文書の行使形態等も考慮して行われる。たとえば、運転免許証の場合、他人に実物を提示するという形での行使のほか、イメージスキャナーを通じてディスプレイ越しに他人に提示するという行使形態もある。したがって、自分の運転免許証の上に別人の氏名、生年月日、住所、免許証番号を印字した紙片をそれぞれ対応する箇所に置き、上からメンディングテープを張り付けて固定するような方法であっても偽造に該当する（大阪地判平成8・7・8判タ960号293頁。なお、変造ではなく偽造なのは、上記の各箇所の変更は、運転免許証という文書の本質的部分の変更にあたるからである）。

(e) 行使

行使とは、偽造文書を真正の文書として、または内容虚偽の文書を真実の文

書として使用することをいう。使用とは、文書の内容を相手方に認識させ、または認識可能な状態に置くことをいう。文書を流通に置く必要はなく、たとえば親を安心させるためだけの目的で偽造された卒業証書を親に見せる行為も行使にあたる（最決昭和42・3・30刑集21巻2号447頁）。

(5) 主観的要件

公文書偽造等罪、虚偽公文書作成等罪、私文書偽造等罪は、故意のほかに、偽造文書・内容虚偽の文書を行使する目的が必要な目的犯である。自ら行使するのではなく、他人に行使させる目的でも構わない。

また、電磁的記録不正作出・供用罪も、他人の事務処理を誤らせる目的が必要な目的犯である。

(6) 未遂犯処罰

公文書偽造等罪、虚偽公文書作成等罪、私文書偽造等罪、虚偽診断書等作成罪および電磁的記録不正作出罪の未遂は処罰されない。文書に対する公共の信用は、偽造文書・内容虚偽の文書が行使されたときに害されるところ、行使の目的で偽造等の行為を行った段階で成立するこれらの罪は、それ自体が法益侵害よりも早い段階での行為を処罰するものであるからであろう。

これに対し、公正証書原本不実記載等罪、偽造文書行使等罪、偽造私文書行使等罪、不正作出電磁的記録供用罪については、未遂は処罰される。

コピーの文書性

コピーとして行使する目的で、原本の内容を改ざんしたコピーを作成する行為は、文書の有形偽造にあたるであろうか。たとえば、身分証明書のコピーとして行使する目的で、運転免許証の生年月日欄に別の紙に印字した数字を切り貼りしてテープで止め、コピー機を用いて、生年月日をごまかした内容のコピーを作成した場合、作成したコピーについて公文書偽造罪が成立するであろうか。この問題は「コピーの文書性」の論点として知られているが、作成されたコピーの名義人は誰かという観点から考えるとわかりやすい。

まず、コピー機を用いたコピーの前に、手書きの写しの場合を考えてみよ

う。文書を筆写した場合、完成した写しの作成者は筆写者であり、名義人も筆写者である。筆写の場合、筆写者の意思が介在するので、写しに元の文書（原本）に表示された意思・観念がそのまま複写されているという社会の信頼は存在しない。むしろ、完成した写しに表示される意思・観念の内容は、「このような内容の原本が存在する」というものであり、その表示主体として認識される者（＝名義人）は筆写者だということになる。そうすると、写しに筆写者を特定できる情報がない場合には、読み手側は誰が写しの作成者かわからないこと（＝名義人特定不能）になり、刑法上の文書には該当しないことになる。

　それでは、機械を用いたコピーの場合はどうであろうか。判例は、この場合にはコピーの作成者の意思が介在することはなく、コピー上に表示された意思・観念は原本のそれと同一だという社会の信頼があるとして、完成したコピーの名義人は原本の名義人と同一だとする。そうすると、権限なく原本の内容を改ざんしたコピーを作成する行為は、文書の名義人と作成者との間の人格の同一性を偽る行為にあたり、偽造に該当することになる（最判昭和51・4・30刑集30巻3号453頁）。

　なお、原本の名義人がそのままコピーの名義人になることから、コピーが公文書か私文書かは、原本がどちらかによって決まる。また、有印・無印についても、原本がどちらかによって決まるとされている。したがって、冒頭の例では、有印公文書偽造罪が成立することになる。

2　公文書偽造

(1)　公文書偽造罪

（公文書偽造等）
155条1項　行使の目的で、公務所若しくは公務員の印章若しくは署名を使用して公務所若しくは公務員の作成すべき文書若しくは図画を偽造し、又は偽造した公務所若しくは公務員の印章若しくは署名を使用して公務所若しくは公務員の作成すべき文書若しくは図画を偽造した者は、1年以上10年以下の懲役に処する。
2項　公務所又は公務員が押印し又は署名した文書又は図画を変造した者も、前項と同様とする。
3項　前二項に規定するもののほか、公務所若しくは公務員の作成すべき文書若しくは図画を偽造し、又は公務所若しくは公務員が作成した文書若しくは図画を変造した者は、3年以下の懲役又は20万円以下の罰金に処する。

(a) 客体

公文書である。公文書とは、公務所または公務員が、その名義をもって、その権限内で、所定の形式にしたがって作成すべき文書をいう。1項および2項の客体は有印公文書であり、3項の客体は無印公文書である。

(b) 実行行為

公文書の偽造および変造である。

公文書の偽造とは、文書の作成権限のない者が、権限ある公務所または公務員の名義を偽って文書を作成する行為をいう。作成された文書の名義人は当該文書の作成権限を有する公務所または公務員であるにもかかわらず、作成者は文書の作成権限のない者であり、名義人と作成者との間の人格の同一性に齟齬を生じさせているからである。

しかし、ここでいう「作成権限」は、公務所における業務の実態をふまえて、柔軟に理解されている。判例では、市役所の市民課係長であった被告人が、印鑑証明が必要になったので、市長作成名義の自己宛の印鑑証明書を申請書を作成せずに自ら作成し、手数料を納付せずに取得したという事件について、「公文書偽造罪における偽造とは、公文書の作成名義人以外の者が、権限なしに、その名義を用いて公文書を作成することを意味する。そして、右の作成権限は、作成名義人の決裁を待たずに自らの判断で公文書を作成することが一般的に許されている代決者ばかりでなく、一定の手続を経由するなどの特定の条件のもとにおいて公文書を作成することが許されている補助者も、その内容の正確性を確保することなど、その者への授権を基礎づける一定の基本的な条件に従う限度において、これを有しているものということができる」としたうえで、被告人も市民課長の補助者として一定の条件の下で印鑑証明書の作成権限を有していたとして、交付された印鑑証明書の内容が正確であったことなどを理由に、公文書偽造罪を否定した例がある（最判昭和51・5・6刑集30巻4号591頁）。

(c) 主観的要件

故意のほかに、行使の目的が必要である。

(2) 虚偽公文書作成罪

> （虚偽公文書作成等）
> 156条　公務員が、その職務に関し、行使の目的で、虚偽の文書若しくは図画を作成し、又は文書若しくは図画を変造したときは、印章又は署名の有無により区別して、前2条の例による。

(a) 主体

本罪は、職務上、当該文書を作成する権限のある公務員を主体とする身分犯であるとされてきた。しかし、このような理解は、やや正確さを欠く。というのも、文書の作成権限者の職務を補佐して起案を担当する職員が、情を知らない作成権限者を利用して虚偽の公文書を作成させた場合について、「右職員は、その職務に関し内容虚偽の文書を起案し情を知らない作成権限者たる公務員を利用して虚偽の公文書を完成したものとみるを相当」とした判例（最判昭和32・10・4刑集11巻10号2464頁）があるからである。これに従えば、主体の範囲は、職務に関し文書の起案を担当する公務員にまで拡張されているとみることができよう。

(b) 客体

公文書偽造罪の場合と同様である。客体が有印公文書であるか無印公文書であるかにより、法定刑が区別されている。

(c) 実行行為

虚偽の公文書の作成と、公文書の変造である。前者は、作成権限ある公務員が、内容が真実に合致しない公文書を作成することをいう（公文書の無形偽造）。後者は、作成権限ある公務員が、既存の公文書に変更を加え、内容は真実に合致しないものにすることをいう（公文書の無形変造）。

私人が作成権限ある公務員をだますなどして内容虚偽の公文書を作成させた場合に、本罪の間接正犯を認めることができるのかという論点がある。このような行為の一部は、本罪よりも法定刑が軽い公正証書原本不実記載等罪（157条）に該当することから、本罪の間接正犯を認めてしまうと157条の存在意義が説明できなくなること、また間接正犯は単独犯の一種であることから、本罪の主体要件を満たさない者が上記のような行為を行っても本罪は成立しないの

ではないかというところに問題の所在がある。

　判例は、行為者が私人である場合には、本罪の間接正犯を否定している（最判昭和27・12・25刑集6巻12号1387頁）。これに対し、前述の通り、職務に関し文書の起案を担当する公務員が、自己の担当する文書につき内容虚偽のものを起案し、これを作成権限者である上司に提出して起案文書の内容を真実なものと誤信させ、内容虚偽の公文書を作成させた場合については、虚偽公文書作成罪の間接正犯にあたるとしている（前掲最判昭和32・10・4）。

(d)　主観的要件

　故意のほかに、行使の目的が必要である。

(3)　公正証書原本不実記載等罪

> （公正証書原本不実記載等）
> 157条1項　公務員に対し虚偽の申立てをして、登記簿、戸籍簿その他の権利若しくは義務に関する公正証書の原本に不実の記載をさせ、又は権利若しくは義務に関する公正証書の原本として用いられる電磁的記録に不実の記録をさせた者は、5年以下の懲役又は50万円以下の罰金に処する。
> 2項　公務員に対し虚偽の申立てをして、免状、鑑札又は旅券に不実の記載をさせた者は、1年以下の懲役又は20万円以下の罰金に処する。
>
> 未遂罪（3項）

(a)　客体

　1項の客体は、①権利・義務に関する公正証書の原本または②権利・義務に関する公正証書の原本として用いられる電磁的記録である。権利・義務に関する公正証書の原本とは、公務員が職務上作成し、権利義務に関する事実を証明する効力を有する文書をいう。①に該当するものとしては、条文に例示されている登記簿、戸籍簿のほか、土地台帳、住民票、外国人登録原票などが挙げられる。②に該当するものとしては、自動車登録ファイル、不動産登記ファイル、商業登記ファイル、住民基本台帳ファイルなどがある。事務の電子化が進んだ現在、②が問題となる事例が増加している。

　2項の客体は、免状、鑑札、旅券である。免状とは、特定の人に一定の行為を行う権利を付与する公務所または公務員の証明書のことをいう。運転免許証

などがこれにあたる。鑑札とは、公務所の許可または公務所への登録があったことを証明する証票で、交付を受けた者がこれを備え付け、または携帯することを要するものをいう。古物商の許可証などがこれにあたる。旅券とはパスポートのことであり、外国に渡航する人に対して発給される文書で、国籍を証明し、旅行に必要な保護等を関係官に要請する旨を記したものである。

(b) 実行行為

公務員に虚偽の申し立てをして、本条の客体に不実の記載・記録をさせることである。本罪は、一定の重要な公文書について、無形偽造の間接正犯を処罰するものといえる。

不実とは、記載が重要な点において真実に反することをいう。たとえば、不動産を買い受けた事実がないにもかかわらず、当該不動産の登記名義人に無断で、法務局の職員に対し、その所有権の移転を受けた旨の虚偽の申立てを行い、不動産登記ファイルに不実の記録をさせる行為は、本条1項後段に該当する。

(4) 偽造公文書行使罪

（偽造公文書行使等）
158条1項　第154条から前条までの文書若しくは図画を行使し、又は前条第1項の電磁的記録を公正証書の原本としての用に供した者は、その文書若しくは図画を偽造し、若しくは変造し、虚偽の文書若しくは図画を作成し、又は不実の記載若しくは記録をさせた者と同一の刑に処する。

未遂罪（2項）

客体は、154条の偽造詔書、変造詔書、155条の偽造公文書、変造公文書、156条の偽偽公文書、157条の不実の公正証書の原本、不実の公正証書の原本として用いられる電磁的記録である。行使者自らが偽造等をしたものでなくてもよい。

実行行為は、上記の客体を行使することである。

法定刑は、それぞれの客体の偽造、変造、虚偽作成、不実記載、不実記録と同一である。たとえば、偽造有印公文書の行使の法定刑は、有印公文書の偽造

と同一である。

3　私文書偽造

(1)　私文書偽造罪

（私文書偽造等）
159条 1 項　行使の目的で、他人の印章若しくは署名を使用して権利、義務若しく
　　　　は事実証明に関する文書若しくは図画を偽造し、又は偽造した他人の印章若しく
　　　　は署名を使用して権利、義務若しくは事実証明に関する文書若しくは図画を偽造
　　　　した者は、 3 月以上 5 年以下の懲役に処する。
　　　2 項　他人が押印し又は署名した権利、義務又は事実証明に関する文書又は図画を
　　　　変造した者も、前項と同様とする。
　　　3 項　前 2 項に規定するもののほか、権利、義務又は事実証明に関する文書又は図
　　　　画を偽造し、又は変造した者は、 1 年以下の懲役又は10万円以下の罰金に処す
　　　　る。

(a)　客体

権利、義務または事実証明に関する私文書である。

権利・義務に関する文書とは、私法上・公法上の権利・義務の発生、存続、変更、消滅の効果を生じさせることを目的とする意思表示を内容とする文書をいう。契約解除のための催告書などがこれにあたる。

事実証明に関する文書とは、社会生活に交渉を有する事項を証明する文書をいう（大判大正 9 ・12・24刑録26輯938頁）。判例でこれに該当すると認められた例として、衆議院議員候補者の推薦状、政党の機関紙に掲載された「祝発展」という広告文（最決昭和33・ 9 ・16刑集12巻13号3031頁）、自動車登録事項等証明書交付請求書（東京高判平成 2 ・ 2 ・20判時1342号157頁）、私立大学の入学試験の答案（最決平成 6 ・11・29刑集48巻 7 号453頁）、一般旅券発給申請書（東京地判平成10・ 8 ・19判時1653号154頁）、求職のための履歴書（最決平成11・12・20刑集 53巻 9 号1495頁）などがある。たとえば、「祝発展」という広告文に関していえば、広告文の名義人が当該政党の発展を祝賀しているという事実の証明に関するものであることから、また入学試験の答案に関していえば、それが入学志願者の

学力の証明に関するものであることから、社会生活に交渉を有する事項に該当するというのが判例の考え方である。

偽造・変造の対象が有印の文書（1項、2項）か、無印の文書（3項）かによって法定刑が異なることについては、既に述べた通りである。

(b) 実行行為

前記の客体の有形偽造（1項、3項）および有形変造（2項、3項）である。

既に述べた通り、判例は、私文書の有形偽造について、「文書の名義人と作成者との間の人格の同一性を偽る」ことと定義している（前掲最判昭59・2・17）。そうすると、私文書偽造罪の成否は、①「作成者は誰か」、②「名義人は誰か」を考え、両者の間に人格の齟齬があるかどうかという観点から行うべきことになる。以下では、私文書偽造罪の論点として重要な事例類型を取り上げる。(i)〜(iv)では「名義人は誰か」が問題となる。一方、(v)では、通説にしたがえば「作成者は誰か」が問題となるが、「名義人は誰か」の問題ととらえる見解も有力に主張されている。いずれの論点においても、キーワードとなるのは、文書の性質である。

(i) 通称の使用

文書の作成者が、本名とは異なる名前を記載した場合であっても、それが当該文書に接する者の間で作成者を示すものとして通用している場合には、作成者と名義人との間に人格の齟齬は生じず、偽造は成立しない。しかし、通称が一定の限られた範囲の人の間では通用していたとしても、文書に接する者との関係では通用していない場合には、通称を使用した文書の作成は偽造にあたる。また、通称が広く通用していたとしても、文書の性質上、本名を用いて作成することが要求されている文書の場合にも、偽造にあたることがある。

前者の例としては、受刑中に逃走し、義弟の氏名を用いて生活していた者が、無免許運転の罪で取調を受けた際、警察官に義弟の氏名、生年月日および本籍を告げて交通事件原票を作成した行為について、「仮りに右氏名がたまたまある限られた範囲において被告人を指称するものとして通用していたとしても、被告人が右供述書の作成名義を偽り、他人の名義でこれを作成したことにかわりはな」いとして私文書偽造罪を認めたものがある（最決昭和56・12・22刑集35巻9号953頁）。

後者の例としては、適法な在留資格を有していなかった者が通称Xを使用して再入国許可申請書を作成したという事例がある（前掲最判昭和59・2・17）。最高裁は、「再入国許可申請書は、……再入国の許可という公の手続内において用いられる文書であり、また、再入国の許可は、申請人が適法に本邦に在留することを前提としているため、その審査にあたっては、申請人の地位、資格を確認することが必要、不可欠のこととされているのである。したがって、再入国の許可を申請するにあたっては、ことがらの性質上、当然に、本名を用いて申請書を作成することが要求されている」としたうえで、再入国許可申請書は在留資格を有する外国人が再入国の意図をもって出国しようとする際に提出する文書だということに照らすと、「本件文書に表示されたXの氏名から認識される人格は、適法に本邦に在留することを許されているXであって、密入国をし、なんらの在留資格をも有しない被告人とは別の人格であることが明らかである」として私文書偽造罪を認めた。この事件では、作成者（＝在留資格のないXこと○○〔本名〕）と名義人（＝在留資格のあるX）との間に人格の齟齬が認められるため、偽造とされたものと理解しうる。

　(ii)　偽名の使用

　偽名を使用して文書を作成した場合であっても、常に偽造が成立するわけではない。文書の性質によっては、記載された氏名が本名であるかどうかよりも、顔写真、生年月日、住所等の情報の方が名義人の特定にとって重要な場合があり得る。その場合には、氏名以外の人格特定にとって重要な情報が正確であれば、作成者と名義人との間に人格の齟齬は生じないこともある。

　しかし、当然のことながら、文書の性質上、名義人の特定にとって氏名が重要な場合もある。氏名のみを偽った事例ではないが、判例では、就職の際に虚偽の氏名、生年月日、住所、経歴等を記載し、自分の顔写真を貼り付けた履歴書等を作成した行為について、「これらの文書の性質、機能等に照らすと、たとえ被告人の顔写真がはり付けられ、あるいは被告人が右各文書から生ずる責任を免れようとする意思を有していなかったとしても、これらの文書に表示された名義人は、被告人とは別人格の者であることが明らかである」として偽造を認めたものがある（前掲最決平成11・12・20）。雇用者にとって被雇用者の身上や経歴等は重要な関心事であることから、就職の際に提出される履歴書で

は、氏名、生年月日、住所、経歴等は名義人特定のために重要な情報であるといえよう。

(iii)　代理・代表名義の冒用

代理権を持たないXが無断で「A代理人X」と表示された文書を作成したり、代表権を持たないXが無断で「A株式会社代表取締役X」と記載した文書を作成した場合に、私文書偽造罪は成立しないか。

この事例において、作成者がXであることは明らかである。当該文書に表示された意思・観念は、Aに由来するとはいえないからである。これに対し、名義人を誰と考えるかについては、争いがある。学説では、名義人は「X」であるとする見解や、「代理権者・代表者という属性を有するX」であるとする見解も主張されている。前者によれば、作成者と名義人との間に人格の同一性が認められるから、偽造にはあたらない。後者によれば、作成者（＝代理権者・代表権者という属性を有しないX）と名義人（＝代理権者・代表者という属性を有するX）との間には人格の同一性は認められないから、偽造にあたることになる。これに対し、判例は、「A」が名義人であるとする見解をとっている（最決昭和45・9・4刑集24巻10号1319頁）。読み手側からすれば、「A代理人X」または「A株式会社代表取締役X」と記載されていれば、文書に表示されている意思・観念はXに代理権または代表権を与えたAに由来すると考えるであろうというのが判例の考え方だといえる。

(iv)　肩書・資格の冒用

弁護士資格を有しない者Xが、「弁護士X」と記載した文書を作成した場合に、私文書偽造罪が成立しないか。

この事例において、作成者がXであることは明らかである。これに対し、名義人は誰かが問題となるが、通常の場合には、名義人は「X」であると考えられる。たとえば、弁護士資格を持たない「X」が、スポーツジムの入会申込書に「弁護士X」と記載したとしても、Xは見栄を張っているとはいえるが、別人格になりすましているとはいえない。当該入会申込書において申込者が弁護士かどうかは本質的な事情ではないため、弁護士という肩書を名義人特定の際に考慮すべきとは考えられないからである。

これに対し、文書が、弁護士資格を有する者が作成する形式、内容のもので

ある場合には、弁護士という肩書が名義人の属性に影響を与えうる。判例では、弁護士資格を有しないXが、第二東京弁護士会に所属する同姓同名の弁護士がいることを利用して、「弁護士X」と記載した弁護士報酬金請求書、振込依頼書、請求書、領収書等の文書を作成したという事案について、「たとえ名義人として表示された者の氏名が被告人の氏名と同一であったとしても、本件各文書が弁護士としての業務に関連して弁護士資格を有する者が作成した形式、内容のものである以上、本件各文書に表示された名義人は、第二東京弁護士会に所属する弁護士Xであって、弁護士資格を有しない被告人とは別人格の者であることが明らかであるから、本件各文書の名義人と作成者との人格の同一性にそごを生じさせたものというべきである」としたものがある（最決平成5・10・5刑集47巻8号7頁）。

　また、国際運転免許証の発給権限のない民間団体の名称（国際旅行連盟）を記載して、正規の国際運転免許証と酷似した文書を作成した事案について、「本件文書の記載内容、性質などに照らすと、ジュネーブ条約に基づく国際運転免許証の発給権限を有する団体により作成されているということが、正に本件文書の社会的信用性を基礎付けるものといえるから、本件文書の名義人は、『ジュネーブ条約に基づく国際運転免許証の発給権限を有する団体である国際旅行連盟』であると解すべきである」として、作成者（＝そのような発給権限を有しない国際旅行連盟）との間の人格の齟齬を認めて私文書偽造罪とした例がある（最決平成15・10・6刑集57巻9号987頁）。前掲最決平成5・10・5は、実在する「弁護士X」になりすましたとも評価しうる事案であったのに対し、本決定は、本件文書の記載内容、性質から「ジュネーブ条約に基づく国際運転免許証の発給権限を有する団体である国際旅行連盟」という実在しない団体を名義人として導き出しているところに特徴がある。

　(v)　名義人の承諾

　名義人として文書上に記載された者と実際に文書を書いた者が異なる場合であっても、名義人として記載された者がこれに承諾を与えていた場合は、通常は、偽造にはあたらない。承諾を与えた以上、文書に表示された意思・観念は名義人として記載された者に由来すると評価することができ、「作成者＝文書に示された意思・観念の表示主体」という定義からは、名義人と作成者との間

に人格の同一性が認められることになるからである。

　しかし、文書の性質上、名義人以外の者が作成することが許されない文書（つまり、実際に文書を作る者と名義人とが一致することが予定されている文書）については、名義人として記載された者による承諾があったとしても、意思・観念が承諾を与えた者に帰属しないため、その者を作成者とみるべきではなく、偽造が成立するというのが通説である。これに対し、作成者は承諾を与えた者（仮に「A」とする）であるが、文書の性質からして、名義人は「A」ではなく「当該文書を作ったA」だとし、作成者（「（当該文書を作っていない）A」）と名義人との間に人格の同一性が認められないから、有形偽造にあたるとする見解も主張されている。

　判例では、無免許運転で取締りを受けた際、交通事件原票中の供述書欄に別人の氏名を用いて署名したという事案につき、「交通事件原票中の供述書は、その文書の性質上、作成名義人以外の者がこれを作成することは法令上許されないものであって、右供述書を他人の名義で作成した場合は、あらかじめその他人の承諾を得ていたとしても、私文書偽造罪が成立すると解すべき」とした例がある（最決昭和56・4・8刑集35巻3号57頁）。この種の文書としてはほかに、旅券等の発給申請書（前掲東京地判平成10・8・19）、入学試験における試験答案（東京高判平成5・4・5高刑集46巻2号35頁〔前掲最決平成6・11・29の原審〕）、被留置者金品出納簿の申込者欄（大阪地判令和3・10・20LEX/DB25571793）などがある。これに対し、口座開設申込書および印鑑届はこの種の文書にはあたらないとされている（横浜地判平成29・3・24LEX/DB25545645）。

(c)　主観的要件

　故意のほかに、行使の目的が必要である。

(2)　虚偽診断書作成罪

（虚偽診断書等作成）
160条　医師が公務所に提出すべき診断書、検案書又は死亡証書に虚偽の記載をしたときは、3年以下の禁錮又は30万円以下の罰金に処する。

医師を主体とする身分犯である。

客体は、医師が公務所に提出すべき診断書、検案書、死亡証書である。診断書とは、医師が診察の結果に関する判断を表示して、人の健康状態を証明するために作成する文書をいう。検案書とは、死体についての医学的所見を記載したものをいう。死亡証書は、死亡診断書のことである。

実行行為は、虚偽の記載をすることである。すなわち、本罪は上記客体の無形偽造を処罰するものである。

(3) 偽造私文書行使罪

（偽造私文書等行使）
161条1項　前二条の文書又は図画を行使した者は、その文書若しくは図画を偽造し、若しくは変造し、又は虚偽の記載をした者と同一の刑に処する。

未遂罪（2項）

客体は、159条1項の有印偽造私文書、同条2項の有印変造私文書、同条3項の無印偽造・変造私文書、160条の虚偽診断書・検案書・死亡証書である。行使者自らが偽造等をしたものでなくてもよい。

実行行為は、前記の客体を行使することである。

法定刑は、それぞれの客体の偽造、変造、虚偽記載と同一である。たとえば、有印偽造私文書の行使の法定刑は、有印私文書偽造と同一である。

4　電磁的記録不正作出

（電磁的記録不正作出及び供用）
161条の2第1項　人の事務処理を誤らせる目的で、その事務処理の用に供する権利、義務又は事実証明に関する電磁的記録を不正に作った者は、5年以下の懲役又は50万円以下の罰金に処する。
2項　前項の罪が公務所又は公務員により作られるべき電磁的記録に係るときは、10年以下の懲役又は100万円以下の罰金に処する。
3項　不正に作られた権利、義務又は事実証明に関する電磁的記録を、第一項の目

的で、人の事務処理の用に供した者は、その電磁的記録を不正に作った者と同一の刑に処する。

3項の未遂罪（4項）

(1) 客体

1項の客体は、人の事務処理の用に供する権利、義務または事実証明に関する電磁的記録である。電磁的記録の定義は、7条の2に定めがある。「権利、義務又は事実証明に関する」の意義は、私文書偽造罪の箇所で述べたのと同様である。公務所または公務員により作られるべき電磁的記録（公電磁的記録）が客体となるときは、それ以外の電磁的記録（私電磁的記録）が客体となるときよりも刑が加重されている（2項）。権利、義務に関する電磁的記録の例としては、銀行の預金元帳の残高記録などが挙げられる。事実証明に関する電磁的記録の例としては、クレジットカード会社等のサーバコンピュータ内の会員情報の記録（東京地判平成15・8・21LEX/DB28095229参照）などが挙げられる。

3項の客体は、不正に作られた権利、義務又は事実証明に関する電磁的記録である。

(2) 実行行為

1項の「不正に作った」（不正作出）とは、権限なく、または権限を濫用して本条の客体である電磁的記録を作成することをいう。文書のように有形偽造・変造、無形偽造・変造という区別はしておらず、客体となる電磁的記録が用いられるシステムの設置運営主体の意思に反するような虚偽の記録を作出する行為は、すべて処罰対象となる。

3項の「用に供した」（供用）とは、同項の客体を他人が事務処理に用いる電子計算機で使用しうる状態に置くことをいう。

(3) 主観的要件

故意のほかに、人の事務処理を誤らせる目的が必要である。

II　その他偽造罪

1　通貨偽造罪

(1)　偽造・行使等

(a)　保護法益

通説によれば、通貨偽造罪の保護法益は、通貨の真正に対する公共の信用である。通貨は経済活動の基盤をなしており、その真正に対する公共の信用は極めて高い保護価値を有する。そのため、法定刑は重く、また偽造・変造の準備段階の行為も処罰されている。

(b)　客体

日本で強制通用力がある貨幣、紙幣、銀行券である（貨幣、紙幣、銀行券を総称して通貨という）。貨幣とは、硬貨のことを指す。紙幣とは、政府その他の発行権者によって発行され、その信用によって貨幣に代用される証券を指す。銀行券とは、政府の認許によって特定の銀行が発行する貨幣の代用物としての証券を指す。現在の日本の通貨は、政府が製造・発行する貨幣と日本銀行が発行する銀行券のみである。

(c)　実行行為

偽造とは、通貨の発行権を持たない者が、一般人をして真正の通貨と誤認させるような外観の物を作成することをいう。変造とは、真正の通貨を用いて、一般人をして他の通貨と誤認させる外観の物を作成することをいう。単に通貨と紛らわしい外観の物を作成する行為は「模造」であり、通貨及証券模造取締法によって処罰される。

行使とは、偽貨を真正な通貨として流通に置くことをいう。文書偽造罪の場合とは異なり、他人に見せるだけの行為は行使には該当しない。

交付とは、偽貨を、それが偽貨であることを相手に知らせ、またはそれが偽貨であることを知っている相手に引き渡すことをいう。

以上のほか、輸入も実行行為として挙げられている。

(d)　主観的要件

偽造、変造、交付、輸入については、故意のほかに、行使の目的が必要であ

る。他人に行使させる目的も含まれる。行使の目的を伴わない偽造・変造は、通貨及証券模造取締法の対象となる。

(e)　偽造・変造の準備行為の処罰

通貨の偽造・変造の用に供する目的で、器械または原料を準備する行為も処罰される（153条）。

(2)　その他の罪

外国通貨偽造及び行使等罪（149条）の客体は、日本国内で事実上流通している外国の通貨である。その他の点は、通貨偽造及び行使等罪と共通である。

偽造通貨等収得罪（150条）および収得後知情行使等罪（152条）の客体は、偽造・変造された通貨（偽貨）である。偽貨であることを知りながら、行使の目的でこれを収得した場合には前者の罪にあたる。収得時には偽貨とは知らなかったが、偽貨だと知った後にこれを行使し、または行使の目的で他人に交付した場合には、後者の罪にあたる。

2　有価証券偽造罪

(1)　有価証券偽造等罪

(a)　客体

公債証書、官庁の証券、会社の株券その他の有価証券である。有価証券も文書の一種であることから、文書偽造罪の特則として位置づけることが可能である。判例によれば、本章の有価証券とは、財産上の権利が証券上に表示され、その表示された権利の行使につきその証券の占有を必要とするものをいい、商法上の有価証券とは異なり、取引上の流通性は不要だとされている（最判昭和32・7・25刑集11巻7号2037頁）。「その他の有価証券」の例としては、約束手形、鉄道の乗車券、劇場の入場券、商品券、勝ち馬投票券などが挙げられる。これに対し、預金通帳等のように法律関係の存否やその内容を証明するための証拠としての意義を有するにすぎないものは、有価証券にはあたらない。

(b)　実行行為

偽造とは、作成権限のない者が他人名義の有価証券を作成することをいう。

変造とは、真正な有価証券に権限なく変更を加えることをいう。作成権限が与えられている者がその権限を濫用して有価証券を作成した場合は、偽造には該当しない。これに対し、権限を逸脱して作成した場合は、偽造にあたる。

虚偽記入とは、有価証券に真実に反する記載をすることをいう。判例によれば、権限ある者による内容虚偽の有価証券の作成のほか、証券がいったん成立した後の裏書・引受け・保証等の付随的証券行為については、他人名義を冒用した場合も含まれる（大判大正2・6・12刑録19輯705頁）。つまり、有価証券の無形偽造と、付随的証券行為の際の有形偽造が虚偽記入にあたる。

(c) 主観的要件

故意のほかに、行使の目的が必要である。

(2) 偽造有価証券行使等罪

偽造・変造または虚偽記入された有価証券を行使し、行使の目的で交付し、または輸入する行為が本罪にあたる。行使とは、真正なまたは内容が真実な有価証券として使用することをいうが、通貨の場合とは異なり流通に置くことまでは必要なく、他人が認識しうる状態に置けば足りる。

3 支払用カード電磁的記録に関する罪

(1) 概観

18章の2には、支払用カード電磁的記録不正作出等罪（163条の2）、不正電磁的記録カード所持罪（163条の3）、支払用カード電磁的記録不正作出準備（163条の4）が置かれている。クレジットカードやプリペイドカード等の支払用カードが現金に代わる決済手段として普及したことに伴い、その偽造も頻発するようになった。本章は、これに対応するために平成13年に設けられたが、支払用カードを構成する電磁的記録の不正作出だけでなく、その周辺行為や準備段階の行為も広く処罰対象に含まれている。

(2) 支払用カード電磁的記録不正作出等罪

(a) 客体

人の財産上の事務処理の用に供する電磁的記録であって、①クレジットカードその他の代金または料金の支払用のカードを構成するもの（前段）、および②預貯金の引出用のカードを構成するもの（同項後段）である。銀行のキャッシュカードなどが②の例にあたる。デビット機能を有するものが多いため、客体に含まれている。

(b) 実行行為

前記の電磁的記録の不正作出（1項）、不正に作出された前記の電磁的記録の供用（2項）、不正に作出された前記の電磁的記録をその構成部分とするカード（不正電磁的記録カード）の譲渡し、貸渡し、および輸入（3項）である。本罪の未遂は処罰される（163条の5）。

(c) 主観的要件

故意のほかに、人の財産上の事務処理を誤らせる目的が必要である。

(3) その他の罪

支払用カード不正作出の目的で不正電磁的記録カードを所持する行為（163条の3）、支払用カード不正作出の用に供する目的で、前記の電磁的記録の情報を取得（163条の4第1項前段）・提供（同項後段）・保管（同条2項）する行為、器械または原料を準備する行為（同条3項）も処罰される。情報の取得・提供については、未遂も処罰される（163条の5）。

4　印章偽造の罪

19章の印章偽造の罪には、御璽偽造及び不正使用等罪（164条）、公印偽造及び不正使用等罪（165条）、公記号偽造及び不正使用等罪（166条）、私印偽造及び不正使用等罪（167条）が置かれている。

印章・署名の偽造等の行為は、文書や有価証券の偽造の手段として行われることが多いため、本章の罪は、未遂犯処罰規定のない文書偽造罪、有価証券偽造罪の未遂段階の行為を捕捉する機能を有している。

5　不正指令電磁的記録に関する罪

　19章の2の不正指令電磁的記録に関する罪には、不正指令電磁的記録作成等罪（168条の2）と不正指令電磁的記録取得等罪（168条の3）が置かれている。コンピュータ・ウィルスによる被害が社会問題化したのを受けて、平成23年に設けられた。保護法益は、電子計算機による情報処理のためのプログラムに対する社会一般の信頼および電子計算機の社会的機能である（最判令和4・1・20刑集76巻1号1頁〔コインハイブ事件〕参照）。

　不正指令電磁的記録作成等罪は、正当な理由がないのに、他人の電子計算機における実行の用に供する目的で、コンピュータ・ウィルスやそのソースコードを作成、提供する行為（168条の2第1項）、および正当な理由なくコンピュータ・ウィルスを他人の電子計算機における実行の用に供する行為（同条2項）を処罰するものである。不正指令電磁的記録取得等罪は、同様の目的で、コンピュータ・ウィルスやそのソースコードを取得・保管する行為を処罰するものである。

　168条の2第1項1号は、コンピュータ・ウィルスを「人が電子計算機を使用するに際してその意図に沿うべき動作をさせず、又はその意図に反する動作をさせるべき不正な指令を与える電磁的記録」と定義している。前掲最判令和4・1・20は、閲覧者の電子計算機を用いてマイニング（暗号資産の取引履歴の承認作業等の演算）を行わせるプログラムの呼び出しコードを自己の運営するウェブサイトに埋め込んだ行為が不正指令電磁的記録取得等罪（のうちの保管罪）に該当するかが争われた事案である。最高裁は、本件プログラムコードの有用性やその実行が閲覧者の電子計算機の処理速度に与える影響等を検討したうえで、本件プログラムコードは社会的に許容されていなかったとはいえないとして「不正な指令」にはあたらないとした。

第14章

風俗犯

　本章では、社会的法益に対する罪のうち風俗犯と呼ばれる罪を扱う。風俗とは、社会的な生活上のしきたりのことをいう。風俗犯は、①性的風俗を保護するわいせつ罪、②経済的風俗を保護する賭博罪、そして③宗教的風俗を保護する死体損壊等罪の３グループに分かれる。風俗犯の特徴は、それが放任されて累積すると明白に社会的害悪が存在する状況に至るものの、個々の行為がそれ自体としてただちに法益を侵害・危殆化させるとは言いがたい点にある。

I　わいせつ罪

（公然わいせつ）
174条　公然とわいせつな行為をした者は、６月以下の懲役若しくは30万円以下の罰金又は拘留若しくは科料に処する。
（わいせつ物頒布等）
175条１項　わいせつな文書、図画、電磁的記録に係る記録媒体その他の物を頒布し、又は公然と陳列した者は、２年以下の懲役若しくは250万円以下の罰金若しくは科料に処し、又は懲役及び罰金を併科する。電気通信の送信によりわいせつな電磁的記録その他の記録を頒布した者も、同様とする。
２項　有償で頒布する目的で、前項の物を所持し、又は同項の電磁的記録を保管した者も、同項と同様とする。

　公然わいせつ罪（174条）は、公道上で陰部を露出するような行為を処罰対象とし、また、わいせつ物頒布等罪（175条）は、性交場面の無修正ビデオを多数

人に向けて販売したり放映したりするような行為を処罰対象とする犯罪である。自己または相手方の性的欲求を満たす行為を、それを見聞きした他人が性的嫌悪感を抱くおそれがあるのに無視して実行するのが典型であり、不同意わいせつ罪（176条）等の性犯罪と類似した構造をもつ。そこから、見ることを欲しない人々の感情が保護法益であるとする見解も有力である。しかし、判例・多数説は、性的自由を害される具体的な被害者の存在が必要とされない点で性犯罪とは本質的に異なるものと解しており、その保護法益は、性秩序・健全な性的風俗であるとする。

　公然わいせつ罪で特に問題となるのは、行為の公然性である。これは、不特定または多数の人が認識できる状態をいう。ストリップ劇場のように、見たくない人の目に触れるおそれがない場合であっても、観客が不特定または多数人であれば、公然性を肯定するのが判例である。近年は、いわゆる乱交パーティーでも公然性を認める処罰例がある（高松地判平成23・2・9公刊物未登載）。

　わいせつ物頒布等罪については、性的場面の描写を含む小説の販売や映画の上映などは表現の自由の行使にあたるため、具体的な被害者がいないのに処罰対象にすることは憲法違反ではないかが激しく争われ続けているが、最高裁は合憲の判断を重ねている（最大判昭和32・3・13刑集11巻3号997頁など）。

　わいせつとは、判例（前掲・最大判昭和32・3・13）によれば、いたずらに性欲を興奮・刺激させ、かつ、普通人の正常な性的羞恥心を害し、善良な性的道義観念に反するものをいう。何がわいせつにあたるかは時代によって変遷しうる。また、わいせつ性の要素と芸術性・科学性の要素をともにそなえる物が「わいせつな物」にあたるかどうかの判断は、判例において、①わいせつ性が認められる部分のみを判断する方法から、②わいせつ性が認められる部分の性的刺激が客体全体の芸術性等によってどの程度中和されているかを判断する方法を経て、③客体を全体としてみたときに主として受け手の好色的興味に訴えるものといえるかを判断する方法へと緩和的に変遷してきた。もっとも、それ以上の緩和は認められておらず、最近の判例（最判令和2・7・16刑集74巻4号343頁）は、女性器の三次元形状データファイル等を不特定者に配布した行為について、当該客体の外部にある芸術的文脈や行為者の芸術的意図等によって客体のわいせつ性は否定されないという理解を示している。近時の学説では、

基準としての明確性および表現の自由との妥当な調整という観点から、ハード
コア・ポルノ（性器または性交を具体的に露骨かつ詳細な方法で描写叙述し、全体と
してみたときに支配的効果がもっぱら受け手の好色的興味に感覚的官能的に訴えるもの）
のみにわいせつ性を認める見解が有力であり、さらに、頒布・販売方法等によ
る相対化を図る見解も主張されている。

　技術の進展に伴い、いくつかの顕著な動きがある。①わいせつ画像データに
ついては、かつては、それをコンピュータのハードディスクに記憶・蔵置さ
せ、多数人が閲覧できる状態にした場合、ハードディスク自体が「わいせつな
物」にあたり、それを公然と陳列したという無理のある解釈がとられ、また、
わいせつな画像データを送信した場合に、有体物でない画像データ自体を「わ
いせつな物」とする解釈すら追求されていたところ、平成23年改正で、処罰範
囲が「わいせつな電磁的記録に係る記録媒体」や「わいせつな電磁的記録その
他の記録」の頒布にも明示的に拡張された。なお、頒布とは、客体が物の場合
は、不特定または多数の者に物を交付することをいうが、記録の頒布とは、不
特定または多数の者の記録媒体に記録を存在するに至らしめる行為をいう（最
決平成26・11・25刑集68巻 9 号1053頁）。②本罪は国外犯処罰がないため、外国の
サーバーに蔵置させたわいせつ画像データにわが国からアクセスできる場合、
データのアップロード行為を国内犯として処罰できるかが問われる。処罰例は
あるものの確立した判例はなく、通説もまだ形成されていない。③近時は、イ
ンターネット上ですでに公開されているわいせつ画像へのリンクを張る行為は
公然陳列にあたるかという問題や、わいせつ情報が蔵置されたサーバーを管理
するプロバイダーが、それが公開されていることを知りながら削除しない場合
に、公然陳列行為が肯定できるかという問題が議論されている。

　性的風俗犯には、以上のほかに淫行勧誘罪（183条）もあるが、今日では売春
防止法でカバーされる。また、法的な二重の婚姻を罰する重婚罪（184条）は、
それに該当する事態が事実上ほとんど生じ得ず、一夫一婦制が守られるべきこ
とを示す象徴的意義があるにすぎない。

II　賭博罪

（賭博）
185条　賭博をした者は、50万円以下の罰金又は科料に処する。ただし、一時の娯
　　楽に供する物を賭けたにとどまるときは、この限りでない。
（常習賭博及び賭博場開張等図利）
186条 1 項　常習として賭博をした者は、 3 年以下の懲役に処する。
 2 項　賭博場を開張し、又は博徒を結合して利益を図った者は、 3 月以上 5 年以下
　　の懲役に処する。
（富くじ発売等）
187条 1 項　富くじを発売した者は、 2 年以下の懲役又は150万円以下の罰金に処す
　　る。
 2 項　富くじ発売の取次ぎをした者は、 1 年以下の懲役又は100万円以下の罰金に
　　処する。
 3 項　前 2 項に規定するもののほか、富くじを授受した者は、20万円以下の罰金又
　　は科料に処する。

　賭博罪（185条）は、賭け麻雀など、偶然により決まる勝敗に基づき財産の得
喪を争う行為（敗者が財産を喪失し、それを勝者が取得するゲーム）を処罰対象と
する犯罪である。労働や投資によらず、安易に他人の負担において財産的利益
を得ようとする行為であり、財産犯のうち領得罪（窃盗罪など）と類似した構
造をもつ。しかし、財産を失う敗者もそれに同意しているため具体的な被害者
がいない点で財産犯とは本質的に異なる。判例（最判昭和25・11・22刑集 4 巻11
号2380頁）は本罪を、勤労の美風を害するほか、暴行・脅迫・殺傷・強窃盗等
を誘発し、国民経済に障害を与えるおそれのある犯罪だとする。
　賭博罪の禁圧は、反社会的勢力の資金源を断つという意義が大きい。賭博の
環境を提供して胴元として賭博営業をする行為（186条 2 項）や、常習的に賭博
することで賭博営業を支えることになりうる行為（186条 1 項）が重く罰せられ
ている点に、そのことが表れている。単発的に行われる通常の賭博は刑が軽
く、また、「一時の娯楽に供する物」、すなわち即時に娯楽のため費消される飲
食物など（判例〔大判大正13・2・9刑集 3 巻95頁〕によれば、現金は性質上これには
あたらない）を賭けただけの場合は、賭博罪は成立しない。パチンコは、客が

出玉を現金に換える際に、「一時の娯楽に供する物」に該当する特殊景品を介在させるいわゆる「三店方式（または四店方式）」をとることで、賭博罪にあたることを回避しようとしている。

富くじ発売等罪（187条）は、参加者から集めた財産を抽選などの偶然の結果に基づいて不均等に再分配する富くじに関与する行為を罰する。賭博と富くじの区別基準については、賭博ではゲームの勝敗決定時にはじめて敗者が財産を失うのに対して、富くじにおいては参加の時点ですでに参加者の全員が財産を提供すると解する見解や、何に賭けるかを行為者が決定できるのが賭博であり、何に賭けるかも偶然によって決まるのが富くじであると解する見解等があるが、両罪の処罰根拠は共通である。

いわゆる公営ギャンブル（宝くじ、スポーツ振興くじ、競馬、競輪、競艇およびオートレース）は、賭博罪等または富くじ発売等罪の構成要件に該当するが、いずれも特別法（当せん金付証票法、スポーツ振興投票実施法、競馬法、自動車競技法、モーターボート競走法および小型自動車競走法）によって違法性が阻却される。優越的利益にあたるのは、各領域における公益振興目的（たとえば競馬であれば「馬の改良増殖その他畜産の振興」）の実現や、国および地方公共団体の収入であるという理解がありうる。また、カジノ管理委員会の下での民営カジノを認めるIR推進法は、「観光及び地域経済の振興」の目的を掲げるとともに、国等がカジノ施設の設置・運営者から納付金を徴収できるものとしている。

賭博罪等に関しては、いわゆるオンラインガチャのアイテムを換金できる仕組みをつくることの許容性についても、議論がありうるところである。

Ⅲ　死体損壊等罪

> （死体損壊等）
> 190条　死体、遺骨、遺髪又は棺に納めてある物を損壊し、遺棄し、又は領得した者は、3年以下の懲役に処する。

死体損壊等罪（190条）は、人の死体をばらばらに切断する行為（死体損壊罪）

や人の死体を山中に捨てる行為（死体遺棄罪）、棺の中から遺品の貴金属を奪い取る行為（納棺物領得罪）などを処罰対象とする犯罪である。多様な客体と行為態様が定められているが、いずれも死者の人格的利益が残っている物に対する不法な攻撃である。死者の取扱いについての社会的しきたりに反する宗教的風俗犯であり、死者を尊重する公衆の感情が保護法益であるなどとも説明される。最判令和5・3・24刑集77巻3号41頁は、「社会的な習俗に従って死体の埋葬等が行われることにより、死者に対する一般的な宗教的感情や敬けん感情が保護されるべきことを前提に、死体等を損壊し、遺棄し又は領得する行為を処罰することとしたもの」であるとする。

作為による死体の放棄・隠匿行為でも、習俗上の埋葬等とは認められない態様のものでない限り、「遺棄」には該当しない（前掲最判令和5・3・24）。また、死体を単に放置する不作為行為は、その死者に対する葬祭権者（葬祭義務者）やそこから委託を受けた死体監護義務者が行う場合にのみ、「遺棄」に該当する。

本罪を構成する納棺物の領得行為は、別途個人的法益に対する財産犯（窃盗罪など）を構成しないとするのが判例である。

墓を掘り起こすと墳墓発掘罪（189条：2年以下の懲役）にあたり、それによって遺骨や納棺物の領得など本罪に該当する行為を行うと、重い結合犯としての墳墓発掘死体損壊等罪（191条：3月以上5年以下の懲役）が成立する。

死体からの臓器移植は本罪の構成要件に該当するが、臓器移植法の要件を満たせば同法により違法性が阻却される。移植を受ける者の生命が優越的利益である。

殺人罪（199条）を犯した後、死体を捨てた場合、殺人罪と本罪は併合罪とされる。理論的には牽連犯になりうるが、併合罪であれば、死体遺棄罪で逮捕した後に殺人罪で再逮捕できるなどの手続法上の効用がある。

宗教的風俗犯としては、ほかに、墓で用を足す行為や、ミサや葬式で騒ぎ立てる行為などを処罰する礼拝所不敬及び説教等妨害罪（188条）などが規定されている。

風俗犯と国内犯

　刑法の場所的適用は属地主義に基づく国内犯処罰が原則であり、そして、国内犯とされるのは、通説である遍在説によれば、構成要件該当事実の一部または全部が国内で生じた場合である（→総論262頁）。風俗犯では、この国内犯処罰の限界が問われることが少なくない。

　わいせつな動画を国外にあるサーバーに国外からアップロードして国内から視聴可能にする事例は、どのように考えられるだろうか。175条1項の「わいせつな電磁的記録に係る記録媒体の公然陳列」という構成要件該当事実のうち、行為が国外で行われたのであれば、公然陳列の結果が国内で生じたといえなければ、国内犯として処罰することはできない。サーバーの所在地が国外であっても国内から視聴できれば、公然陳列の構成要件的結果は国内で生じたものとする考え方はありうる。また、国内犯の概念を法益侵害の結果や危険が国内で生じた場合にも拡張させれば、上記の例は国内犯として扱われることになる（構成要件的結果と法益侵害が異なることについては、総論12頁参照）。

　賭博罪はどうだろうか。国外にサービス提供拠点のあるギャンブルでも、インターネットを介して国内から参加すると、行為が国内であるから、遍在説によれば国内犯となる。しかし、当該外国で適法とされるギャンブルの場合にまでわが国の刑法を適用して処罰してよいだろうか。賭博罪の処罰根拠などに照らして、この結論に問題がないかどうか考えてみよう。

第15章

国家の存立・国交に関する罪

　内乱に関する罪および外患に関する罪は、いずれも国家の存立を危うくする罪である。内乱に関する罪が国家の存立を内部から危うくするのに対し、外患に関する罪は国家の存立を外部から危うくする。

　国交に対する罪は、国家の外交作用を保護法益とし、外交政策を円滑に遂行するため外国の政府や国民の感情を害するような行為等を禁圧しようとする。

I　内乱に関する罪

（内乱）
77条1項　国の統治機構を破壊し、又はその領土において国権を排除して権力を行使し、その他憲法の定める統治の基本秩序を壊乱することを目的として暴動をした者は、内乱の罪とし、次の区別に従って処断する。
一　首謀者は、死刑又は無期禁錮に処する。
二　謀議に参与し、又は群衆を指揮した者は無期又は3年以上の禁錮に処し、その他諸般の職務に従事した者は1年以上10年以下の禁錮に処する。
三　付和随行し、その他単に暴動に参加した者は、3年以下の禁錮に処する。
2項　前項の罪の未遂は、罰する。ただし、同項第3号に規定する者については、この限りでない。
（内乱等幇助）
79条　兵器、資金若しくは食糧を供給し、又はその他の行為により、前2条の罪を幇助した者は、7年以下の禁錮に処する。
　　　　　　　　　　　予備・陰謀処罰（78条）、自首による免除（80条）

1　概説

　内乱に関する罪は、現存する国家体制と異なるイデオロギーに基づく犯罪であって政治犯であり、そのような確信に基づいて行われるため確信犯でもある。内乱に関する罪が政治犯・確信犯としての性質を有することは、刑事責任の基礎づけをめぐる議論（道義的非難は可能か）のほか、いかなる刑罰を採用すべきかをめぐる議論も生ぜしめる。

　政治犯に対する死刑の採用には古くから賛否両論があるが、現行法は内乱に関する罪の刑罰として死刑を規定した。また、現行法は、窃盗・詐欺等の破廉恥罪とは異なる政治犯の非破廉恥性を考慮し、自由刑として懲役刑ではなく禁錮刑を採用した（ただし、外患に対する罪は懲役刑を採用→244頁。なお、懲役・禁錮の廃止と拘禁刑の創設につき→総論236頁）。

　内乱に関する罪の第一審は、高裁が裁判権を有し（裁判所法16条4号）、裁判官5人によって構成される合議体で取り扱われる（同法18条2項）。

　刑訴法208条の2は、内乱に関する罪について、起訴前勾留期間の特則を定める。

　内乱に関する罪は政治犯の典型とされるため、その犯人は、政治犯罪人として犯罪人引渡しの対象とならない（逃亡犯罪人引渡法2条1号）。

2　内乱に関する罪の類型

　内乱に関する罪は、①内乱罪（77条1項。憲法の定める統治の基本秩序を壊乱することを目的とし、多数の者が暴動をすること）、②内乱未遂罪（77条2項。①の未遂。付和随行者、暴動参加者は罰しない）、③内乱の予備（内乱を計画しその具体的実行に必要な準備をすること）・内乱の陰謀（2人以上の者が内乱の実行を具体的に計画して合意すること）罪（78条）、④内乱等幇助罪（79条。内乱集団外において、内乱罪および内乱予備・陰謀罪の実行を容易にするよう援助を与えること）からなる（なお、内乱に関する罪の「周辺」にあたる行為を処罰する特別法上の規定がある。破壊活動防止法38条1項等。また、共犯関係につき→総論110頁）。

3 自首による免除

　予備・陰謀罪、内乱等幇助罪の罪を犯した者が暴動に至る前に自首したときはその刑を必要的に免除する（80条）。総則の自首規定（42条1項、任意的減軽）に対する特則である。

II 外患に対する罪

（外患誘致）
81条　外国と通謀して日本国に対し武力を行使させた者は、死刑に処する。
（外患援助）
82条　日本国に対して外国から武力の行使があったときに、これに加担して、その軍務に服し、その他これに軍事上の利益を与えた者は、死刑又は無期若しくは2年以上の懲役に処する。

　　　　　　　　　　　　　　　未遂処罰（87条）、予備・陰謀処罰（88条）

---

1 概説

　外患に関する罪は国際関係における国家の対外的存立・対外的安全を保護法益とする。内乱に関する罪と異なり、自由刑として禁錮刑ではなく懲役刑を置く。ここから、本罪の罪質を「国民による祖国裏切り行為」とする見解も有力である（ただし、本罪の主体には外国人も含まれる（2条3号参照）ため、国民の忠実義務違反のみで説明し尽くせるものではない）。

　刑訴法208条の2は、外患に関する罪について、起訴前勾留期間の特則を定めている（内乱に関する罪の場合と異なり、裁判所法上の特則はない）。

　外患に関する罪も、内乱に関する罪と同様、その犯人は、政治犯罪人として犯罪人引渡しの対象とならない（逃亡犯罪人引渡法2条1号）。

2　外患に関する罪の類型

現行刑法上の外患に関する罪は、①外患誘致罪（81条。外国と通謀して、わが国に対し、武力を行使させること）、②外患援助罪（82条。わが国に対して外国から武力の行使があったときに、これに軍事上の利益を与えること）、③外患誘致および外患援助の未遂罪（87条）、④外患予備・陰謀罪（88条。外国との通謀に先だって、そのための準備行為をし、または、謀議・画策をすること）の罪を規定している（なお、外患に関する罪の「周辺」にあたる行為を処罰する特別法上の規定がある。破壊活動防止法38条1項等）。

III　国交に関する罪

（外国国章損壊等）
92条1項　外国に対して侮辱を加える目的で、その国の国旗その他の国章を損壊し、除去し、又は汚損した者は、2年以下の懲役又は20万円以下の罰金に処する。
2項　前項の罪は、外国政府の請求がなければ公訴を提起することができない。
（私戦予備及び陰謀）
93条　外国に対して私的に戦闘行為をする目的で、その予備又は陰謀をした者は、3月以上5年以下の禁錮に処する。ただし、自首した者は、その刑を免除する。
（中立命令違反）
94条　外国が交戦している際に、局外中立に関する命令に違反した者は、3年以下の禁錮又は50万円以下の罰金に処する。

1　概説

国交に関する罪の保護法益・罪質には争いがあるが、国家の外交作用を保護法益ととらえ、外交政策を円滑に遂行するため外国の政府や国民の感情を害するような行為等を禁圧しようとするものと理解する見解が有力である。

刑訴法208条の2は、国交に関する罪について、起訴前勾留期間の特則を定めている。

2 国交に関する罪の類型

　刑法は、国交に関する罪として、外国国章損壊等罪（92条。外国に対して侮辱を加える目的で、外国の国章を損壊し、除去し、汚損すること）、私戦予備・陰謀罪（93条。外国に対して私的に戦闘をする目的で、その予備または陰謀をすること）、中立命令違反罪（94条。外国が交戦している際に、局外中立に関する命令に違反すること）を規定している。

　どのような行為が中立命令違反となるかはその行為時に発令されている局外中立命令の内容次第であるから、中立命令違反罪は現行刑法典中唯一の白地刑罰法規である。

第16章

国家の作用に対する罪

　本章では、国家の作用に対する罪として、公務の執行を妨害する罪、逃走の罪、犯人蔵匿及び証拠隠滅の罪、偽証の罪、虚偽告訴の罪を扱う（ただし、一部の類型は、国家のみでなく、地方公共団体の作用も保護する。また、公務の執行を妨害する罪のうち、強制執行に関する罪の罪質につき下記参照）。

　このうち、公務の執行を妨害する罪を除いた、その余の罪は、司法作用に対する罪とも称される（ただし、逃走の罪の罪質につき→259頁）。

　なお、汚職の罪（→281頁）も国家の作用に対する罪に分類される場合がある。汚職の罪と本章で取り上げる罪の違いは、後者の罪が国家の作用を外部から侵害する点にある。

I　公務の執行を妨害する罪

　刑法は、公務の執行を妨害する罪として、公務執行妨害及び職務強要罪（95条）、封印等破棄罪（96条）、強制執行妨害目的財産損壊等罪（96条の2）、強制執行行為妨害等罪（96条の3）、強制執行関係売却妨害罪（96条の4）、加重封印等破棄等罪（96条の5）、公契約関係競売等妨害罪（96条の6）を規定する。

　このうち、強制執行に関係する96条から96条の6までの罪は、財産罪や経済犯罪としての性格も有している（→253頁）。

1 公務執行妨害及び職務強要罪

(1) 総説

95条は、公務執行妨害罪（1項）および職務強要罪（2項）を規定する（両者をあわせて、「広義の公務執行妨害罪」と呼ぶ場合がある）。

これらの罪は、公務員に対して、暴行・脅迫を加えた場合に成立する。もっとも、公務員による職務の円滑な執行（1項）あるいは公務員による将来の職務執行（2項）を保護するものであって、いずれも、公務員の身体の安全等を特に手厚く保護するものではない。

職務強要罪は、公務員の職務上の地位を保護することにより間接的に公務を保護しようとするものであり、公務執行妨害罪を補完する犯罪類型である。

(2) 公務執行妨害罪

（公務執行妨害）
95条1項　公務員が職務を執行するに当たり、これに対して暴行又は脅迫を加えた者は、3年以下の懲役若しくは禁錮又は50万円以下の罰金に処する。

公務執行妨害罪は、公務員が職務を執行するに当たり、これに対して暴行または脅迫を加えた場合に成立する。

(a) 「公務員」

「公務員」とは、国または地方公共団体の職員その他法令により公務に従事する議員、委員その他の職員をいう（7条。国公立大学の教員等のみなし公務員も本罪にいう公務員に該当するが、みなし規定を欠く公法人の職員は、ここでいう公務員に該当しないというべきであろう）。

(b) 公務員の「職務」

(i) 「職務」の意義

公務員の職務（公務）とは、公務員の取り扱う事務をいう（最判昭和53・6・29刑集32巻4号816頁。なお、大判大正4・10・6刑録21輯1441頁は、警察官による示談あっせん行為は警察官の職務に該当しないとする）。

(ii)　公務と業務

　非権力的公務は業務妨害罪における「業務」として保護されるから（→69頁）、暴行・脅迫によって非権力的公務を妨害した行為には威力業務妨害罪が成立する。では、この場合、公務執行妨害罪の成立もあわせて認められるであろうか（公務執行妨害罪の手段は暴行・脅迫に限定されているから、暴行・脅迫に至らない威力による場合や偽計による場合には、この問題は生じない）。

　公務に二重の保護を与える必要はないとして、業務妨害罪により保護される公務への侵害は（暴行・脅迫によるものであっても）公務執行妨害罪に該当しないとする見解も存する。しかし、公務は公共の福祉を目的とするため、民間の業務と同様に保護されると同時に公務としても保護されることにも理由がある。非権力的公務（→79頁）は業務として保護されると同時に、公務としても保護されると解すべきである（この場合、業務妨害罪と公務執行妨害罪の罪数関係は、法条競合であって後者のみが成立するとする見解と、両者は保護法益を異にするとし両罪が成立して観念的競合になるとする見解がある）。

(iii)　職務の適法性（要保護性）

　公務執行妨害罪は公務の円滑な執行を保護する。このため、職務は、適法なものであることを要する（職務の適法性。なお、一般に軽微な違法がある職務も公務執行妨害罪によって保護されるとする立場が判例・通説であるため〔後述〕、適法性ではなく要保護性と呼ぶ見解も有力である。最大判昭和42・5・24刑集21巻4号505頁参照。また、適法性と呼ぶ場合にも、公務員による職務の根拠となる法令——たとえば刑訴法——上の適法性ではなく、刑法上の適法性が問題となっていることに注意が必要である）。

　職務の適法性の要件は、一般に、①当該職務執行が当該公務員の抽象的職務権限（→287頁）に属すること、②当該職務執行が当該公務員の具体的職務権限（→287頁）に属すること、③法律上の重要な条件・方式が履践されていることであるとされる（東京高判昭和33・7・28高刑判特5巻9号370頁参照。もっとも、具体的職務権限の存在は同時に抽象的職務権限の存在も意味するから、適法性を判断するうえでは②と③のみを問題にすれば足りよう。①は「職務」性の有無の問題であり〔抽象的職務権限すら存しなければそもそも「職務」ではない〕、適法性の問題ではない。なお、学説においては、②を要求せず、①・③の要件が充足されれば足りるとする見解も

ある。この立場においては①と②の区別は意味がある）。

③の要件は、法律上の「重要な」条件・方式が履践されていることが必要であり、かつ、それで足りるとするものである。公務の保護という観点からは、軽微な手続違反があるに過ぎない職務執行は、なお、保護すべきだからである（最大判昭和42・5・24刑集21巻4号505頁は、地方議会議長が執った措置が会議規則に違反するものである等法令上の適法要件を完全には満していなかったとしても、当該措置は、刑法上は暴行等による妨害から保護されるに値するとした。これに対し、大阪高判昭和32・7・22高刑集10巻6号521頁は、逮捕状を執行するに際し逮捕状が発せられている旨のみ告げ逮捕状を呈示せず行われた逮捕行為は保護に値しないとした）。

(iv) 適法性の判断基準

適法性を判断する基準につき、当該職務を行う公務員を標準とする見解（主観説。公務員標準説とも）、裁判所の法令解釈を標準とする見解（客観説。裁判所標準説とも）、一般人の見解を標準とする見解（折衷説。一般人標準説とも）が対立するとされ、客観説が通説であるとされる（主観説によれば、当該公務員が適法性ありと考えれば、あらゆる職務に適法性があることになってしまう。また、折衷説の基準は曖昧である）。

客観説の中にも対立がある。たとえば、逮捕時には刑訴法が定めた手続を履践して逮捕したが後に真犯人でなかったことが発覚した場合、刑訴法が定めた要件を充足した適法な逮捕行為であるから職務の適法性があると考えるべきなのか（行為時基準説）、真犯人ではなかったから結果的には違法な逮捕行為であって職務の適法性がないと考えるべきなのか（純客観説）、見解が分かれるのである。被疑者が罪を犯したと疑うに足りる「相当な理由」（刑訴法199条1項）等の刑訴法が定める要件を充足した逮捕は、暴行・脅迫から保護されると考えざるを得ない。真犯人でない者が逮捕されることは好ましくはないが、このような場合を完全に除去するのは逮捕者に無理を強いるに等しい。また、逮捕は、一定以上の嫌疑がある者の身柄を拘束する処分であるから、真犯人でない者が逮捕されてしまう事態もやむを得ない（真犯人でない者が雪冤するための手続的な保障は別になされるべきであるし、また、刑事訴訟法は被疑者に各種の権利を認めている）。このため、客観説のうちでも、行為時基準説が妥当である（最決昭和41・4・14判時449号64頁も、行為時標準説に親和的である）。

(v) 適法性の錯誤

　職務が適法に執行されその職務に適法性があったにもかかわらず、行為者が適法性が欠けると誤信して当該職務執行を妨害した場合（適法性の錯誤。たとえば、警察官が適法な逮捕手続を履践しているにもかかわらず、被逮捕者が違法な逮捕手続であると誤信し、暴行により当該逮捕手続を妨害した場合）、公務員の職務を故意に妨害したといえるだろうか。

　学説上は、①適法性の錯誤は、構成要件要素に関する錯誤であるから事実の錯誤であり故意が欠けるとする見解（事実の錯誤説→総論32頁）、②適法性の錯誤は、法的な評価に関する錯誤であるから法律の錯誤に過ぎず原則として故意があるとする見解（法律の錯誤説→総論32頁）が対立していた。

　事実の錯誤説に対しては、適法性がないと軽信した場合にまで故意が欠けるとするのは妥当でないとの批判が、法律の錯誤説に対しては、適法性は構成要件要素であって、その錯誤は法律の錯誤ではないとする批判があった。

　このため、③二分説が有力に主張されている。同説は、違法性を基礎付ける事実についての誤信（たとえば、実際には逮捕状が呈示されているにもかかわらず、呈示されていないと誤信した場合）は事実の錯誤であって故意が欠け、法令等の解釈・評価にかかわる誤信（たとえば、実際には軽微な違法があるがなお適法性がある逮捕手続が履践されたにもかかわらず、違法な逮捕であって適法性が欠ける職務執行だから抵抗してもよいと誤信した場合）は、法律の錯誤であって違法性の意識の可能性があれば故意は阻却されないとする（大阪地判昭和47・9・6判タ306号298頁もこの立場によるとされる。さらに、適法性は財産罪における財物の「他人性」〔→86頁〕と同様、規範的構成要件要素であり、適法性について素人的な意味の認識があれば本罪の故意があるとする立場も有力である）。

(c) 「執行するに当たり」

　本罪の成立には、公務員の職務に対する暴行・脅迫が、当該公務員が「職務を執行するに当たり」行われることを要する。

　現実に職務を執行している場合のみならず、まさに当該職務の執行を開始しようとしている場合のように当該職務の執行と時間的に接着しこれと切り離し得ない一体的関係にある範囲内の職務行為もこれに該当する（最判昭和45・12・22刑集24巻13号1812頁）。

(d) 「暴行・脅迫」

本罪の手段は、暴行・脅迫である。

本罪の暴行は、暴行罪における暴行（→17頁）と異なり、公務員に向けられた有形力の行使で足り、人の付近で物を壊す等の間接暴行も含まれる（広義の暴行。最決昭和34・8・27刑集13巻10号2769頁）。

また、本罪の脅迫は、脅迫罪における脅迫と異なり、人を畏怖させるに足る害悪の告知で足りる（加害の対象は問わない。最広義の脅迫。脅迫罪における脅迫→49頁）。

いずれも、公務員の職務の執行を妨害するに足るものであることを要し、かつ、それで足りる（現実に職務の執行を妨げたことまでは要求されない）。

(3) 職務強要罪

> （職務強要）
> 95条2項　公務員に、ある処分をさせ、若しくはさせないため、又はその職を辞させるために、暴行又は脅迫を加えた者も、前項と同様とする。

本罪は、①公務員にある処分をさせ、もしくはさせない目的、または②公務員の職を辞させる目的で、暴行・脅迫を加えた場合に成立する（本罪の成立に要求される暴行・脅迫は、公務執行妨害罪におけるそれと同じである）。

強要罪の特別罪とされる（もっとも、強要罪の成立には「人に義務のないことを行わせ、又は権利の行使を妨害した」ことまで要求されるのに対し、本罪の成立には現実に本条所定の目的を達したことまでは要求されない）。

「処分」とは、広く公務員が職務上なし得る行為をいう（法律上の効果を生ずるようなものでなくともよい。村会議員の村会への出席〔大判大正8・7・22刑録25輯880頁〕、市会議員の委員会における言論〔大判大正12・4・2刑集2巻291頁〕も本罪の「処分」に該当する）。

「処分」が、①公務員の職務権限内のものであることを要するか、②適法なものであることを要するかにつき争いがある。

①につき判例は本罪が広く公務員の職務上の地位の安全をも保護しようとす

るものであることが明白であるとし、職務権限外の処分も本罪で保護されるとする（最判昭和28・1・22刑集7巻1号8頁）。これに対し、通説は、本罪が公務の保護を目的とする罪であることから、職務権限内の処分のみが本罪で保護されると解している。

②の問題は、さらに二つの問題に分解される。

その第一は、適法な処分をさせる目的で公務員に対し暴行・脅迫を加えた行為が本罪を構成するかである。当該処分を行うか否かについて公務員が裁量を有する場合には裁量権行使を妨げること、適法な処分を行わせる場合でも法定の手続によるべきこと（最判昭和25・3・28刑集4巻3号425頁）から、第一の場合にも本罪を構成すると解すべきである（なお、裁量権行使の妨害のみに着目する見解においては、裁量権が欠けるケースでは本罪を構成しないこととなる。しかし、裁量権行使を欠く場合でも是正は法定の手続によるべきであるから、この見解には疑問がある）。

その第二は、違法・不当な処分をさせないために公務員に対し暴行・脅迫を加えた行為が本罪を構成するかである。公務執行妨害罪における「職務」と同様、本罪の「処分」についても適法性（要保護性）を要求する見解が有力である（もっとも、処分時に重大な違法性・不当性が明白なときのみ適法性・要保護性が欠けるとする見解もあり、本罪の成立範囲に関しては見解がなお対立する）。

「職を辞させる」とは、辞職させようとする場合一般をいう（「処分」を行わせないために辞職させようとする場合のほか、個人的な事情から辞職させようとする場合も含む。「辞職強要罪」と呼ぶこともある）。

2　強制執行関係の諸犯罪

(1)　総説

強制執行関係の諸犯罪（96条～96条の5）は、平成23年に大幅に改正された。

同改正により、①関係罰則の構成要件の拡充（96条～96条の4、96条の6）、②法定刑の引き上げ（96条～96条の4、96条の6）、③加重処罰規定の新設（96条の5、組織的犯罪処罰法3条1項1～4号）がなされた（改正前は、封印等破棄罪〔96条〕、強制執行妨害罪〔96条の2、改正前〕、競売等妨害罪〔96条の3、改正前〕が規定されていたのみであった）。

(2) 封印等破棄罪

（封印等破棄）
96条　公務員が施した封印若しくは差押えの表示を損壊し、又はその他の方法によりその封印若しくは差押えの表示に係る命令若しくは処分を無効にした者は、3年以下の懲役若しくは250円以下の罰金に処し、又はこれを併科する。

　本罪は、公務員が施した封印・差押え、またはこれらにかかる命令・処分を客体とし、これらの客体に対する侵害を公務の妨害として処罰する（なお、同改正により、法定刑が、従来の「2年以下の懲役又は20万円以下の罰金」から、「3年以下の懲役若しくは250万円以下の罰金」に引き上げられ、また懲役刑と罰金刑を併科しうるものとされた）。

　本罪は、①公務員が施した封印（物を任意に処分することを禁止するため、その物の外装に、開くことを禁止する旨の意思を表示して施された封緘その他の物的設備）・差押えの表示（公務員がその職務上保全すべき物を自己の占有に移す処分〔差押え〕による占有を明示するための標示であって封印以外のもの）を損壊したこと、または、②その他の方法によりその封印・差押えの表示にかかる命令・処分を無効にした（事実上の効用を滅失・減殺すれば足り、法律上の効用まで失わせる必要はない）ことにより成立する（封印・表示が第三者により既に損壊されていた後に債務者が差押え物件を搬出しても本罪は成立しないとした最判昭和29・11・9刑集8巻11号1742頁は、平成23年改正により否定された。この場合も②に該当する）。

(3) 強制執行妨害目的財産損壊等

（強制執行妨害目的財産損壊等）
96条の2　強制執行を妨害する目的で、次の各号のいずれかに該当する行為をした者は、3年以下の懲役若しくは250万円以下の罰金に処し、又はこれを併科する。情を知って、第3号に規定する譲渡又は権利の設定の相手方となった者も、同様とする。
　一　強制執行を受け、若しくは受けるべき財産を隠匿し、損壊し、若しくはその譲渡を仮装し、又は債務の負担を仮装する行為
　二　強制執行を受け、又は受けるべき財産について、その現状を改変して、価格を減損し、又は強制執行の費用を増大させる行為

三　金銭執行を受けるべき財産について、無償その他の不利益な条件で、譲渡を
し、又は権利の設定をする行為

　本罪は、強制執行を妨害する目的で行われる、主として対物的な行為（財産
を隠匿・損壊する等）を処罰する（対人的な行為については、平成23年改正に際し強
制執行行為妨害等罪が設けられた。→256頁。また、同改正により、2号、3号に掲げる
行為が新たに処罰されることとされ、法定刑も「2年以下の懲役又は50万円以下の罰金」
から「3年以下の懲役若しくは250万円以下の罰金」へ引き上げられ、また懲役刑と罰金
刑を併科しうるものとされた）。

　本罪の罪質・保護法益については、国家法益に対する罪としての色彩をどの
程度強く認めるかにつき争いがある。①本罪は個人法益（個人の債権）に対す
る罪であるとする見解と、②本罪は個人法益（個人の債権）に対する罪である
と同時に国家法益（国家の作用としての強制執行）に対する罪であるとする見解
が対立するのである。

　かつて判例は「同条は究極するところ債権者の債権保護をその主眼とする」
とし、①に親和的な判示をした（最判昭和35・6・24刑集14巻8号1103頁）。しか
し、平成23年改正によって本罪成立に要求される目的が「強制執行を妨害する
目的」と改められたため（同改正前は、「強制執行を免れる目的で」と規定され、①
に親和的であった）、強制執行という手続を保護する②の見解が妥当であろう。

　本罪の成立要件は、強制執行を妨害する目的で、本条1～3号が規定する各
行為を行うことである。

　「強制執行」とは、民事執行法による強制執行や担保権の実行としての競売
（競売法による競売）、民法・商法その他の法律による換価のための競売、民事執
行法の規定を準用する裁判の執行（民事保全法による仮差押え・仮処分の執行等）
を意味する（担保権の実行による競売につき、最決平成21・7・14刑集63巻6号613
頁）。罰金・科料・没収等の執行は本罪の「強制執行」に該当する（これらの執
行は民事施行法その他強制執行の手続きに関する法令の規定に従うため。刑訴法490条参
照。なお、罪質に関する争いに関する①の立場に拠れば、罰金・科料・没収等は、個人
の債権と無関係であるから本罪にいう「強制執行」に該当しない）。

　強制執行そのものを免れようとする目的の場合のみならず、手続の進行を一

時的に阻害する目的の場合でも、本罪を構成する。

　現実に強制執行を受けるおそれが存することを要する（最判昭和35・6・24刑集14巻8号1103頁）。

　本条1号が規定する行為は、強制執行を受けもしくは受けるべき財産（強制執行の目的財産。強制執行の対象となる動産、不動産、債権）を隠匿（発見を困難にする）・損壊（財産的価値を減少させる）する行為、これらの財産の譲渡を仮装（譲渡したように装う。第三者との通謀を要しない。隠匿の一態様）する行為、債務の負担を仮装（債務がないのに負担しているように装う）する行為である。

　本条2号が規定する行為は、強制執行の目的財産の現状を改変（物理的な状況に変更を加える）して、価値を減損（評価・売却価格が著しく下落することとなる状況を生じさせる）させる行為、または、現状を改変して強制執行の費用を増大させる行為である（平成23年改正によりこれらの行為が追加され、無用の増改築や廃棄物の搬入等によって目的物の価値を減損する等、損壊に当たらない行為も処罰されることとなった）。

　本条3号が規定する行為は、金銭執行（金銭債権についての強制執行）を受けるべき財産について、不利益な条件で、譲渡する行為、または、権利の設定をする行為である。情を知ってこれらの行為の相手方となった者にも本罪が成立する（96条の2柱書）。本号は、目的財産の譲渡を仮装等する場合ではなく、実際に譲渡等を行う場合の一部を捕捉する。

(4) 強制執行行為妨害等

> （強制執行行為妨害等）
> 96条の3 第1項　偽計又は威力を用いて、立入り、占有者の確認その他の強制執行の行為を妨害した者は、3年以下の懲役若しくは250万円以下の罰金に処し、又はこれを併科する。
> 2項　強制執行の申立てをさせず又はその申立てを取り下げさせる目的で、申立権者又はその代理人に対して暴行又は脅迫を加えた者も、前項と同様とする。

　本罪は、強制執行の進行を阻害する行為のうち、対人的な行為を処罰する。

　1項は、偽計（人の判断を誤らせるような術策）・威力（人の自由な意思を制圧す

るような力）を用いて、執行官等による強制執行の行為を妨害する行為を処罰の対象とする。威力は暴行・脅迫を含む概念であるため、暴行・脅迫により強制執行行為を妨害した場合、公務執行妨害罪の要件も充たすが、より重い本罪のみが成立する。

2 項は、強制執行の申立てをさせない目的または強制執行の申立てを取下げさせる目的で、申立権者（法人含む）またはその代理人に対し、暴行・脅迫を加える行為を処罰する。1 項の場合と異なりその手段が暴行・脅迫に限定されるのは、強制執行の申立てに関して債務者側が債権者側の意思に働きかけること（強制執行の申立てをしないよう哀願する等）は避けがたいためである。2 項の罪は、所定の目的で暴行・脅迫をした時点で成立する（申立て等が実際に妨害されたことを要しない）。

(5) 強制執行関係売却妨害罪

> （強制執行関係売却妨害）
> 96条の 4　偽計又は威力を用いて、強制執行において行われ、又は行われるべき売却の公正を害すべき行為をした者は、3 年以下の懲役若しくは250万円以下の罰金に処し、又はこれを併科する。

本罪は、強制執行に関係する売却を妨害する行為を処罰する（平成23年改正前の96条の 3 にいう「公の競売又は入札」には、強制執行と公共工事の入札等が含まれると解されていたところ、強制執行に関するものを独立させたのが本条である。残余の部分は、改正後の96条の 6 で規定された〔→258頁〕。なお、同改正により、法定刑が「2 年以下の懲役又は250万円以下の罰金」から、「3 年以下の懲役若しくは250万円以下の罰金」に引き上げられ、また懲役刑と罰金刑を併科しうるものとされた）。

本罪の成立要件は、偽計・威力を用いて、強制執行において行われ、または行われるべき（競売開始決定前の妨害行為も平成23年改正により処罰可能とされた）売却の公正を害すべき行為をしたことである。

本罪にいう「売却」とは、強制施行における目的財産の換価方法として民事執行法その他の強制執行の手続を規定する法令によって認められた手続をいう（平成23年改正により、「公の競売又は入札」に限定されないと明示された）。

強制執行妨害目的財産損壊等罪と同様、現実に強制執行を受けるおそれが存することを要する（→256頁）。

(6) 加重封印破棄等罪

（加重封印等破棄等）
96条の5　報酬を得、又は得させる目的で、人の債務に関して、第96条から前条までの罪を犯した者は、5年以下の懲役若しくは500万円以下の罰金に処し、又はこれを併科する。

本罪は、96条から96条の4までの罪（封印等破棄罪、強制執行妨害目的財産損壊等罪、強制執行行為妨害等罪、強制執行関係売却妨害罪）につき、報酬目的（自ら報酬を得る目的、第三者に報酬を得させる目的）で、人の債務（債務者自身の債務を含まない）に関し行なわれた場合に、加重処罰するものである（平成23年新設）。

(7) 公契約関係競売等妨害罪

（公契約関係競売等妨害）
96条の6第1項　偽計又は威力を用いて、公の競売又は入札で契約を締結するためのものの公正を害すべき行為をした者は、3年以下の懲役若しくは250万円以下の罰金に処し、又はこれを併科する。
2項　公正な価格を害し又は不正な利益を得る目的で、談合した者も、前項と同様とする。

本罪は、公の競売・入札で契約を締結するためのものの公正を害すべき行為（1項。公契約関係競売入札妨害罪とも）および公正な価格を害しまたは不正な利益を得る目的での談合行為（2項。談合罪とも）を処罰する（平成23年改正前の96条の3のうち改正後の96条の4に該当する行為を除いたものが、本条に規定された。また、同改正により、法定刑が「2年以下の懲役又は250万円以下の罰金」から、「3年以下の懲役若しくは250万円以下の罰金」に引き上げられ、また懲役刑と罰金刑を併科しうるものとされた）。

1項の罪は、偽計・威力を用いて（偽計による場合として、たとえば、特定の入

札予定者に予定価格等を内報する行為〔最決昭和37・2・9刑集16巻2号54頁〕、威力による場合として、たとえば、指名競争入札に際し、他の指名業者に談合に応じるよう脅迫する行為〔最決昭和58・5・9刑集37巻4号401頁〕）、公の競売・入札で契約を締結するためのもの（国または公共団体が実施する競売、入札で契約を締結するためのもの）の公正を害すべき行為（公の競売・入札の公正に不当な影響を及ぼす行為）をしたことにより成立する（公正を害すべき行為が行われれば既遂に達する。現実に公正が害されることまでは要求されない）。

2項の罪は、公正な価格（競売・入札が自由な競争に任されたならば形成されたであろう競落・落札価格。競争価格説）を害しまたは不正な利益（「祝儀」の程度を越え、不当に高額な場合。最判昭和32・1・22刑集11巻1号50頁）を得る目的で、談合した場合に成立する。

II　逃走の罪

1　総説

逃走の罪は、犯人蔵匿及び証拠隠滅の罪、偽証の罪、虚偽告訴の罪と並んで、司法作用に対する罪に分類される。

司法作用に対する罪も国家の作用に対する罪の一種であるが、国家の作用のうち特に司法作用（主として国家刑罰権の実現に向けられた国家の活動である刑事司法作用。ただし、後述するように、司法作用に対する罪に含まれる犯罪類型の一部においては、その他の国家の作用も含まれるとする立場も有力である。また、ここでいう「司法作用」には刑の執行や犯罪の捜査という、行政組織による活動も含まれる）を保護する犯罪類型である。

逃走の罪は、司法作用のうち、主として刑事司法手続における拘禁作用を保護する。

逃走の罪には、逃走する罪としての（単純）逃走罪・加重逃走罪、逃走させる罪としての被拘禁者奪取罪・逃走援助罪・看守者等による逃走援助罪が含まれる。

なお、保釈中の被告人等が国外に逃亡する事態を防止するため、令和5年、

刑事訴訟法が改正され、裁判所の命令により、保釈中の被告人にいわゆる
GPS端末を装着させ、一定の区域に侵入した場合には速やかにその身柄を確
保することで国外への逃亡を防止する制度が新設された（同改正後の刑事訴訟法
98条の12以下。公布の日から起算して5年を超えない範囲内において政令で定める日か
ら施行）。また、あわせて、逃走罪・加重逃走罪についても主体を拡張する等
の改正が行われた（→2以下）。

2　逃走罪

> （逃走）
> 97条　法令により拘禁された者が逃走したときは、3年以下の懲役に処する。
>
> 未遂罪（102条）

　本罪は、「法令により拘禁された者」（被拘禁者）が逃走することにより成立
する（加重逃走罪〔→261頁〕と区別するため、「単純逃走罪」と呼ばれることもある）。
　本罪は、令和5年改正により、主体が拡張され、また、法定刑が引き上げら
れた。
　本罪の主体は、「法令により拘禁された者」（法令によって身体の自由を拘束さ
れている者）である。主体が、改正前の「裁判の執行により拘禁された既決又
は未決の者」から、改正後の「法令により拘禁された者」へと拡張されたた
め、改正前は本罪の主体に含まれていなかった、逮捕状によって逮捕された者
（刑事訴訟法上、裁判の執行によって拘禁されているわけではないため、「裁判の執行に
より」に該当しないと解されていた）や、勾留状の執行を受けて身柄を拘束され
たものの刑事施設に収容されるに至っていない者（未だ「拘禁された」に該当し
ないと解されていた）も、本罪の主体に含まれることとなった。
　なお、令和5年改正前の99条における「法令により拘禁された者」について
は、本章の罪が主として刑事司法作用における拘禁作用を保護していることに
鑑み、法令により身柄拘束されている者一般ではなく、主目的が拘禁にある刑
事司法作用（あるいはそれに準ずる作用）により拘禁されている者に限定される

べきだとする議論があった（精神保健福祉法上の入院や、警職法3条により保護された泥酔者等は含まれないが、少年院に収容された少年や心神喪失者等医療観察法によって強制入院中の者については改正前の99条にいう法令により拘禁された者にあたるとする見解も有力であった）。改正後の本条における「法令により拘禁された者」の解釈上、参考になろう。

「逃走」とは、被拘禁者自身が、看守者の実力的支配を脱することをいう。逃走を開始した時点で実行の着手が認められ、実力的支配を脱した時点で既遂に達する。

3　加重逃走罪

> （加重逃走）
> 98条　前条に規定する者が拘禁場若しくは拘束のための器具を損壊し、暴行若しくは脅迫をし、又は2人以上通謀して、逃走したときは、3月以上5年以下の懲役に処する。
>
> 　　　　　　　　　　　　　　　　　　　　　　　　　　　　未遂罪（102条）

本罪は、逃走罪の加重類型である（令和5年改正前は、逃走罪の加重類型であるとともに主体を拡張する規定であったが、同改正で逃走罪の主体が拡張された結果、本罪の主体拡張規定としての性格が失われた）。

本罪の行為は、①拘禁場（刑事施設の居房その他拘禁の用に供される施設）・拘束のための器具（手錠、捕縄等、被収容者の身体を拘束する器具）を損壊（物理的に損壊することを要し、合鍵で手錠を外す等は含まない）、②暴行・脅迫（看守者またはその協力者に対するものに限られる）、③2人以上通謀のいずれかの手段により、逃走することである（③の場合を通謀逃走罪と呼ぶ場合がある）。

①、②の類型では、①、②のいずれかの行為が行われた時点で実行の着手が認められる。③の場合は、通謀した2人以上の者が現実に逃走を開始したことを要する（佐賀地判昭和35・6・27下刑集2巻5＝6号938頁。③の場合の加重根拠が、2人以上通謀して逃走することが追跡・逮捕を困難にする点に求められるところ、2人以上の者が現実に逃走に着手して初めてこのような困難さ生ずると考えられるため）。

上記③の場合については、共に逃走した者の間では総則の共犯規定は適用されない（必要的共犯→総論110頁）。

4　被拘禁者奪取罪

（被拘禁者奪取）
99条　法令により拘禁された者を奪取した者は、3月以上5年以下の懲役に処する。

未遂罪（102条）

本罪は、法令により拘禁された者（→260頁）を奪取することにより成立する。

「奪取」とは、被拘禁者を看守者の実力支配から離脱させ、自己または第三者の実力支配内に移すことをいう。手段は問わない。逃走させるのみの場合（実力支配内に移さない場合）は、逃走援助罪（→246頁）が成立するに止まる。

拘禁から離脱させるための行為に着手した時点で実行の着手が認められ、自己または第三者の実力支配内に置いた時点で既遂に達する。

5　逃走援助罪

（逃走援助）
100条第1項　法令により拘禁された者を逃走させる目的で、器具を提供し、その他逃走を容易にすべき行為をした者は、3年以下の懲役に処する。
2項　前項の目的で、暴行又は脅迫をした者は、3月以上5年以下の懲役に処する。

未遂罪（102条）

本罪は、法令により拘禁された者（→260頁）を逃走させる目的で、逃走を容易にすべき行為をしたことにより成立する。

逃走に対する共犯的な行為を独立に処罰する類型であるが、被拘禁者自身が逃走する行為と異なり期待可能性が低いとはいえない。このため、逃走罪より

も重い法定刑が定められている。

　法令により拘禁された者を逃走させる目的が行為者に要求される（目的犯）。

　本罪の行為は、「器具を提供し、その他逃走を容易にすべき行為」である（1項）。逃走のための情報提供等、無形的な援助でも足りる。暴行・脅迫による場合は加重処罰される（2項）。

　これらの行為が行われた時点で本罪は既遂に達する（このため本罪の未遂は、実際には考えにくい）。

　同様に拘禁から離脱させるための暴行・脅迫が行われた場合であっても、逃走援助目的によるものであれば本条2項の罪の既遂に、奪取目的によるものであれば被拘禁者奪取罪の未遂に該当する（不均衡であるとの指摘も多い。解釈論としては、量刑上、不合理な取扱いとならないようせねばならない。また、立法的な手当ての必要性を指摘する見解も存する）。

　逃走した者に逃走罪・加重逃走罪が成立する場合も、逃走を援助した者は、逃走罪・加重逃走罪の共犯ではなく、本罪で処罰される（前述のように逃走に対する共犯的関与を独立に処罰する類型であるため、一般にこのように解される）。もっとも、逃走者に通謀逃走罪以外の加重逃走罪（法定刑：3月以上5年以下の懲役）が成立する場合、暴行・脅迫によらずにこれを援助した者（たとえば、逃走者自身が暴行を行うために凶器を差し入れた者、逃走者に対し暴行・脅迫を用いて逃走することを唆した者）に本条1項の罪（法定刑：3年以下の懲役）が成立するに止まると解することには疑問もある（この場合を特に軽く処罰すべき理由はないから、加重逃走罪に対する共同正犯・教唆・幇助の成立を認めるべきであろう）。

　なお、関与者に本罪が成立しない場合は、関与者に逃走罪・加重逃走罪に対する共犯が成立し得るとするのが一般的な理解である。

6　看守者等による逃走援助罪

（看守者等による逃走援助）
101条　法令により拘禁された者を看守し又は護送する者がその拘禁された者を逃走させたときは、1年以上10年以下の懲役に処する。

　本罪は、被拘禁者を看守・護送する者が被拘禁者を逃走させた場合に成立する。

　真正身分犯である（逃走援助罪の実行行為は逃走を容易にする行為であるが、本罪の実行行為は逃走させる行為である。また、本罪は拘禁作用を担う者による同作用への内部からの侵害である。このように両罪は実行行為や罪質を異にするため、本罪は逃走援助罪の加重類型ではない）。

　本罪の主体は、「法令により拘禁された者を看守し又は護送する者」である。法令に基づいて看守・護送の任務に従事していれば、公務員であることを要しない。

　本罪の実行行為は、「逃走させた」ことである（逃走を容易にすべき行為を行う場合のほか、逃走の意思のない者にその意思を生じさせ逃走させる等、積極的に逃走させる行為も含む。また、鍵が掛けられていないのを知りつつ放置し逃走を許す等、不作為による場合も含む）。

　被拘禁者でも看守者・護送者でもない第三者Xが看守者あるいは護送者であるYを唆して被拘禁者Zを逃亡させた場合、Yは本罪の共同正犯に該当する。Xには、本罪が真正身分犯であることから、65条1項のみが適用され（65条2項は適用されず）、Xは本罪の共同正犯に該当する（共犯と身分→総論118頁）。

Ⅲ　犯人蔵匿及び証拠隠滅の罪

　犯人蔵匿及び証拠隠滅の罪は、捜査、審判、刑の執行等広義における刑事司法作用に対する罪である（最決平成元・5・1刑集43巻5号405頁。さらに、大判大正4・12・16刑録21輯2103頁、最判昭和24・8・9刑集3巻9号1440頁参照）。

1　犯人蔵匿等罪

> （犯人蔵匿等）
> 103条　罰金以上の刑に当たる罪を犯した者又は拘禁中に逃走した者を蔵匿し、又は隠避させた者は、3年以下の懲役又は30万円以下の罰金に処する。

(1)　保護法益

　本罪の保護法益たる刑事司法作用の内容については争いがある（捜査段階の刑事司法作用の内容は、身柄の確保作用に限定されるか、犯人特定作用も含まれるか）。この争いは、既に身柄が確保されている真犯人を釈放させようと身代わり犯人が出頭する事案において、結論に差を生ぜしめる（身柄の確保作用に限定されると理解する場合、真犯人の身柄が確保された後に身代わり犯人が出頭しても身柄確保作用は侵害されないから、犯人隠避罪は成立しない。これに対し、前掲最決平成元・5・1は、このような事案において出頭するよう唆した者につき犯人隠避教唆罪にあたるとした原判決〔福岡高判昭和63・1・28判時1264号139頁〕を維持した。ただし、原判決は、本罪にいう「刑事司法作用」に犯人特定作用も含まれるとすると明示したが、最高裁は本件では身柄の確保という観点から結論を導くのみで、犯人特定作用も含まれるか否かについて明示はしていない）。

(2)　主体

　本罪の主体に明文の制限はない。もっとも、「罰金以上の刑に当たる罪を犯した者又は拘禁中に逃走した者」自身が自己を蔵匿・隠避しても本罪は成立しないと解される（大判昭和8・10・18刑集12巻1820頁は、「犯人カ其ノ発見逮捕ヲ免レントスルハ人間ノ至情ナルヲ以テ犯人自身ノ単ナル隠避行為ハ法律ノ罪トシテ問フ所ニ非ス」とする）。

(3)　客体

　本罪の客体は、①罰金以上の刑に当たる罪を犯した者、または②拘禁中に逃走した者である（以下、「犯人等」と呼ぶ場合がある）。

「罰金以上の刑に当たる罪」とは、法定刑に罰金以上の刑を含む罪をいう（拘留または科料が併せて規定されていてもよい）。

「罪を犯した者」が真犯人に限定されるか、捜査・訴追の対象とされている者も含むかについては争いがある。「罪を犯した」という文言に着目して真犯人に限定する見解もあるが、判例は真犯人であることを要しないとする（大判大正12・5・9刑集2巻401頁、最判昭和24・8・9刑集3巻9号1440頁〔「犯罪の嫌疑によって捜査中の者をも含む」〕。刑訴法の要件を充足した捜査・訴追の対象とされている者を蔵匿・隠避すれば刑事司法作用への妨害が生ずるから、捜査・訴追の対象とされている者も含むと解すべきである。ただし、判例も、捜査開始以前の段階では真犯人に限定している。最判昭和28・10・2刑集7巻10号1879頁、最判昭和33・2・18刑集12巻3号359頁）。

被疑者として逮捕・勾留されている者も「罪を犯した者」に含まれる（最決平成元・5・1刑集43巻5号405頁）。

無罪判決・免訴判決が確定した者、公訴時効が完成した者等、捜査・訴追を受ける可能性がなくなった者は、「罪を犯した者」に含まれない。

「拘禁中に逃走した者」とは、法令による拘禁中に逃走した者をいう。法令により拘禁中の者の意義は、99条における「法令により拘禁された者」と同義である（→260頁）。

「逃走した者」には、自ら逃走した者のほか、奪取された者を含む。

(4) 蔵匿・隠避

本罪の行為は、犯人等を「蔵匿し、又は隠避させた」ことである。

「蔵匿」とは、場所を提供してかくまうことをいう。「隠避」とは、蔵匿以外の方法で、捜査機関による発見・逮捕を免れさせる全ての行為をいう（逃走資金を提供すること、逃走し隠れるよう勧告することが典型的である。また、身代わり犯人として出頭する行為も「隠避」に該当する〔真犯人が既に逮捕・勾留されている場合であっても同様である〕。なお、犯人が既に死亡していても捜査機関に誰が犯人か分かっていない段階で、自己が犯人である旨虚偽の事実を警察官に述べる行為は犯人隠避罪を構成するとした下級審裁判例がある。札幌高判平17・8・18判時1923号160頁）。

判例によれば、身柄拘束されている者の身代わりを出頭させた事案で、これ

によって身柄拘束が解かれることはなかったにもかかわらず、「現になされている身柄の拘束を免れさせるような性質の行為」も「隠避させた」に該当する（最決平成元・5・1刑集43巻5号405頁）。また、既に被疑者Aが身柄拘束されている事件について、自動車運転過失致死罪等（当時）の犯人がAであると知りながら、（Aが身柄拘束される前に）Aとの間で、事故車両が盗まれたことにする旨口裏合わせをした上、参考人として警察官に対して前記口裏合わせに基づいた虚偽の供述をすること（なお、参考人の虚偽供述と証拠偽造罪の成否→269頁）も「隠避させた」に該当する（最決平成29・3・27刑集71巻3号183頁）。

(5) 共犯関係

犯人等自身が自らを蔵匿・隠避する行為は不可罰である（→265頁。大判昭和8・10・18刑集12巻1820頁の趣旨を期待可能性を欠くためと理解するのが一般である）。

しかし、犯人等が、他者を唆し、自らを蔵匿・隠避させた場合（この場合、蔵匿・隠避した他者には本罪が成立する）、判例によれば、犯人等は本罪の教唆犯に該当する（前掲大判昭和8・10・18、最決昭和35・7・18刑集14巻9号1189頁、最決昭和40・2・26刑集19巻1号59頁、最決昭和60・7・3裁判集刑240号245頁、最決令和3・6・9裁時1770号24頁〔少数意見は、教唆犯の成立を認めることは責任共犯論に立脚するものであると批判する。責任共犯論→総論95頁〕。なお、学説上は犯人等に対する共同正犯成立の可能性を示唆する見解も有力であるが、共同正犯が成立するとした判例は存しない）。他者を唆す場合には防御の範囲を逸脱しているためである（学説上は、犯人等には正犯としてすら期待可能性がない以上、それより軽い犯罪形式である共犯の場合にはなおさら期待可能性がないとする教唆犯不成立説も有力である。しかし、同説は、他者を利用した場合の方が蔵匿・隠避が容易であって刑事司法作用を侵害する程度が高いことを看過するものである）。

2　証拠隠滅等罪

（証拠隠滅等）
104条　他人の刑事事件に関する証拠を隠滅し、偽造し、若しくは変造し、又は偽

> 造若しくは変造の証拠を使用した者は、3年以下の懲役又は30万円以下の罰金に
> 処する。

(1) 客体

本罪は、「他人の刑事事件に関する証拠」を隠滅等することにより成立する。

「他人の」刑事事件に関する証拠であることが要求されるから、自己の刑事
事件について証拠を隠滅等することは、本罪に該当しない。

共犯者と自己に共通する証拠（共犯者のみにかかる証拠が「他人の」に該当する
のは当然である）が、「他人の」刑事事件に関する証拠といえるかについては争
いがある。

一般に戦前の判例は常に本罪の客体になるとしていたと整理されるが（大判
昭和7・12・10刑集11巻1817頁、大判昭和12・11・9刑集16巻1545頁）、戦後の下級審裁
判例は、もっぱら共犯者のためにする意思により行った隠滅等のみが本罪を構
成するとする（もっぱら共犯者のためにする意思により行った場合は期待可能性を欠
くとはいえないから、この立場が妥当であろう。広島高判昭和30・6・4高刑集8巻4号
585頁、東京地判昭和36・4・4判時274号34頁、福岡高宮崎支判平成17・3・24高検速報
（平17）325頁）。

「刑事事件」には、公訴提起後の刑事被告事件のみならず、公訴提起前の被
疑事件も含まれる（平成7年改正によりこのことが明確化された）。

「証拠」とは、捜査機関または裁判機関が、国家刑罰権の有無を判断するに
あたり関係があると認められる一切の資料をいう。物証のほか、人証も含む
（最決昭和36・8・17刑集15巻7号1293頁。このため、たとえば証人を隠匿すれば証拠隠
滅罪が成立する。なお、証人や参考人が虚偽供述をする行為については後述→269頁）。

(2) 行為

本罪の実行行為は、①証拠の隠滅、②証拠の偽造・変造、③偽造・変造され
た証拠の使用である。

①証拠の隠滅とは、証拠を物理的に滅失させることのほか、証拠の顕出を妨
げ、もしくはその効力を滅失減少させる一切の行為をいう（大判明治43・3・25
刑録16輯470頁）。証人・参考人等を隠匿する場合も隠滅にあたる（大判明治44・

3・21刑録17輯445頁、前掲最決昭和36・8・17）。②証拠の偽造とは、不正な証拠を新たに創造すること（現存しない証拠を新たに作成することや、関係のない物件を事件と関係があるように見せかけること等）をいい、証拠の変造とは、真正な証拠を加功して証拠価値の異なるものとすることをいう。③偽造・変造された証拠の偽造とは、偽造・変造と知りつつ、真正の証拠として用いることをいう。

(3) 参考人の虚偽供述と証拠偽造罪

(a) 問題の所在

刑事訴訟法上は、証人や参考人が行う供述の内容も「証拠」と呼ばれる（より精密には「証拠資料」という。これに対し、供述の内容等の証拠資料が保存される媒体を「証拠方法」という）。では、①虚偽の供述を行うことが、供述の内容という新たな証拠を創造するものとして、証拠偽造罪を構成するであろうか（この場合、「虚偽の供述内容」という証拠を偽造したといえるかが問題である）。

また、証人や参考人が供述を行った場合、この供述の内容は、この供述を聞いた者（たとえば警察官）によって書面に録取されることがあるが（この書面を「供述録取書」という）、②内容虚偽の供述録取書を作成させる行為は、（書面の作成者〔「録取者」という〕を利用した間接正犯としての）証拠偽造罪に該当するであろうか（この場合、「虚偽の供述内容が書かれた書面」という証拠を、〔録取者を通じて〕偽造したといえるかが問題である）。

さらに、証人や参考人自身が内容虚偽の書面を作成する場合（この書面を「供述書」という。供述録取書は証人等の話を聞いた者が作成する書面であるのに対し、供述書は証人等の供述者自らが作成する書面である）も考えられるが、③内容虚偽の供述書の作成が証拠偽造罪を構成するかも問題となる（この場合、「虚偽の内容が書かれた書面」という証拠を、偽造したといえるかが問題である）。

なお、自らの事件についての証拠偽造罪は不可罰であるため（→268頁）、被疑者・被告人が自ら虚偽供述を行っても、当該行為が本罪を構成しないことは当然である。

(b) 参考人の虚偽供述

従来、下級審裁判例は、一般に、参考人の前掲(a)①の行為は証拠偽造罪に該当しないとし、その理由として、刑法104条にいう「証拠」は証拠方法であっ

て証拠資料は含まないこと、宣誓した証人のみを処罰する偽証罪との権衡、偽証罪には自白した場合の減免規定があるのにより軽い証拠偽造罪には減免規定がないこと、証人威迫は虚偽供述の強制を含むが証拠偽造罪より軽く処罰されていることとの権衡、移ろいやすい供述証拠の性質から司法作用を害する程度は高くないこと、犯人隠避に該当する虚偽供述は限定的だが証拠偽造罪に該当する場合は広範であること、積極説は迎合的供述を導くおそれがあること、等を掲げてきた（大阪地判昭和43・3・18判タ223号224頁、宮崎地日南支判昭和44・5・22刑裁月報1巻5号535頁。宣誓をしない証人についても同様に考えられる。なお、これらの者による虚偽供述は犯人隠避罪〔→267頁〕には該当しうる）。

　また、参考人の前掲(a)②の行為についても、下級審裁判例は、証拠偽造罪の成立を否定した（千葉地判平成7・6・2判時1535号144頁、千葉地判平成8・1・29判時1583号156頁。後者は、このような場合に同罪の成立を認めれば「刑法が虚偽供述の可罰性を偽証罪等に限った趣旨を大きく損なう」とした）。

　学説においても、同様の理由を掲げて証拠偽造罪の成立を否定する見解（否定説）が通説とされるが、前掲(a)②・③の行為について本罪の成立を認める見解（書面限定説）、③の行為に限定して本罪の成立を認める見解（供述書限定説。なお、この立場をさらに限定し、供述書のうちでも迎合的供述を導くおそれが少ない、取調べ以外の場で供述書が作成された場合に限定する見解も存する）も有力である。

　このような中、最決平成28・3・31刑集70巻3号406頁は、参考人が他人の刑事事件について捜査官と相談しながら虚偽の供述内容を創作するなどして警察官に供述録取書を作成させた場合（前掲(a)②の行為）に、参考人の行為が証拠偽造罪に当たるとした。同決定は、前掲(a)①の行為について「刑法104条の証拠を偽造した罪に当たるものではないと解される」、同(a)②の行為について「そのことだけをもって、同罪に当たるということはできない」としつつ、本件では、参考人が捜査官らと「共同して虚偽の内容が記載された証拠を新たに作り出した」ことから、証拠偽造罪の成立を肯定した。同決定はこれ以上の理由を述べていないが、本件行為の侵害性の高さや本件では捜査官に迎合的な供述が行われるおそれがないと考えられる（行為者らが積極的に虚偽供述を行い供述録取書作成に協力している）ことから、例外的に本罪の成立が認められたものと評される（供述書限定説の中でも限定的な見解〔前掲〕とは、例外的に本罪の成立が認めら

れる範囲に微妙なずれがあるものの、問題意識を共有するものといえよう）。

なお、参考人の虚偽供述と犯人隠避罪の成否については前述（→269頁）。

(4) 共犯関係

本罪は「他人の」刑事事件の証拠を隠滅等することによって成立するから、自己の刑事事件の証拠を隠滅等しても、本罪を構成しない（→268頁）。

自己の刑事事件の証拠を隠滅等するよう他者に教唆した場合は、犯人蔵匿罪について論じたところと同様の議論が妥当する（→267頁）。

すなわち、他者を唆す場合には、もはや防御の範囲を逸脱しているから、本罪の教唆が成立すると解すべきである（大判明治45・1・15刑録18輯1頁〔正犯者に本罪が成立する以上、「之ヲ教唆シタル刑事被告人ハ該罪ノ教唆者トシテ論スヘキ」とする〕、大判昭和10・9・28刑集14巻997頁、最決昭和40・9・16刑集19巻6号679頁。ただし、これらの判例は、犯人蔵匿等罪における犯人自身による教唆の場合と異なり、「防御の濫用」、「防御の範囲の逸脱」等には言及していない）。

3　親族による犯罪に関する特例

（親族による犯罪に関する特例）
105条　前2条の罪については、犯人又は逃走した者の親族がこれらの者の利益の
　ために犯したときは、その刑を免除することができる。

---

(1) 概説

本条は、前2条の罪（犯人蔵匿等罪、証拠隠滅等罪）について、犯人等（→265頁）の親族（民法725条参照）が犯人または逃走した者（以下、「犯人等」）の利益のために犯した場合に、その刑を任意的に免除するものである（昭和22年改正前は必要的に免除するものとされていたが、同改正により任意的免除に改められた）。

親族である犯人等の利益のために犯したことが要求されるから、X・Yが共犯関係にあるとき、Xの親族であるZが、もっぱらYの利益のために前2条の罪を犯した場合には本条の適用はなく（大判大正8・4・17刑録25輯568頁）、さら

に、Xの利益のために犯した場合であっても同時にYの利益にもなる場合にも本条の適用はない（大判昭和7・12・10刑集11巻1817頁）とするのが判例である（後者の判例には批判も強い。また、本条を任意的免除規定と改正した後の最高裁判例は存在せず、判例の立場は固まっていないとする見方もある）。

(2) 共犯関係と本条適用の有無

(a) （犯人等の）親族と（犯人等と親族関係のない）第三者の共犯関係

①	親族	→	第三者	→	前2条の罪
②	第三者	→	親族	→	前2条の罪

この類型では、①親族が（犯人等と親族関係のない）第三者を教唆して前2条の罪を犯させた場合、②第三者が親族を教唆してこれらの罪を犯させた場合に、各関与者に対する本条適用の有無が問題となる。

①の場合、第三者には前2条の罪が成立する（第三者に本条を適用する余地がないのは文理上当然である）。判例は親族につき「庇護の濫用」であるとして教唆犯の成立を認めたうえで、本条の適用を否定する（大判昭和8・10・18刑集12巻1820頁〔ただし昭和22年改正前のもの〕。学説上は、親族が正犯として自ら前2条の罪を犯しても本条の適用がある以上、①の場合も本条の適用があるとする見解も有力である）。

②の場合、本条は親族に前2条の罪が成立することを前提として刑を免除する場合を認める規定であるから、親族にはこれらの罪が成立し（正犯）、本条の適用がある。第三者には教唆犯が成立する（第三者には本条の適用はない）。

(b) 犯人等と（犯人等の）親族の共犯関係

③	犯人等	→	親族	→	前2条の罪
(④	親族	→	犯人等	→	前2条の罪)

この類型では、③（犯人等が第三者を教唆して前2条の罪を犯させる場合〔犯人等→第三者→前2条の罪〕に、犯人等が教唆犯として可罰的であること〔→267頁、271頁〕

を前提に）犯人等が親族を教唆して前2条の罪を犯させた場合に、各関与者に対する本条適用の有無が問題となる（なお、④親族が犯人等にこれらの罪を犯すよう教唆する場合も考えられるが、犯人等にはこれらの罪が成立しないから〔→265頁、268頁〕、親族にも教唆犯は成立しない）。

③の場合、親族には前2条の罪が成立し本条の適用がある。犯人等に教唆犯が成立すると解する場合、犯人等に対する本条適用の可否が問題となる。（犯人等が前2条の罪を教唆する場合一般と異なり）親族を教唆する③の場合に期待可能性が一定程度減少するとすれば、犯人等につき本条を適用しその刑を免除する余地を残すべきであろう。

4　証人等威迫罪

（証人等威迫）
105条の2　自己若しくは他人の刑事事件の捜査若しくは審判に必要な知識を有すると認められる者又はその親族に対し、当該事件に関して、正当な理由がないのに面会を強請し、又は強談威迫の行為をした者は、2年以下の懲役又は30万円以下の罰金に処する。

本罪は、刑事司法作用を保護するとともに、証人等を保護する犯罪類型である。いわゆる「お礼参り」を防止するため、昭和33年改正により新設された。

本罪の客体は、①自己（本罪の行為者）もしくは他人（本罪の行為者以外の者）の刑事事件（→268頁）の捜査もしくは審判に必要な知識を有すると認められる者または②その親族である。自己の犯罪について自ら本罪を犯す場合も可罰的である点で、犯人蔵匿等罪、証拠隠滅等罪より客体の範囲が広い。

本罪の行為は、当該事件に関する面会強請（面会意図がないことの明らかな者に対し、面会を強要すること。私生活の平穏・安全感を害する態様であることを要する）、当該事件に関する強談（言葉により自己の要求に従うよう強要すること）・威迫（威力を示す言葉・動作を用いて困惑させ、不安感を生じさせること）である。

Ⅳ　偽証の罪

　刑法20章は、「偽証の罪」として、法律により宣誓した証人が虚偽の陳述をする罪（偽証罪。169条）を規定するほか、法律により宣誓した鑑定人・通訳人・翻訳人が虚偽の鑑定・通訳・翻訳をする罪（虚偽鑑定等罪。171条）を規定する。

　刑法典はこれらの罪を社会法益に対する罪（公共の信用を害する罪）として20章に置いたが、現在では一般に国家法益に対する罪（国家の審判作用に対する罪）と整理される。

1　偽証罪

（偽証）
169条　法律により宣誓した証人が虚偽の陳述をしたときは、3月以上10年以下の懲役に処する。

---

(1)　概説

　本罪は、法律により宣誓した証人が虚偽の供述をしたことにより成立する。本罪による威嚇のもと、証人に真実を陳述させようとするものである（議院証言法6条、公選法253条1項、入管法75条等、特別法上、多くの特別規定がある）。

(2)　主体

　本罪の主体は、「法律により宣誓した証人」である。

　「法律により」宣誓したことが要求されるから、法律（刑事訴訟法154条、民事訴訟法201条等）、あるいは法律の委任に基づく政令・省令等（国家公務員法16条に基づいて設けられた人事院規則13-1第54条等）に根拠がある宣誓を行ってはじめて、本罪の主体となる。

　「宣誓」とは、良心に従って、真実を述べ何事も隠さず、また何事も付け加

えないことを誓うことをいう（刑訴規則118条2項参照）。宣誓は尋問前に行われることが原則であるが（刑訴規則117条、民訴規則112条1項）、尋問後に宣誓をすることが認められる場合もあり（民訴規則112条1項但書）、後者の宣誓を行った者も本罪の主体に含まれる（大判明治45・7・23刑録18輯1100頁）。

　宣誓無能力者（刑事訴訟法155条1項〔宣誓の趣旨を理解することができない者〕、民事訴訟法201条2項〔16歳未満の者または宣誓の趣旨を理解することができない者〕）に誤って宣誓させても、本罪の主体とはなり得ない（最大判昭和27・11・5刑集6巻10号1159頁）。

　刑事事件の被告人は証人適格を欠くと解されるから（憲法38条1項、刑訴法311条1項参照）、本罪の主体になり得ない。ただし、たとえばX・Yが共犯関係にある場合、両者の弁論を分離（刑訴法313条）すれば、Xに対する公判手続においてYを証人とすることは許される（最判昭和35・9・9刑集14巻11号1477頁）。この場合、Yが証人として宣誓すれば本罪の主体となる（大判明治44・2・21刑録17輯157頁）。

(3)　行為

　本罪の行為は、虚偽の陳述をすることである（証言を拒否するのみでは本罪を構成しない）。宣誓をしたうえで虚偽の陳述をした場合、当該尋問手続が終了した段階で既遂に達する（証人の陳述は尋問終了までは訂正可能であるため）。

　虚偽の意義については、客観的に真実に反することであるとする見解（客観説）と、証人の記憶に反することであるとする見解（主観説。大判大正3・4・29刑録20輯654頁）が対立するとされる。

　主観説は、証人が記憶に反する陳述を行うことにより、国家の審判作用が侵害されるとする（もっとも、同説の多くは、審判作用に対する抽象的危険性すらない場合には偽証罪は成立しないとする）。これに対し、客観説は、いかなる意図によるものであっても客観的に真実に合致する陳述が行われる限り審判作用は害されないとして、主観説を批判する。

　両説で差が生ずるのは、記憶と異なることを記憶と異なると認識しつつ陳述したが、その陳述内容が真実と合致していた（いわば、「嘘をついたつもりだったが、たまたま本当のことを述べていた」）場合である。この場合、主観説によれば

記憶と異なることを陳述しているため「虚偽の陳述」を行ったこととなり偽証罪が成立するが（故意も否定されない）、客観説によれば陳述内容が真実に合致する以上「虚偽の陳述」を行ったこととはならず、本罪は成立しない（これに対し、①記憶どおりの真実を陳述すれば、いずれの見解からも「虚偽の陳述」に該当せず本罪は成立しない。②記憶とも真実とも異なる陳述をすれば、いずれの見解からも「虚偽の陳述」に該当し本罪が成立する。③記憶どおりだが客観的には真実でないことを陳述すれば、主観説からは「虚偽の陳述」に該当せず、客観説からは「虚偽の陳述」に該当することとなるが〔この限りで、③の事例では両説に差が生ずるが〕、客観説においても「真実でないことを陳述している」との認識を欠くため偽証罪の故意が欠けるから、同罪は成立しない。このため、①〜③の場合は、両説に偽証罪の成否というレベルでの結論の差はない）。

　証人には、客観的真実を陳述することではなく、自己の体験した過去の事実に関する記憶をそのまま陳述することが求められる。このため主観説が妥当である（一般に、判例も一貫して主観説によると評されている。なお、虚偽告訴罪における「虚偽」の意義については客観説が通説・判例である。→279頁）。

(4) 共犯関係

　Ｘが自己の刑事事件について第三者を教唆して偽証させた場合、Ｘに偽証罪の教唆が成立するか否かについては議論がある（刑事事件において被告人自身は証人となりえないから〔→275頁〕、現行の刑事手続においては被告人は偽証罪の主体になりえない）。

　犯人蔵匿等罪、証拠隠滅等罪における犯人等による教唆の成否に関する問題（→267頁、271頁）と同様、Ｘに偽証罪の教唆は成立しないとする見解も見られる（否定説。この見解は、期待可能性が欠けることを理由とする）。

　しかし、Ｘも弁論を分離すれば共犯者の事件につき証人となりうるから、Ｘも宣誓のうえで証人として虚偽陳述をすれば偽証罪で処罰される（→275頁）。このようにＸが偽証罪で処罰される場合があるということは、Ｘに虚偽の陳述を行わないという期待可能性が存することを前提とする（大判昭和11・11・21刑集15巻1501頁）。このため、否定説には理由がない（肯定説の判例として、前掲大判昭和11・11・21のほか、大判昭和7・6・13刑集11巻821頁、最決昭和28・10・19刑集

7巻10号1945頁等）。

　また、教唆して第三者に偽証させることは、Ｘが自ら被告人質問において虚偽の陳述をする場合と比較して、より侵害性が高い（宣誓のうえ〔すなわち偽証罪の制裁のもとで〕、証人が行う陳述は、被告人の陳述よりも相対的に信用されやすい。このため、証人の虚偽陳述が審判作用を侵害する程度は高い）から、この観点からも、Ｘには偽証罪の教唆が成立すると考えるべきである。

2　自白による刑の減免

> 170条　前条の罪を犯した者が、その証言をした事件について、その裁判が確定する前又は懲戒処分が行われる前に自白したときは、その刑を減軽し、又は免除することができる。

　虚偽の陳述を行った証人が、その証言をした事件について、その裁判が確定する前または懲戒処分が行われる前に、偽証したことを認めたときは、その刑が任意的に減免される。

　誤った裁判または懲戒処分を未然に防止しようとする政策的な規定である。

3　虚偽鑑定等罪

> 171条　法律により宣誓した鑑定人、通訳人又は翻訳人が虚偽の鑑定、通訳又は翻訳をしたときは、前2条の例による。

　本罪は、法律により宣誓した鑑定人等（たとえば、刑訴法166条の宣誓をした鑑定人）、同条が限定列挙する者が虚偽の鑑定等をしたことにより成立する。

　本条が「前2条の例により」と規定するため、本罪の法定刑は169条と同じであり、また、裁判の確定前または懲戒処分が行われる前に自白した場合には刑が任意的に減免される。

V 虚偽告訴の罪

1 虚偽告訴等罪

（虚偽告訴等）
172条　人に刑事又は懲戒の処分を受けさせる目的で、虚偽の告訴、告発その他の
　申告をした者は、3月以上10年以下の懲役に処する。

(1) 概説

本罪は、本条所定の目的で虚偽の告訴等をしたことにより成立する（平成7
年改正前の刑法21章は「誣告ノ罪」と題され、本罪も誣告罪と呼ばれた）。

国家法益（国家の適正な刑事司法作用・懲戒作用）と個人法益（虚偽告訴等をされ
る者の利益）のいずれを本罪の保護法益とみるか、さらに、両者を本罪の保護
法益とみたうえでもいずれに重きを置くか、争いがある。

刑法典上、（国家法益に対する罪である）偽証の罪と並んで規定されているこ
と、本罪が国家の適正な刑事司法作用・懲戒作用に影響を与えることから、本
罪の保護法益（の少なくとも一部）が国家法益であることは否定できない。

本罪の法定刑（3月以上10年以下）が、犯人蔵匿等罪、証拠隠滅等罪のそれよ
りも重いこと（いずれも3年以下の懲役または30万円以下の罰金）に着目し、個人
法益の保護も本罪において考慮されているとする理解が有力である（もっとも、
国家法益のみに対する罪である偽証罪も本罪と同等の法定刑が規定されており、罪質の
理解にとって法定刑は決定的ではない）。

前述のように、国家法益と個人法益の双方を保護法益と考える場合、さらに
いずれに重きを置くかについても争いがあるが、通説・判例（大判明治45・7・1
刑録18輯971頁、大判大正元・12・20刑録18輯1566頁〔被告訴者の同意を得た虚偽申告に
本罪の成立を認めた〕）は、国家法益と個人法益の双方が保護法益だとしつつ、
国家法益が主、個人法益が従だとする（個人法益が従たる保護法益に過ぎないとす
ることは、結局、本罪を国家法益のみに対する罪と捉えることと変わりがないとする批
判も有力である。もっとも、従たるものとしてであれ個人法益を考慮することにより、

虚偽の告訴等を行われた者を「犯罪により害を被った者」〔刑訴法230条〕として告訴権を認めることが容易だという意味はある）。

(2) 成立要件

本条は、「人に刑事又は懲戒の処分を受けさせる目的」を要求する（目的犯）。

「人」とは他人を意味すると解される（このため、身代わり犯人として出頭する行為〔自己申告と呼ばれる〕は、保護法益に関する立場の如何を問わず、本罪を構成しない。なお、この場合でも犯人隠避罪は成立しうる。→266頁）。

「人」には自然人のみならず法人も含まれる。

「人」の同意を得て虚偽の告訴等を行う場合も本罪が成立するとするのが判例である（同意申告と呼ばれる）。

一般に実在しない人物は本罪の「人」には含まれないと解される（偽計業務妨害には該当しうる。→80頁）。この場合、本罪の保護法益を前述のように「国家法益が主、個人法益が従」と考える立場からは、誤って処分を受けるという個人法益に対する侵害が考えられない（実在しない人物は処分されない）ことのほか、国家の適正な刑事司法作用・懲戒作用に対する侵害も存しないことが、その理由として掲げられる（もっとも、誤って処分するという意味での国家のこれらの作用に対する侵害は存せずとも、捜査の混乱等の審判作用への侵害は存するとし、国家法益に重きを置くのであれば虚無人申告は本罪を構成するとすべきとする〔さらに、「国家法益が主、個人法益が従」との理解に再考を迫る〕批判も有力である）。

「刑事の処分」とは、刑事罰のほか、少年法上の保護処分（同法24条）、売春防止法上の補導処分（同法17条以下）等も含む。

「懲戒の処分」とは、公法上の監督関係に基づき科される制裁をいう。

本罪の実行行為は、「虚偽の告訴、告発その他の申告をした」ことである。

「虚偽」とは、申告の内容が客観的真実に反することである（最決昭和33・7・31刑集12巻12号2805頁。偽証罪における「虚偽」につき主観説を採る論者も一般に本罪については客観説による。客観的真実を虚偽だと思いつつ申告しても、誤った処分に繋がるおそれは皆無であり、審判作用に対するという意味での国家法益への侵害も、誤った処分をされるという意味での個人法益への侵害もおよそ生じ得ないためである）。

「告訴」とは、犯罪の被害者等の告訴権者が、捜査機関に対し、犯罪事実を

申告し、処罰を求める意思表示（刑訴法230条）、「告発」とは、犯人または告訴権者以外の者が、捜査機関に対し、犯罪事実を申告し、処罰を求める意思表示（刑訴法239条）、「その他の申告」とは、告訴・告発以外の方法による、捜査機関・懲戒権者・懲戒権発動を促す機関に対する、刑事処分・懲戒処分を求める意思表示（外国国章損壊罪における外国政府の請求等）をいう。

2　自白による刑の減免

（自白による刑の減免）
173条　前条の罪を犯した者が、その申告をした事件について、その裁判が確定する前又は懲戒処分が行われる前に自白したときは、その刑を減軽し、又は免除することができる。

偽証罪の場合と同様、虚偽告訴等罪についても、同罪を犯した者が、その申告をした事件について、その裁判が確定する前または懲戒処分が行われる前に虚偽告訴したことを認めたときは、その刑が任意的に減免される。
誤った刑事処分や懲戒処分を未然に防止しようとする政策的な規定である。

第17章

汚職の罪

　刑法25章は、汚職の罪として、職権濫用の罪（193〜196条）および賄賂の罪（197〜198条）を規定している。

　両者は、国家作用の公正さや、公正さに対する国民による信頼といった国家法益を保護する罪である点で共通の性格を有する（賄賂の罪の罪質→286頁）。

　もっとも、職権濫用の罪には、直接の被害者（特別公務員暴行陵虐罪における暴行等を加えられた者等）が存する。このため、職権濫用の罪の性質は、公正さ（あるいはそれへの信頼）のみによって説明し尽くすことはできない。職権濫用の罪は、国家法益に対する罪としての性格に加え、個人法益に対する罪としての性格も有するのである。このため、職権濫用の罪は、公正さへの影響が薄い場合にも処罰すべきである。

I　職権濫用の罪

1　総説

　一般に、193〜195条の罪は職権濫用の罪と総称される。

　もっとも、公務員職権濫用罪（193条）、特別公務員職権濫用罪（194条）が、条文上「職権を濫用し」たことを要求し、（少なくとも外形的には）職権の行使といえる場合に成立する罪（狭義の職権濫用罪）であるのに対し、特別公務員暴行陵虐罪（195条）・特別公務員職権濫用罪等致死傷罪（196条）は、およそ職権の行使とはいえない行為（暴行・陵虐）を行った場合に成立する。このため、

狭義の職権濫用罪と、特別公務員職権濫用罪（同致死傷罪）は性格を異にする
部分もある。

2　公務員職権濫用罪

（公務員職権濫用）
193条　公務員がその職権を濫用して、人に義務のないことを行わせ、又は権利の
　　行使を妨害したときは、2年以下の懲役又は禁錮に処する。

　本罪は、公務員が職権を濫用し、人に義務のないことを行わせたとき、また
は権利の行使を妨害したときに成立する。
　「公務員」とは、国又は地方公共団体の職員その他法令により公務に従事す
る議員、委員その他の職員をいう（7条参照。ただし、公安調査官については、破
防法45条が公安調査官の職権濫用の罪を規定するため本罪は成立しない）。
　「職権」とは、公務員の一般的職務権限のうち、職権行使の相手方に対し法
律上、事実上の負担ないし不利益を生ぜしめるに足りる特別の職務権限をいう
（職権の意義に関する限定説。最決平成元・3・14刑集43巻3号283頁。最決昭和57・
1・28刑集36巻1号1頁参照）。
　「濫用」とは、職権の行使に仮託して実質的、具体的に違法、不当な行為を
することを指す（前掲最決昭和57・1・28）。条文上、「職権」を濫用したことが
要求されるから、職権とおよそ関係のない権利侵害行為は本罪を構成しない。
もっとも、厳密な意味で法的根拠に基づく権限濫用までは要求されず、正当な
職務行為の外形があれば足りる（執行力ある和解調書の正本には土地を執行吏の保
管に付しその公示を命ずる旨の条項が存在しないのに、執行吏が右和解調書の執行とし
て「本職之を占有保管する」旨虚偽の記載をした公示札を土地上に立てた事案に関する
最決昭和38・5・13刑集17巻4号279頁、裁判官が職務上の参考に資するための調査・研
究という正当な目的ではなく、これとかかわりのない目的であるのに、正当な目的によ
る調査行為であるかのように仮装して身分帳簿の閲覧等を求め、刑務所長らをしてこれ
に応じさせた事案に関する前掲最決昭和57・1・28、簡裁判事が私的な交際を求める意

図で自らが担当する刑事事件の被告人を喫茶店に呼び出した事案に関する最決昭和60・7・16刑集39巻5号245頁）。

　また、本罪の成立には職権が「濫用」されたことが必要であるが、（類似の犯罪類型である強要罪において要求される）暴行・脅迫までは要求されない（本罪の法定刑が強要罪より軽いものである理由はこの点に求められる）。

　このため、被害者の意思に直接に働きかけて非義務行為を強制するあるいは権利行使を妨害する行為のみならず、当該行為の結果法的あるいは事実的効果として非義務行為を強制するあるいは権利行使を妨害する行為も、「濫用」に該当しうる（町会議員が不当な決議をして過当な納税義務を負わせた事案に関する大判大正11・10・20刑集1巻568頁、前掲最決昭和38・5・13）。

　他方、職務として行ったものであっても、職権の行使でないよう装ってした行為は「濫用」に該当しない（警察官でないことを装ってした電話盗聴行為につき、職権を濫用して行ったものとはいえないとしたものとして、前掲最決平成元・3・14。ただし、捜査・調査の権限を有する公務員が、その捜査・調査の職務に関し通信の秘密を侵す行為は、現在では通信傍受法37条により処罰される）。

　本罪の結果は、「人に義務のないことを行わせ、又は権利の行使を妨害した」ことである。

3　特別公務員職権濫用罪

（特別公務員職権濫用）
194条　裁判、検察若しくは警察の職務を行う者又はこれらの職務を補助する者がその職権を濫用して、人を逮捕し、又は監禁したときは、6月以上10年以下の懲役又は禁錮に処する。

　本罪は、裁判の職務を行う者等、同条が規定する特別公務員が、職権を濫用して人を逮捕・監禁した場合に本罪が成立する。

　本罪の主体（特別公務員）は、裁判の職務を行う者（裁判官。民事、刑事を問わない）、検察の職務を行う者（検察官、検察事務官。検察官には、付審判事件、いわゆる強制起訴事件において検察官の職務を行う者を含む。また、検察事務官は「補助す

る者」に含まれるとするのが一般的であるが、刑訴法上逮捕状・勾留状等の執行をすることができることから、「検察の職務を行う者」と見るべきである。刑訴法199条1項、210条1項等参照）、警察の職務を行う者（司法警察職員のほか、司法警察官吏及司法警察官吏ノ職務ヲ行フヘキ者ノ指定等ニ関スル件（大正12年勅令528号。司法警察職員等指定応急措置法2条も参照）6条が規定する船長のように、私人であっても逮捕権限を与えられている者も含む）、これらの職務を補助する者（裁判の職務を補助する者として裁判所書記官、家庭裁判所調査官。検察事務官を前記のように解する場合、検察の職務を補助する者は現行法上見当たらない。警察の職務を補助する者についても同様である。なお、最決平成6・3・29判時1512号181頁は、少年補導員が警察の職務を補助する者にあたらないとした）である。

本罪は権限濫用による逮捕・監禁により成立するから、本罪の主体となる特別公務員は、被疑者・被告人等の身体を拘束する権限を有する者に限定される。

本罪は、逮捕・監禁罪（220条）の加重類型であるから、非身分者が本罪に加功した場合、非身分者には逮捕・監禁罪が成立する（65条2項）。

4　特別公務員暴行陵虐罪

（特別公務員暴行陵虐）

195条　裁判、検察若しくは警察の職務を行う者又はこれらの職務を補助する者が、その職務を行うに当たり、被告人、被疑者その他の者に対して暴行又は陵辱若しくは加虐の行為をしたときは、7年以下の懲役又は禁錮に処する。

2　法令により拘禁された者を看守し又は護送する者がその拘禁された者に対して暴行又は陵辱若しくは加虐の行為をしたときも、前項と同様とする。

本罪は、狭義の職権濫用罪（→282頁）と異なり、およそ職権の行使とはいえない行為（暴行・陵虐）を禁圧しようとするものである。

本罪の主体は、裁判、検察もしくは警察の職務を行う者またはこれらの職務を補助する者（195条1項）のほか、法令により拘禁された者を看守または護送する者（195条2項）である（ただし、特別公務員職権濫用罪と異なり、逮捕・監禁

する権限がある者に限定されない）。

　本罪の客体は、被告人・被疑者その他の者（195条1項。その他の者には証人・参考人・鑑定人等、刑事手続に関係する者が含まれる）、法令により拘禁された者（195条2項）である。

　本罪の実行行為は、暴行・陵虐（陵辱・加虐）であり、これらの行為が、「その職務を行うに当たり」行われたことを要する（2項は1項を受けた規定であるから、2項においても「その職務を行うに当たり」行われたことが必要である）。

　「暴行」とは、身体に対する不法な有形力の行使をいう（着衣を破る等の間接暴行を含む）。もっとも、逮捕に伴う有形力行使や刑事施設における戒護権・懲戒権の行使等は、正当行為として違法性が阻却される。

　「陵虐」とは、暴行以外の方法での、精神的・肉体的に辱め、苦痛を与えることをいう（所持品検査に名を借りてわいせつ行為をした事案として大阪地判平成5・3・25判タ831号246頁、勾留中の被告人を姦淫した事案として東京高判平成15・1・29判時1835号157頁）。

5　特別公務員職権濫用罪等致死傷罪

（特別公務員職権濫用等致死傷）
196条　前2条の罪を犯し、よって人を死傷させた者は、傷害の罪と比較して、重い刑により処断する。

　本条は、特別公務員職権濫用罪、特別公務員暴行陵虐罪を犯し、よって人を死傷させた場合の処断に関する規定であり、傷害の罪と比較して、重い刑により処断するものとされている（「傷害の罪と比較して」の意味→12頁）。

II 賄賂の罪

1 総説

(1) 類型等

賄賂の罪は、賄賂を収受等する行為を禁圧しようとする収賄罪（197条〜197条の5）と、賄賂を供与等する行為を禁圧しようとする贈賄罪からなる。

また、前者には、単純収賄罪（→291頁）のほか、受託収賄罪（→292頁）のように一定の収賄行為を重く処罰する犯罪類型や、第三者供賄罪（→294頁）のように抜け穴をふさごうとする犯罪類型が含まれる。

収賄罪は、事前収賄罪（→293頁）、事後収賄罪（197条3項→295頁）を除き、公務員（→248頁）のみが主体となる。贈賄罪の主体に制限はない。

(2) 保護法益

判例は、本罪の保護法益を公務員の職務の公正とこれに対する社会一般の信頼であるとする（大判昭和6・8・6刑集10巻412頁、最大判平成7・2・22刑集49巻2号1頁〔ロッキード事件丸紅ルート〕）。

このような考え方からは、賄賂によって職務が不正に行われた（公正さが損なわれた）場合のみならず、職務は正しく行われていても（公正さは損なわれていなくても）賄賂によって信頼が損なわれた場合にも、本罪は成立する（信頼保護説）。学説上も、現行法においては公正さが損なわれた場合でなくとも収賄罪が成立することから（加重収賄罪は不正な行為がなされたことを加重の理由とする→295頁）、信頼保護説が通説とされる。

もっとも、この「信頼」という概念には問題もある。批判的な見解は、贈収賄が秘密裏に行われる限り信頼が現実に損なわれることはないし（いわば、「バレなければ信頼は損なわれない」）、また、贈収賄はあるべきではないという「信頼」は独立の保護法益ではないとするのである（「殺人はあるべきではない」という「信頼」が生命から独立した殺人罪の保護法益ではないように）。ここから、学説上、職務の公正のみが本罪の保護法益であるとする見解も有力である（純粋性説。純粋性説は、不正な職務が行わなかった場合でも、公正さが損なわれる危険が生じ

たことから可罰的であるとする）。

(3) 「職務に関し」

(a) 「職務」の意義

　収賄罪は、公務員が「その職務に関し」、すなわち、当該公務員自身の職務に関し賄賂を収受等した場合に成立する（あっせん収賄罪を除く→296頁）。

　「職務」とは、公務員がその地位に伴い公務として取り扱うべき一切の執務をいう（最判昭和28・10・27刑集7巻10号1971頁）。もっとも、このように述べるだけでは、職務の範囲は明らかにならない。「公務として取り扱うべき」範囲こそが問題である。

(b) 具体的職務権限、一般的職務権限、職務密接関連行為

　まず、具体的職務権限、一般的職務権限、職務密接関連行為の別を説明することが有用であろう（以下の権限の有無は、法令の規定や趣旨から決定される）。

　ある公務員がある事務について具体的職務権限を有しているという場合、その公務員が当該事務について具体的な事務分配を受け、その事務を現に担当していることを意味する。これに対し、一般的職務権限を有していると述べる場合、それは、当該公務員はその事務を現に担当はしていないが、その公務員が属する部署がその事務を所掌していることを意味する。また、ある事務がある公務員の職務に密接に関連する行為であるという場合、当該公務員は形式的には当該事務につき職務権限を有しないが、当該事務が実質的には当該公務員の職務と同視できることを指す。

　判例・通説は、この「職務に関し」という要件を充足するためには、公務員がその事項につき具体的な事務分配を受けている必要はなく（すなわち、現実に当該職務を担当している必要はなく）、一般的職務権限を有している場合（当該公務員が所属している部署が当該事務を所掌している場合）や、職務密接関連行為に属するに過ぎない場合（→287頁）でも足りると解してきた。

　一般的職務権限があれば（当該公務員が属している部署がその事務を扱う権限を有していれば）、具体的な事務分配を受けていなくとも、その事務を取り扱う可能性がある（このため、一般的職務権限のある事務について賄賂を収受等すれば賄賂の罪の保護法益を侵害しうる）。また、ある行為が職務に密接に関連していれば、形

式的にはその行為につき職務権限が存しなくとも、当該行為を職務行為と同視することができる。このため、ある行為についてある公務員が具体的職務権限を有する場合のみならず、一般的職務権限や職務密接関連性を有する場合も、「職務に関し」の要件を充足すると考えられるのである（ここから、「一般的職務権限」・「職務密接関連性」の両概念を厳密に切り分けることに意味はなく、これらを包括した概念——たとえば「職務関連性」——に解消すべきあるとの見解もある。もっとも、両概念の区別は、量刑上は意味を持つ）。

(c) 一般的職務権限の範囲

一般に官公庁はその所管事務を部局ごとに分掌しているため、公務員は通常その所管事務を分掌する部局を単位として一般的職務権限を有している。

このため、通常、一般的職務権限の有無は、当該公務員が属する部署が、当該事務を所掌しているか否かにより決される（「係」の単位で一般的職務権限を認めたものとして最判昭和27・4・17刑集6巻4号665頁〔「分担事務の内容も係主管者において必要と認めるときはいつでも変更されうる」とする〕、「課」の単位で認めたものとして最判昭和37・5・29刑集16巻5号528頁〔「日常担当しない事務であっても、同課の分掌事務に属するものであるかぎり、……上司の命を受けてこれを処理し得べき一般的権限を有していた」とする〕）。

もっとも、公務員の事務分配のありかたは職務の性質によって異なるから、「課」「係」といった部署による一般的職務権限の範囲の限定は必ずしも絶対的ではない。法令や職務の性質その他の根拠から、「課」「係」といった単位を超えて一般的職務権限を有していたと評価できる場合もある（「都道府県警察の警察官は、この法律に特別の定がある場合を除く外、当該都道府県警察の管轄区域内において職権を行うものとする。」と規定する警察法64条等を根拠に、警視庁警察官の犯罪捜査に関する職務権限が同庁の管轄区域である東京都の全域に及ぶとしたものとして、最決平成17・3・11刑集59巻2号1頁）。

なお、賄賂と対価関係に立つ行為は、法令上公務員の一般的職務権限に属する行為であれば足り、公務員が具体的事情の下においてその行為を適法に行うことができたかどうかは、問われない（前掲最大判平成7・2・22〔ロッキード事件丸紅ルート〕、最決平成22・9・7刑集64巻6号865頁）。

(d)　職務密接関連行為の範囲

　形式的には職務権限が認められない行為であっても、なお、職務に密接に関連する行為であれば、収賄罪にいう「職務」と認められるとするのが、判例・通説である（前述）。

　判例上、職務密接関連行為に該当するとされる理由はさまざまであるが、以下のようなものがこれに当たるとされた。

　①板ガラス割当証明書発行の職務を担当している者による、板ガラス割当証明書を所持している者に特定の店舗から板ガラスを買い受けるよう仕向ける行為（最判昭和25・2・28刑集4巻2号268頁）、②村役場の書記であって村長の補助として外国人登録に関する事務を取り扱っている者による、外国人登録証明書等を偽造する行為（最決昭和31・7・12刑集10巻7号1058頁）、③大学設置審議会（文部大臣〔当時〕の任命により同大臣の諮問に応じて大学の設置の認可等に関する事項を調査審議する機関）の委員であり同審議会内の歯学専門委員会（歯科大学の専門課程における教員の資格等を審査する機関）の委員である者による、歯科大学設置の認可申請をしていた関係者らに対し、各教員予定者の適否を同専門委員会における審査基準に従ってあらかじめ判定し、あるいは同専門委員会の中間的審査結果をその正式通知前に知らせた行為（最決昭和59・5・30刑集38巻7号2682頁）、④市議会内会派に所属する議員による、同会派として同選挙において投票すべき者を選出する行為（最決昭和60・6・11刑集39巻5号219頁）、⑤公立大学医学部教授であり医局の長である者による、自己が長を務める医局に属する医師を関連病院に派遣する行為（最決平成18・1・23刑集60巻1号67頁）、⑥北海道開発庁（当時）長官による、下部組織である北海道開発局の港湾部長に対し、競争入札が予定される港湾工事の受注に関し特定業者の便宜を図るように働き掛ける行為（最決平成22・9・7刑集64巻6号865頁）等。

　このうち、⑤は、被告人が医局の長として関連病院（医局に属する医師の派遣を継続的に受けるなどして医局と一定の関係を有する外部の病院）への医師派遣等について最終的な決定権を有しており、同人にとって、自己が教育指導する医師を関連病院に派遣することは、その教育指導の上でも、また、将来の教員等を養成する上でも、重要な意義を有していたことから、被告人が教育指導する医師を関連病院に派遣することは、地方公務員たる同大学教授・附属病院部長と

して、「これらの医師を教育指導するというその職務に密接な関係のある行為」であるとした。

　また、⑥は、(平成11年改正前の)北海道開発法等の関係法令に照らして問題となった工事は国の直轄事業であって北海道開発庁長官にはこれに関する指揮監督権限がなかったとしつつ(このため、当該働き掛けが一般的職務権限に基づくものとはされなかった)、「北海道開発庁長官である被告人が、港湾工事の受注に関し特定業者の便宜を図るように北海道開発局港湾部長に働き掛ける行為は、職員に対する服務統督権限を背景に、予算の実施計画作製事務を統括する職務権限を利用して、職員に対する指導の形を借りて行われたものであり、また、被告人には港湾工事の実施に関する指揮監督権限はないとしても、その働き掛けた内容は、予算の実施計画において概要が決定される港湾工事について競争入札を待たずに工事請負契約の相手方である工事業者を事実上決定するものであ〔る〕」こと等から、職務密接関連行為に該当するとした。

(4)「賄賂」の意義

　「賄賂」とは、公務員の職務に対する不法な報酬としての利益をいう。利益は金銭や物品に限定されず、人の需要・欲望を満足させるに足りるものであればよい(融資を得ることや、接待を受けること、就職のあっせん、異性間の情交等も、賄賂に該当する)。

　賄賂罪は「職務に関し」賄賂を収受等した場合に成立するから(→287頁)、当該利益と職務行為との間に対価関係が必要である。

　学説上は、社交儀礼の範囲内の贈答は、公務と対価関係があっても賄賂性が否定されるとする見解がある(公務に対する信頼を害さないとする)。

　これに対し判例は、社交儀礼としての贈答であっても対価関係がある限り、賄賂性を肯定する(大判昭和4・12・4刑集8巻609頁、大判昭和10・8・1刑集14巻885頁。なお、最判昭和50・4・24判時774号119頁は、公立中学の教師に対し父兄が贈答用小切手を贈った事案につき、対価関係が欠けるとした。父兄が「かねてから子女の教員に対しては季節の贈答や学年初めの挨拶を慣行としていた」とし、「教諭として行うべき教育指導の職務行為そのものに関する対価的給付であると断ずるには……合理的な疑が存する」とした。対価性の要件の中に、学説の問題意識を織り込んだものとされる)。

(5) 没収・追徴

> （没収及び追徴）
> 197条の5　犯人又は情を知った第三者が収受した賄賂は、没収する。その全部又は一部を没収することができないときは、その価額を追徴する。

　収賄罪については、不正な利益の保有を許さないため、総則の没収・追徴（19条、19条の2→総論239頁）に対する特則が置かれている。

　総則の没収・追徴規定は、「〔没収・追徴を〕することができる」と任意的没収・追徴を規定するに止まるが、本条は「没収する」「追徴する」と定め、必要的に没収・追徴することとしたのである（また、総則の追徴と異なり犯行時に有体物が存在している必要はなく、賄賂として得た接待の代金相当額を追徴することも可能である。→総論240頁）。

2　賄賂の罪の諸類型

(1) 単純収賄罪

> （収賄）
> 197条1項　公務員が、その職務に関し、賄賂を収受し、又はその要求若しくは約束をしたときは、5年以下の懲役に処する。（後段略、2項略）

　本罪は、公務員が、その職務に関し、賄賂を収受等した場合につき規定する（講学上、他の類型と区別するため、単純収賄罪と呼ばれる）。

　本罪の実行行為は、「賄賂を収受し、又はその要求若しくは約束をした」ことである。

　「収受」とは、賄賂を受け取ること（占有取得し、あるいは利益を享受すること）をいう。

　「要求」とは、賄賂を供与するよう求めることをいい、一方的なもので足りる（相手方が応じなくても足り、さらには、相手方が認識しなくても足りる。要求の時点で既遂に達する）。

「約束」とは、賄賂の授受について意思を合致させることをいう。

　職務に関し賄賂を収受等すれば本罪は成立するから、将来の職務に関して賄賂を収受等した場合のみならず、既に行われた職務に関して賄賂を収受等した場合も本罪を構成する。

　故意犯であるから、本罪の成立には賄賂性の認識が要求される（対価性の認識を欠く場合や社交儀礼の範囲と思った場合、この認識を欠く。この認識を欠く場合、現に賄賂を供与した場合であっても、贈賄側に賄賂申込み罪が成立するにとどまる）。

　主観的要件として、職務行為を行う意思を要求する見解も有力である（純粋性説は、この意思があって初めて職務の公正さに対する危険が生ずるとする）。

(2)　受託収賄罪

（受託収賄）
197条　……この場合において、請託を受けたときは、7年以下の懲役に処する。
（2項略）

　本罪は、単純収賄罪の加重類型であり、公務員が請託を受けてその職務に関し賄賂を収受・要求・約束した（→291頁）場合をより重く処罰する（職務と賄賂の対価関係が、請託を受けたことにより明確になるため）。単純収賄罪とは、請託の有無により区別される。

　「請託」とは、公務員に対して一定の職務行為を行うよう依頼することであり、その依頼が不正な職務行為の依頼であるか、正当な職務行為の依頼であるかは問わない（最判昭和27・7・22刑集6巻7号927頁）。黙示的に依頼の趣旨を表示する場合も請託にあたる（東京高判昭和37・1・23高刑集15巻12号100頁）。しかし、何かと世話になった謝礼および将来好意ある取扱いを受けたい趣旨で金員を供与した場合は、請託を欠く（最判昭和30・3・17刑集9巻3号477頁）。

　請託を「受けた」とは、この依頼を受け入れたことを意味し、暗黙の承諾でも足りる（名古屋高金沢支判昭和29・9・25裁特1巻6号268頁）。

　不正な行為をすること、または相当な行為をしないことの請託を受け、現実に不正な行為をした場合、または相当な行為をしなかった場合は、加重収賄罪

（→295頁）が成立する。

(3) 事前収賄罪

（事前収賄）
197条
　2　公務員になろうとする者が、その担当すべき職務に関し、請託を受けて、賄賂を収受し、又はその要求若しくは約束をしたときは、公務員となった場合において、5年以下の懲役に処する。

　本罪は、公務員になろうとする者が、公務員になった場合の職務に関し、請託を受けて（→292頁）、賄賂を収受・要求・約束し（→291頁）、公務員となった場合に、当該行為を処罰する。

　「公務員になろうとする者」とは、公選の首長・議員の立候補者等をいう（立候補届出前であっても立候補を決意してこれを表明し選挙に向けての準備活動に入っている場合には「公務員になろうとする者」に該当するとしたものとして、宇都宮地判平成5・10・6判タ843号258頁）。

　「公務員となった」とは、現実に公務員の職に就いたことを意味する。かつては、「公務員となった」という要件を客観的処罰条件（→総論8頁）の典型例と解する見解が通説であった。しかし、公務員となってはじめて法益（賄賂の罪の保護法益→286頁）が侵害されることから、現在では構成要件要素とみるべきだとする理解も有力である。もっとも、本罪の故意としては、賄賂を収受する等の実行行為の時点で「公務員になろうとする」認識があれば足り、現に「公務員となった」ことの認識は不要である（処罰条件説からは当然の帰結であるが〔→総論33頁〕、構成要件要素説からも、①収受等の時点では未だ公務員となっていないため「公務員となった」ことの認識は要求しえないとの説明や、②本罪の実行行為を収受等、結果を収受等による法益侵害と解した上で、「公務員となった」ことは結果ではない〔法益侵害を可能とするための前提条件にすぎない〕から、その認識は要求されないとの説明が可能であろう）。

　市長が、任期満了の前に、現に市長としての一般的職務権限に属する事項に

関し、再選された場合に担当すべき具体的職務の執行につき請託を受けて賄賂を収受したときは、本罪ではなく、受託収賄罪が成立する（最決昭和61・6・27刑集40巻4号369頁）。

(4) 第三者供賄罪

（第三者供賄）
197条の2　公務員が、その職務に関し、請託を受けて、第三者に賄賂を供与させ、又はその供与の要求若しくは約束をしたときは、5年以下の懲役に処する。

本罪は、公務員が、請託を受けて（→292頁）、第三者に賄賂を供与させ、またはその供与の要求・約束（→291頁）をした場合に成立する。

公務員が自ら収受することによる危険を避け外形上無関係な第三者が受け取るという脱法的な手段を禁圧するための規定である。

「供与」とは受け取らせることであり、本罪の成立には、第三者に賄賂を受け取らせることが必要である。

「第三者」とは、当該公務員自身でもその共同正犯者でもない者をいう（教唆者、幇助者は「第三者」に含まれる）。

「第三者」は自然人に限定されず（最判昭和29・8・20刑集8巻8号1256頁）、第三者が賄賂であると知っている必要はない。判例は、第三者が当該公務員と無関係であっても本罪が成立するとの見解に好意的とされるが、この場合に職務行為が賄賂の影響下に置かれたと見るには慎重な事実認定が必要との指摘もある。

形式的には第三者が賄賂を収受する等した場合であっても、その者が公務員の手足に過ぎない場合には、当該公務員につき、本罪ではなく受託収賄罪が成立する。

公務員が第三者に供与させようとしたが当該第三者が受け取らない場合は供与したとはいえない（要求・約束には該当しうる）。

(5) 加重収賄罪

> （加重収賄）
> 197条の3　公務員が前2条の罪を犯し、よって不正な行為をし、又は相当の行為
> をしなかったときは、1年以上の有期懲役に処する。
> 2　公務員が、その職務上不正な行為をしたこと又は相当の行為をしなかったこと
> に関し、賄賂を収受し、若しくはその要求若しくは約束をし、又は第三者にこれ
> を供与させ、若しくはその供与の要求若しくは約束をしたときも、前項と同様と
> する。
> （3項略）

　本罪は、前2条の罪（単純収賄罪、受託収賄罪、事前収賄罪、第三者供賄罪）を犯した公務員が、後に不正な職務行為を行った場合を加重処罰する（1項。本条2項の罪とともに、賄賂の罪のうちでもっとも重く処罰される）。公務員が、不正な職務行為に関し、賄賂を収受等（収受・要求・約束→291頁）し、あるいは、第三者供与等（第三者供与、その要求・約束→294頁）した場合も同様である（2項。1項の場合と異なり、事前収賄罪は本条2項の対象ではない）。

　本罪は、法を枉げた場合を加重処罰するものであるため、「枉法収賄罪」とも呼ばれる（1項の罪を収賄後枉法罪、2項の罪を枉法後収賄罪と呼ぶ場合もある）。

　「不正な行為をし、又は相当の行為をしなかった」（不正な職務行為）とは、積極的・消極的行為によりその職務に違反する一切の行為をいう（大判大正6・10・23刑録23輯1120頁）。

　「不正な行為をし」に該当するとされた例として、公文書偽造に協力した場合（最決昭和30・3・31裁判集刑103号981頁）、「相当の行為をしなかった」に該当するとされた例として、巡査が被疑者の要望を入れて証拠品の押収を取りやめた場合（最決昭和29・9・24刑集8巻9号1519頁）等がある。

(6) 事後収賄罪

> 197条の3
> 3　公務員であった者が、その在職中に請託を受けて職務上不正な行為をしたこと
> 又は相当の行為をしなかったことに関し、賄賂を収受し、又はその要求若しくは

> 約束をしたときは、5年以下の懲役に処する。

　本罪は、公務員であった者（公務員の身分を失った者）が、公務員であった間に請託を受けて不正な職務行為（→295頁）をしたことに関し、賄賂を収受・要求・約束（→291頁）したときに成立する。

　一般的職務権限を異にする他の職務に転じた公務員が、前の職務に関して賄賂を収受等した場合は、事後収賄罪ではなく、行為態様に応じ、単純収賄罪等が成立する（最決昭和58・3・25刑集37巻2号170頁参照）。

(7)　あっせん収賄罪

> （あっせん収賄）
> 197条の4　公務員が請託を受け、他の公務員に職務上不正な行為をさせるように、又は相当の行為をさせないようにあっせんをすること又はしたことの報酬として、賄賂を収受し、又はその要求若しくは約束をしたときは、5年以下の懲役に処する。

　本罪は、公務員が、請託（→292頁）を受け、他の公務員に不正な職務行為を行わせるようにあっせんすること（または、したこと）の報酬として賄賂を収受・要求・約束（→291頁）することにより成立する。

　本罪の成立には、「公務員としての立場で斡旋すること」を要する（最決昭和43・10・15刑集22巻10号901頁）。本罪は、公務員が非職務行為に関して賄賂を収受等した場合をも処罰する（ただし、前掲最高裁昭和43年決定は、「単なる私人としての行為」では足りないとする）ものであり、（自らの職務行為に関して賄賂を収受等した場合を処罰する）収賄罪の他の類型とは罪質を異にする。

　「他の公務員に職務上不正な行為をさせるように、又は相当の行為をさせないように」あっせんすれば足り、あっせんを受けた公務員が不正な職務行為を現に行ったことまでは要求されない（最決平成15・1・14刑集57巻1号1頁）。

　他の公務員へのあっせんについては、第三者供賄の態様は処罰されない。また、本罪の成立には、請託と不正な職務行為が要求される。このため、本罪の処罰範囲は、収賄罪の他の類型と比較して限定的である。

なお、公職にある者等のあっせん行為については、特別法の規定も存する（公職にある者等のあっせん行為による利得等の処罰に関する法律）。

(8)　贈賄罪

> （贈賄）
> 198条　第197条から第197条の4までに規定する賄賂を供与し、又はその申込み若しくは約束をした者は、3年以下の懲役又は250万円以下の罰金に処する。

本罪は、公務員に対し、197条から197条の4までに規定する賄賂を供与（→294頁）・申込み・約束（→291頁）した贈賄側の行為を処罰する。

刑法は、収賄者の行為についてはその態様に応じて各種の規定を置き、それぞれに法定刑の差を設けたが、贈賄者の行為については一律に本条で規定している（立法論的には、態様に応じた法定刑を規定すべきとする批判もある）。

本罪の主体に限定はない（公務員でない者が贈賄罪の主体となりうることは言うまでもない）。

本罪の実行行為のうち、供与・約束については前述参照（→291、294頁）。「申込み」とは、公務員に賄賂の収受を促す行為をいう。申込みを受けた公務員がこれを拒否した場合でも、申込みに該当する（大判昭和3・10・29刑集7巻709頁）。また、現実に賄賂が公務員の手に渡った場合でも、公務員が即座に突き返せず一時預かったに過ぎない場合（大阪高判昭和29・5・29高刑判決特報28号133頁）や、公務員側に賄賂であるとの認識がない場合（最判昭和37・4・13判時315号4頁）は、供与には該当せず、申込罪が成立する。

収賄側に請託や不正な職務行為といった要件が規定されている犯罪類型に対応する贈賄罪の成立には、請託や不正な職務行為が客観的に存することのほか、贈賄者においてもそのような認識が必要である。このため、事前収賄罪（請託）、第三者供賄罪（請託）、事前収賄後枉法型の加重収賄罪（請託）、第三者供賄後枉法型の加重収賄罪（請託）、枉法後第三者供賄型の加重収賄罪（不正な職務行為）、あっせん収賄（請託・不正な職務行為のいずれか）においては、それぞれ、罪名の後に括弧書きで付した要件（または贈賄者におけるその認識）が欠

ければ、贈賄罪は成立しない。

　これに対し、他の収賄罪においては請託や不正な職務行為の要件（あるいは収賄者におけるその認識）が欠けても収賄側に単純収賄罪等が成立しうるので、賄賂を供与等した者には、これらに対応するものとしての贈賄罪が成立しうる（受託収賄罪〔請託→単純収賄罪〕、単純収賄後枉法型の加重収賄罪〔不正な職務行為→単純収賄罪〕、受託収賄後枉法型の加重収賄罪〔請託→単純収賄後枉法型の加重収賄罪、不正→受託収賄罪〕、事前収賄後枉法型の加重収賄罪〔不正→事前収賄罪〕、第三者供賄後枉法型の加重収賄罪〔不正→第三者供賄罪〕、枉法後収賄型の加重収賄罪〔不正→単純収賄罪〕においては、それぞれ、罪名の後に亀甲括弧書きで付した要件または贈賄者におけるその認識が欠けても、亀甲括弧内の矢印の後に記した収賄罪に対応する贈賄罪が成立しうるのである。なお、いずれの場合も罪名は、「贈賄罪」である）。

事項索引

判例索引

●著者紹介

亀井源太郎（かめい・げんたろう）
慶應義塾大学法学部教授
東京都立大学大学院社会科学研究科基礎法学専攻博士課程中退（1998年）
［第1章、第5章、第6章、第15章、第16章、第17章］

『刑事立法と刑事法学』（弘文堂、2010年）
『正犯と共犯を区別するということ』（弘文堂、2005年）

小池信太郎（こいけ・しんたろう）
慶應義塾大学大学院法務研究科教授
慶應義塾大学大学院法学研究科修士課程修了（2004年）
［第7章、第8章］

『徹底チェック刑法——基本を押さえる事例演習』（共著、有斐閣、2022年）
『刑法事例の歩き方——判例を地図に』（共著、有斐閣、2023年）

佐藤拓磨（さとう・たくま）
慶應義塾大学法学部教授
慶應義塾大学大学院法学研究科後期博士課程単位取得退学（2005年）
［第9章、第10章、第13章］

『未遂犯と実行の着手』（慶應義塾大学出版会、2016年）
『刑法事例の歩き方——判例を地図に』（共著、有斐閣、2023年）

薮中　悠（やぶなか・ゆう）
慶應義塾大学法学部准教授
慶應義塾大学大学院法学研究科後期博士課程単位取得退学（2014年）
［第2章、第11章］

『人の精神の刑法的保護』（弘文堂、2020年）
「人の生死に関する錯誤と刑法38条2項」法律時報91巻4号（2019年）

和田俊憲（わだ・としのり）
東京大学大学院法学政治学研究科教授
東京大学法学部卒業（1998年）
［第3章、第4章、第12章、第14章］

『鉄道と刑法のはなし』（NHK出版、2013年）
『刑法と生命』（放送大学教育振興会、2021年）

NBS Nippyo Basic Series　日本評論社ベーシック・シリーズ＝NBS

刑法II　各論　第2版
（けいほうII　かくろん　だいにはん）

2020年9月30日第1版第1刷発行
2024年3月5日第2版第1刷発行

著　者―――亀井源太郎・小池信太郎・佐藤拓磨・薮中悠・和田俊憲
発行所―――株式会社　日本評論社
　　　　　　〒170-8474　東京都豊島区南大塚3-12-4
電　話―――03-3987-8621（販売）
振　替―――00100-3-16
印　刷―――精文堂印刷株式会社
製　本―――株式会社難波製本
装　幀―――図工ファイブ

検印省略　　©2024 G.Kamei, S.Koike, T.Sato, Y.Yabunaka, T.Wada　　ISBN 978-4-535-80662-7